教育为人生

核心素养·名师视野

王开东／著

漓江出版社
·桂林·

图书在版编目（CIP）数据

教育为人生 / 王开东著 . -- 桂林：漓江出版社，2016.1（2022.2 重印）
ISBN 978-7-5407-7706-7

Ⅰ . ①教…　Ⅱ . ①王…　Ⅲ . ①教育—研究—中国
Ⅳ . ① G52

中国版本图书馆 CIP 数据核字（2015）第 305273 号

教育为人生

作　　者　王开东
策划组稿　文龙玉
责任编辑　章勤璐
封面设计　石绍康
责任监印　黄菲菲

出 版 人　刘迪才
出版发行　漓江出版社有限公司
社　　址　广西桂林市南环路 22 号
邮　　编　541002
发行电话　010-65699511　0773-2583322
传　　真　010-85891290　0773-2582200
邮购热线　0773-2582200
网　　址　www.lijiangbooks.com
微信公众号　lijiangpress

印　　制　三河市嵩川印刷有限公司
开　　本　710 mm × 960 mm　1/16
印　　张　16.75
字　　数　280 千字
版　　次　2016 年 1 月第 1 版
印　　次　2022 年 2 月第 3 次印刷
书　　号　ISBN 978-7-5407-7706-7
定　　价　58.00 元

[序言] 生命的意义在于上路

日本作家大江健三郎在《在自己的树下》一书中讲起自己小时的故事。幼年的大江健三郎常逃学到山中，自己拿着植物图鉴去认识植物。一个暴雨的秋日，他迷失森林中，第二天才被人们发现救回。

他对妈妈说："我会死吗？"

他母亲说："就算你真的死了，妈妈还是会再把你生下。"

大江说："但是那个小孩不是现在的我啊。"

母亲说："是同一个小孩，我把你生下来之后，就会把你以前所看过、听过、读过、做过的事一一讲给他听，那个新的你也将学会现在你在说的语言……"

这段话极为深刻。我们每个人都是独立的，但每个人又是关联的，我们都是世界的一角。语言是存在之家，空间也是存在之家。我们呼吸过的空气，说过的话，写过的字，做过的事，没有一个是我们的原创。我们踩过的每一块土地，都是无数人脚印的叠加。我们的生命中，写满了别人的密码。

生长即死亡，我们一天天在长大，我们也在一天天地死亡。每个太阳的升起，都是诞生，每一个日落，都是真真切切的死亡。当我听到汪峰《北京，北京》，听到"我在这里活着，也在这里死去"时，突然之间热泪盈眶。我们在同一个地方活着，也在同一个地方死去，我们只是姓名有别，我们毫无二致。我们都是芸芸众生，面对命运背后的翻云覆雨手，任何人都无能为力。

终究有一天，我们都将离开这个世界，前往从来没有一个旅人曾经回来过的神秘之国。终究有一天，我们的生命之船会石沉大海。那么，生命的意义究竟在哪里？

也许真的如大江健三郎的妈妈所说，我们是在代替前人而活，而我们也将活在后来人的生命之中。真的是这样吗？

所有的故事都曾经发生过，所有的故事都是同一个故事，所有的故事都是我的故事。于是，想起米切尔经典绘本《犟龟》对我们生命的书写。

小乌龟陶陶在洞前吃着树叶，忽然听到一对鸽子在交谈：狮王二十八世要举行婚礼了，他邀请了所有的动物都去参加。

隆重的婚礼充满着诱惑，但去狮子洞的路途迢远，不亚于西天取经，而陶陶的爬行又非常缓慢，几乎不可能赶上婚礼，这是一个重大的问题。在考虑了整整一天一夜之后，第二天，陶陶勇敢地上路了。

陶陶在路上遇到了友善者的忠告，也遇到了蜘蛛、壁虎、乌鸦这类动物的嘲讽。陶陶没有忘记自己的决定。她总是坚定地说："我的决定是不可改变的！"

致命的打击一个接一个到来。首先是走错了方向，而且是一开始就走错了，所有的艰难爬行都是冤枉路。但陶陶没有怨言，掉转头来，继续前行。

后来，狮王二十八世的婚礼竟然取消了，因为狮王要与老虎决战。

没有目的的坚守，还有意义吗？

陶陶依然没有放弃，"我的决定是不可改变的"。

就在陶陶历经多少苦难，终于到达狮王洞附近的时候，更不幸的消息传来了：狮王二十八世在与老虎的决斗中战死了。

如果说，走错了路可以重来，婚礼取消了，还可以重订，那么，新郎都没有了，婚礼从何而来？

没有对象的坚守，还有意义吗？

但陶陶就是不放弃，"我的决定是不可改变的"！

这个时候，我眼前一热，恍然明白，陶陶就是一个取经者，狮王的婚礼庆典就是她的真经。

因此，陶陶能否成功，不在于她的快和慢，而在于她有没有上路，有没有经历九九八十一难。

孙猴子一个跟头就是十万八千里，取经的路程也是十万八千里，为什么要那么费力不讨好，而且取回的真经还在通天河遗失不少？这样的折腾，意义究竟何在？

犟龟陶陶到达的最后一刻，竟然不早不迟赶上了狮王二十九世的即位，以及二十九世举行的历史上最隆重的婚礼大典。那一刻，陶陶幸福极了。

其实，陶陶的幸福只是意外的奖赏，真正的奖赏全部包括在路途之中。

其实，生命的意义在于上路。无论是速度最快的孙猴子，还是速度最慢的犟龟，取经者的道理是一样的。取经，不在于“经”，而在于“取”，甚至也不在于“取”，而在于“取”的路上。

每个人都在路途之中，尽管这条路最终通向死亡。你能不能遇上你生命的隆重庆典，其实并不取决于你能否遇见狮王，而完全取决于你自己。只要上路，总会有隆重的庆典。因为上路的是我，我在我行进的过程之中。

同样道理，唐僧师徒取回的真经，也不是一本写好的书，而是生命在这一段必然的历程中被刻满的印记，是我们用自己的脚书写出来的真经，是我实现里的生命，是我们生命绽放出来的花朵与光芒。

这不是某一个人的故事，它打上了我们所有人的印记，代表了我们的所有。

目录

Contents

序言

第一章　老师是什么

第二章　学生记得什么样的教育

第七章　没有人是一座孤岛

第一章

老师是什么

[1]

我们将在学生心里留下什么印记

不久前，参加同学聚会，兴奋极了。

追忆不再的青春，感怀逝去的年华，畅谈岁月的变迁，唏嘘别后的坎坷，每个人的脸上都写满了真诚，理解，欣赏。社会身份在这一刻被终止，重新回到过去的纯真年代，绿色的时间定格了，尽管我们都从沧桑中走来。

米兰·昆德拉说得好："最沉重的负担压迫着我们，让我们屈服于它，把我们压倒在地上。但它同时也成了最强盛生命力的影像。负担越重，我们的生命越贴近大地，它就越真切实在。"

世界上再没有比同学聚会，更有意义的事了。

晚宴之后，就是盛大的舞会……会跳的，不会跳的，会唱的，不会唱的，都尽情地投入其中，如醉如痴，如梦如幻，如泣如诉。

舞会结束的时候，没有人提示，我们都自然而然地走上前台，合唱起《难忘今宵》。当唱到"青山在，人未老"的时候，鼻子突然一酸，我的心一软，眼泪喷薄而出，在黑暗中迅疾地奔流。相信很多人都和我一样，因为每个音调都在颤抖。唱完之后，不知谁吼了一声"再来一遍啊"……

"青山在，人未老"，这句词太让人感触了。"青山依旧在，几度夕阳红""风流总被雨打风吹去"，人，或者烟消云散，或者垂垂老矣，不变的只有那永恒的青山，轮回的夕阳。实质上就是"青山在，人已老"。也许正是这个原因，触动了我们内心最柔软的一块，心灵的闸门瞬间被打开，决堤，奔涌……

参加聚会的有两个老师。一个是班主任李老师，教语文。一个是英语老师吴文桂。

高中，我的英语不好，非常自卑。农村孩子，学的都是哑巴英语，连老师都是靠注音才会读单词的。想想看，我们的英语是什么水平？但吴老师一点儿也不嫌弃我们。

有两件事，至今想起来都会流泪。

有一次，吴老师对我说：“开东，你的个子高，又英俊，将来英语学好了，可以做一个翻译。多好啊！”她再三感慨。这次普通的谈话，经过了这么多年的风霜雨雪，依然深深地印在我的脑海中，成为我对教师情怀最初的认识。

还有一次，好像是暑假。吴老师把我叫到她家里。她的家在一个木结构的阁楼上，是二楼，临近学校的后门。那栋楼充满着神秘，每当我们从那走过，都要张望。因为吴老师的爱人是刑警队大队长，姓彭。彭大队长高大、威武、帅气，不怒自威，是我们心目中的英雄。

当年，无为最大的黑社会头目黄大宝，手上有好多条人命，还有黑保护伞，最后就是被彭队长打掉的。在长江边，一个黑社会的老大，一个英勇的刑警大队长，互相对峙……最终彭队长制服了黄大宝，把他狠狠地踩在脚下。黄大宝后来被执行枪决了，结束了他可耻的一生。但这个名字，很长的一段时间里，成了一种禁忌，没有人敢随便提起。然而，我们因此对这栋小楼充满了好奇。

有一次，吴老师让我们给她家搬蜂窝煤，终于有幸走进了那个小楼。可惜彭大队长不在家。搬好之后，她打水，给我们洗手，洗得干干净净。然后，就拿糖果给我们吃，每个人的口袋都塞得满满的。我怀疑那些糖果，是她早就准备好的，否则不会有那么多。农村的孩子，舍得力气，特别是帮老师干活，何况还有糖吃。

但这次不是搬蜂窝煤，因为去的只有我一个。

吴老师给我倒了一杯茶，房子里好像有一点古老，我喝了一点茶，非常苦涩，感觉不太适应。那个时候，我哪里喝过茶？

吴老师说：“开东，你来，我找一些杂志，你带回家去看。”

我走了过去，吴老师已经钻进床底下去了。她双膝跪在水泥地上，只剩后半个身子在外面。吴老师有点胖，这个姿势很不雅，我的眼泪差点就下来了。一本一本的书，从里面递了出来。“这本是好的，这本也不错，这本也带上吧。”总共有 11 本。

吴老师说，假期太长了，这段时间非常重要，是补救英语的好机会。

那些书都是《中小学英语教学》。后来才知道，那些都是老师看的书。吴老师也许是病急乱投医。

回家之后，我每天都看，但一点也看不懂。我之所以坚持看，就是不想对老师食言。我做到了，但英语依然很烂。因为英语没有学好，高考我受到了很大的挫败，但我从来都尊敬吴老师，对她充满着好感和感激。一直到今天，我依然认为，在英语上，我受到了最好的教育。

现在，和吴老师在一起，我搀扶着她，如同搀扶着自己的母亲。她一直慈祥地笑，并且多次表示，想请我们吃饭，她亲自烧。我们当然不会答应，她就急，不知道怎么喜欢我们才好。

她现在在老年大学义务兼课，那些老人们可听话了，学习的劲头非常足，吴老师的生活非常充实。只是，好多年前，老彭就病逝了。她，一直就独身着。她说，这样很好，落个清净。

谈起过去的点点滴滴，说起她那么多的好，她就像小姑娘一样羞涩地笑了。要不就是迷茫地张大了眼，她已经记不起来了。而这，正是一个老师的高贵之处。

班主任李老师，身体一级棒，声如洪钟，精神矍铄。他吹嘘说，他的这个身体，在他这个年龄段里，是要拿冠军的。但我对他的印象远没有吴老师好，尽管现在我很尊敬他，但情感上依然有隔阂。他是唯分数论的坚定支持者。

记得第一次上课，上的是《伐檀》。他的朗诵充满了恐怖气氛，口头禅是——哒："坎坎伐檀兮，哒……置之河之干兮，哒……河水清且涟漪。哒……不稼不穑，胡取禾三百廛兮？哒……不狩不猎，胡瞻尔庭有县貆兮？哒……"

从此，我对朗诵有了天然的惧怕。但最可怕的不是这个。李老师的班规非常严厉，他很瘦，胡楂铁青，目光犀利。他一来班级，一股杀气就到了，寒气从我们的脊梁骨上腾空而起，我们面前杯子里的水很快就结冰了。我们班都很惧怕他，他是阎王，我们就是小鬼，整个班级鸦雀无声，那种窒息感到今天还能感觉到。尽管早就有杀气在先，但李老师还是神出鬼没，像警察，像暗探，总是在不经意的时候冒出来，把我们抓个正着。然后，就是批评，批判，批斗。

但这些都是可原谅的。真正让我难以忘怀的是，李老师骨子里对普通学生的漠视。一直以为，尊重是师生关系中至高无上的，只有它才会带来尊严。否则，沉重就是它唯一的名字。

第一次高中写作，作文题是《有志者事竟成》。我恰好有几个新鲜的材料。第一是引用毛泽东的三首诗。读私塾的时候，7 岁的毛泽东就显露了自己的志向：“天井四方方，周围是高墙；清清见卵石，小鱼囿中央；只喝井里水，永远养不长。”后来，毛泽东离家出走，在他父亲的账簿中夹了一张纸条：“孩儿立志出乡关，学不成名誓不还。埋骨何须桑梓地，人生无处不青山。”在湖南一师读书期间，毛泽东又写了一首《咏蛙》诗：“独坐池塘如虎踞，绿荫树下养精神。春来我不先开口，哪个虫儿敢作声？”正是这些志向，引导着毛成为一个盖世伟人。苏轼说，古之成大业者，不惟有超世之才，亦必有坚忍不拔之志。为了显示时间的跨度，我还引用了朱元璋的一首诗，作为旁证：“百花发时我未发，我若发时遍天涯。遍地黄金甲，江山一把抓。金风一动扫败叶，独占鳌头方显他。”

我的这篇作文得了 81 分。后来才知道，李老师打作文分，75 分是一个界限。80 分，则是一个极限。晚自习的时候，李老师偷偷把我叫到门外。在昏暗的路灯下，他慈祥地告诉我，我写了一篇很好的文章，问我怎么写出来的。最后，图穷匕首见，他问我，你中考考了多少分。

当年中考重点高中的录取分数线是 419，我考了 421。在班级里，应该是倒数吧，我害怕这个话题，本能地杜绝这个。但我没办法隐藏，我充满羞愧地告诉了他。在昏暗的路灯下，他眼里的光一下子熄灭了，恢复了一贯的冷漠。他让我回去了。

好几天，我又是兴奋，又是不安，作文评讲的日子终于来了。一个一个评讲过去，真的没有我，尽管我考了作文最高分。后来，我才知道这是李老师的理念。有一次，他公开宣扬，多年来，他从来没有见过中考不好的学生，能够在高考中创造佳绩。那些中考好的学生，都是他狠抓在手心里的宝。其他的，只是灵光一现，或者是回光返照，绝对不可能成为冉冉升起的新星。

原来如此。那以后，尽管我不断地挣扎，不断地努力，不断地跃跃欲试，但，李老师再也没有关注过我，他的眼光再也没有为我做过一次短暂的停留，没有一次。我的灰色高中生涯就此开始，也就此落幕。再后来，我选择了文科，离开了他的班级。

现在，我到李老师家接他，晚上再送他。我依然尊敬他，但也许只是尊敬一个老人。他老了，我们也旧了。他自然忘记我了，也许从没有记住，但是，那又有什么关系呢？

生命该成长的，自然成长。该腐朽的，也会腐朽。而所有的往事，因为永远不会重现，那些过往的沉重，就会变得比鸿毛还轻，不再让人惧怕。但如果生命不断地重复呢，我们是不是就会像耶稣被钉死在十字架上一样被钉死在永恒里？永恒也是一种可怕的东西，不是么？

那么，我们需要什么？

也许，穷其一生，我们也不知道自己需要什么。因为人只能活一次，既不能拿它跟前世相比，也不能在来生修正。但，作为老师，我们唯一要做的，便是珍惜，便是感恩。用无限的宽容和仁爱之心，珍惜每一次美好的相遇，珍惜每一个需要我们爱护的人，尤其是那些角落里默默无闻的孩子。这样在晚年的时候，也许我们就会少一些愧怍。

[2]

教师的作用有多大

我越来越觉得，教师的作用实质上是有限的。了解到这一点，对我们而言，不是绝望，而是警醒。它能使我们摒弃不切实际的自以为是，从而，更着眼于教师教育功能的正常发挥。

有两个比喻，深得我心。

第一个比喻的制造者是苏格拉底。他说：把知识灌输到学生灵魂里去，就好像把视力放进瞎子的眼睛里去似的。知识，不是物件，能够把它捆绑起来，然后，老师一传一递，学生一收一拿就能够完成。教育即生长，它是每个人与生俱来的一种天性。一切教育，一旦没有保护好这种天性，没有唤醒主体的觉醒，没有触动学生的生命和灵魂，这种教育就是蹩脚的，拙劣的。

陶行知的实验做得好。1938 年，在武汉大学的一次演讲之前，陶先生抱来一只老母鸡，那只老母鸡饿得头昏眼花，他在老母鸡面前撒了一些米，老母鸡不断挣扎，却死也不肯吃。然后，陶先生把老母鸡放下来。老母鸡走了几圈之后，就在教室的角落里找米吃了。欢快地啄着地板，声音沉闷而悠远。

圈养不如散养。强迫灌输，不如自由寻找。

在古希腊语中，学校的含义就是闲暇。唯有在闲暇之中，在时间的保证之下，学生才能够有自由。孩子唯有在幸福的、无忧无虑的不为恐惧和担忧困扰的情况下，才能持久保持好奇心和对未知世界的兴趣。作为教师，无非就是要保护好孩子的好奇心，呵护孩子探究世界的微妙的兴趣，而不是用所谓的师道尊严和权威人格来兜售自己的专业知识。

作为教师，我们需要牢记：智育是要发展好奇心和理性思考的能力，而不是灌输知识；德育是要鼓励崇高的精神追求，而不是灌输规范；美育是要培育丰富的灵魂，而不是灌输技艺。

灌输产生强制，强制产生压力，压力产生负担，爱因斯坦说得好：“负担过重必然导致肤浅，教育应当使所提供的东西让学生作为一种礼物来领受，而不是作为一种艰苦的任务要他去承担。”

第二个比喻的制造者是道辉。他说：“我们无法把水珠从水里挑选出来。”这个经典的比喻妩媚极了。作为教师，我们根本无法确认谁是优秀的，谁是糟糕的。爱因斯坦做不好小板凳，却提出相对论；丘吉尔拼不好文法，却改变了历史。

作为教师，我们无法把水珠从水里挑选出来，因此，我们只有治理好整条河流。让小溪欢快地奔向小河，让小河静静地流向大江，让大江汹涌地融入大海。我们将用欣赏的心理，期待的眼神，赞美的语调，宽容的心境，平和的话语，告诉我们的每一个学生，你们的每一滴水，都来自黄河雪山，都是独特的一滴，既是喧哗，也是传奇。在岁月的长河中，你们将没有两岸，只有前方。

你们将自主选择你们的未来，决定你们河流的走向；而我们所能做的，就是目送，以一种恒久的姿态，目送你们渐行渐远。

[3]

其实皇帝知道自己没有穿衣服

前几天到外地开会，遇见了一个我很尊敬的老友。老友又带高三，连续三届奋战在“高山”前线，使得老友满脸憔悴，疲惫不堪。

一问才知道，最近，老友学校里兴起了一项运动，比赛哪个高三班级成建制先到校。一时间，风起云涌，时间不断被突破，从六点半，一直提前到六点，抢先大战，愈演愈烈，前几天已经有班级突破五字大关，就差“敢叫日月换新天”了。不少班级大有不睡觉，也要把时间赚到手之势头。似乎时间抢在手里，就能一屁股坐到一所好大学的椅子上去。老师被迫跟在学生的屁股后头，肥的拖瘦，瘦的拖病，病的拖垮……

我觉得很奇怪。就问老友：“这种‘大跃进’的点子，是谁想出来的，他们为什么这么干呢？”

老友一声叹息说：“无非是一些想往上爬的人。”

我说：“难道他们就不知道这种‘大跃进’的方式，其实是对教育的一种伤害。一分耕耘，一分收获。总是耕耘，没有收获。这是很容易理解的道理啊。真理往前一小步，就是谬误，何况往前无数步了。”

老友一笑：“开东，你太单纯了。你以为搞运动的人，不知道运动的危害？你以为搞应试的人，不知道应试的恶果？告诉你，对于应试和运动的危害，他们比我们清楚得多。我们只是猜想，他们亲身实践，谁的感受更真切呢？”

我还是不解：“那么，他们为什么还要这样做呢？”

老友说：“姿态，对了，就是姿态。中国人最惯于装模作样。比如很多人讲话，都是有特定的对象。有的是讲给历史听的，有的是讲给后人听的，有的是讲给某个人听的，有的只是讲给自己听的，有的只是姑妄言之，有的纯粹是不想给人听。

“做事也是如此。这些人这样做，当然是为了高考。但准确地说，他们的眼里是没有高考的，更没有学生。高考只是手段，不是目的，目的只在于功名。他们装模作样，只是给某个特定的人看，我很努力，我用尽了所有的力气。阿Q真会做，而且还要给前者和后来者树立法则，老子天下第一。然后保住自己的帽子，或者把自己的帽子变大。”

我还抱有最后一线希望。因为这所学校的校长，赫赫有名，是我向来推崇的。我问：“你们校长难道不知道，到现在还不出来拨乱反正？”

老友一笑：“校长难道不希望这样干？只要干出成绩，干出效果，将来的功劳簿上，人家可不问你是怎么干出来的。白猫黑猫，抓到老鼠的才是好猫。”

我恍然大悟。我说：“其实皇帝也知道自己是没有穿衣服的。但皇帝一定要把仪式演下去。演下去，他还是皇帝。演不下去了，他就成了小丑和罪人。”

所以，皇帝当然要演下去了，而且还要昂起头，装模作样，让无数的人跟在后面，托着那条并不存在的后裙。

当我们都对错习以为常，错就成了正。“假作真时真亦假”，可怕的是，如果我们都被格式化了，那就再也回不到一个正常的教育生态里去了。

[4]

“师”所不欲

“己所不欲，勿施于人”出自《论语·颜渊篇》，是孔夫子的经典妙语，也是儒文化的精粹之处。

所谓“己所不欲，勿施于人”，是指自己不想要的东西，切勿施加给别人。支撑这一思维基点的，就是同理心。所谓同理心，就是指能够体会他人的情绪和想法，理解他人的立场和感受，并站在他人角度思考和处理问题的一种思维方式。能够从自己的内心出发，将心比心，推己及人，我们就能理解他人，尊重他人，对待他人。所谓“人同此心，心同此理”是也。

种瓜得瓜，种豆得豆。这个世界，没有无缘无故的爱，也没有无缘无故的恨，你种下什么，收获的就是什么。播种一个行动，你会收到一个习惯；播种一个习惯，你会收到一种性情；播种一种性情，你会收到一个命运。我们能推己及人，他人也会推己及人，谁也不会强人所难，我们就能活在一个互相尊重的社会里。所谓“投桃报李”是也。你敬我一尺，我敬你一丈。

当然，你也有权利苛刻地对待其他人，但他人同样也有权利苛刻地对你，到那时候，你就会自作自受，自食其果。所谓因果报应，自然也有一定的道理。

但是，从一个教育工作者的角度来看，“己所不欲，勿施于人”的背后依然有不少漏洞。

“己所不欲，勿施于人”，我们更应该理解成“自己不想要的东西，切勿强加给别人”。俗话说，强扭的瓜不甜，有钱难买人高兴。任何事情一旦具有了强制性，就成了“被”字句，就不好玩了。

但是，萝卜青菜，各有所爱。假如“己所不欲”，恰恰就是“人之所欲”、“人之所需”抑或“人之所求”呢？比如，我们有不想要的棉衣、被子，我们正需要清理掉，但是，那些地震灾区的人们正缺少这样的棉服和被子，我们是否还要信守“勿施于人”这样的教条呢？

从教育者的角度来看，所谓同理心，应该是同等心。不是要求学生符合我们成人的心理，而是成人用学生时代的心理来理解学生，尊重学生，关爱学生。

己所不欲，慎施于人，有时候完全“可施于人”。比如，我不喜欢听周杰伦的歌，一句也听不懂，很乱。但我依然理解并尊重学生对周杰伦的喜爱，允许他们大喜欢特喜欢，这又有何不可呢？参差百态，本就是世界之源。后来，在潜移默化中，我培养自己喜欢周杰伦的歌，真的也逐渐喜欢起来，从而达成和学生的平衡。

但是，己所欲，是否就要施于人呢？那也未必。

生活中，我们的好心常常被人当成了驴肝肺。狗咬吕洞宾，不识好人心的人比比皆是。那么，为什么我们善意的关心，常常难以被别人理解，甚至被别人误解呢？

其实，每个人都有自己的喜好和追求，而且各自的爱好和标准都不一样。当我们以自己的标准关心别人时，也就等于向别人提出了我们的要求，等于把我们的主观意志强加给了别人，而且迫使别人放弃自己的轨迹和标准，按照我们提出的“要求”来做。因为礼尚往来嘛。这就使得人很被动，很为难。儒家强调君子之交淡如水，可能就有这种矫正在里面，毕竟，感恩是一种负担。

教育教学中，我们最容易犯的错误就是“己所欲，必施于人”。我们以为自己真理在握，以为我们的药方是灵丹妙药，包治百病，我们把学生当成了病人，我们自己是起死回生的大夫。

有个故事说得很好。小白兔老是用胡萝卜钓鱼，一连好几天，都是空手而回。小兔子还是不明所以。终于有一天，鱼忍不住发火了，跳出水面骂道：“下次再敢拿胡萝卜来钓我，小心老子拍死你。”

胡萝卜是小兔子喜欢的，但鱼未必喜欢。这里的老师就是小兔子，鱼就是我们的学生。老师如果没有学生意识，不了解学生的所需所好，只是把自己喜欢的东西，强加给学生，可能就会遭遇“胡萝卜钓鱼”的尴尬。

生活中确有不少老师，不了解学情，一个人闭门造车，想当然地制定了重点难点，讲得唾沫横飞，津津有味，但学生却并不买账，其中的奥秘就在于此。所以，王荣生先生说，现在语文教学最重大的问题，不是怎么教的问题，而是教什么的问题。

那么，己所不欲，一定要施于人，几乎可以看成是一种惩罚了。

［5］

厕所非小事

据说，有一个有名的校长，他到任何一所学校参观，首先参观的就是厕所。吃喝拉撒，一样重要。一所学校真正把厕所管好了，学校的管理根本就不会差到哪里去。对这句话有深切的了解，还是上学期的事。

我习惯于课前上厕所。有一天，我正上厕所，突然听到几个熟悉的声音传来，是一班的几个学生。他们嘻嘻哈哈，打打闹闹。哐当一声，厕所的门被推开了。可是，等了好一会儿，却没有人进来。

我明白了，一定是学生不好意思。其实，我也不好意思。赶紧走出去，一看，可不是，几个学生假装在水池边洗手呢！——他们在等着我走。我连手也没有洗，落荒而逃。

这件事对我有相当大的触动。苏霍姆林斯基说："保护孩子的害羞心和尊严感，是最好的教育。"作为一个老师，有时候，站在学生的立场上，为孩子们想一想，多么必要。作为一个成人，和学生在一起上厕所，我们尚且不好意思，更何况是学生？

记得高中的时候，我们特别害怕班主任。班主任是男老师，络腮胡子，严厉并且高大，简直凛然不可侵犯。后来，机缘巧合，一次小小的事件，使这个印象突然间得到了改观。

有一天，我们班两个学生到澡堂洗澡，其中就有我的好朋友陈平，没想到，班主任突然光溜溜地走了进来。两个人吓傻了，慌忙叫了声：老师好！谁知道，班主任猛然一惊，澡巾掉在地上，双手下意识地紧紧护住关键部位。场面非常尴尬……很多年之后，只要想起这个场景，我依然忍不住大笑。

陈平两个人赶紧逃离澡堂。然后找每个他们熟悉的人，绘声绘色地比画给人家看，当天晚上，这个掌故传遍整个校园，我们狂笑不止。神坛上的班主任轰然倒塌。那天晚自习，破天荒的，班主任居然没有来检查，后来，班主任竟然变得随和一些了。我们猜想，这一切很可能就来自那一次的“坦诚”相对。

从厕所引申开去，很自然的，我又反思了拖课问题。这是我的老问题。有一段时间，我上课喜欢天马行空，旁征博引，信手拈来，学生听得津津有味。突然一看，啊，又要下课了，赶紧赶时间，有时候就会拖上一两分钟，以保持课堂的完整性。

但是，殊不知正是这两分钟，很可能就侵犯了学生的如厕权。正是迟了这宝贵的两分钟，学生匆匆忙忙地赶过去，由于便坑有限，厕所里早就没有位置了；如果排队的人过多，很可能到了上课时间，学生还是轮不到。于是，只好等到下一节课，如果下节课，老师又正好拖点堂，这孩子就憋坏了。特别是早读，中间只有五分钟，老师岂可不慎重？

难道那一两分钟就那么可贵，对教育就那么重要？

[6]

孔子的眼光和中国的伪道德教育

春秋时代，鲁国有一条法规：凡是鲁国人到其他国家旅行，看到有鲁国人沦为奴隶，可以自己垫钱把他先赎回来，待回到鲁国后再到官府去报销，官府还给予一定的奖励。没想到古人竟然如此以民为本。

后来，孔子有个学生到国外去，恰好碰到一个沦为奴隶的鲁国人，就掏钱赎出了他。回国后这个学生既没有张扬，也没有到官府去报销垫付的赎金。那个被赎回的人感激涕零，就把这个情况讲给众人听，人们都称赞这个学生人格高尚，一时间，街头巷尾都把这件事当作美谈。

孔子知道后指出，由于这个学生没到官府去报销赎金而被人们称赞为品格高尚，那么其他人在国外看到鲁国人沦为奴隶，就会对是否垫钱赎人产生犹豫。因为垫钱把人赎出来再去官府报销领奖，就会被人说成不高尚；而不去官府报销，不但领不到奖励，就连自己的损失也得不到补偿。于是乎，多一事不如少一事，只好假装没看见。这个学生的高尚行为，客观上妨碍了更多的在外国做奴隶的鲁国人被赎买回来。

所以孔子不仅没有表扬这个学生，反而严厉批评了他，责怪他犯了一个有违社会大道的错误，是为了小义而不顾大道。这是小义和大道的颠倒，其实质是为了成就个人的私义，而损害了国家的大道。

由此，又想到了义与利之争。

曾经有一个中国留学生在日本捡到一大笔钱，交到了警察局，并且按照要求做了登记。如果不登记，那么，这一大笔钱想交都交不出去。结果过了几天，失主按照登记的信息登门造访，表示谢意，并且拿出一些钱给这个留学生。留学生坚决不肯收。失主惊慌失措，恳请他说，如果你不收这钱，自己就无法从警察局里领出失物。因为按照日本的规定，失主必须拿出丢失财物一定比例的金额给捡到东西的人作为报酬，否则，甭想领出失物。

在日本人看来，拾金不昧是行义，收取一定的报酬是谋利，义与利并不矛盾。两者既有对立的一面，也有统一的一面。一个行义之人，理应得到一定的利。只有这样，大家才会争着去行义。因为人的私欲是客观存在的，如果一味地弘扬义，没有给利留足空间，必然会导致好事无人做，社会反而会缺乏道德。所以，日本不惜动用法律的手段，来保护人们的功利心。用这种法律手段，不但保护了公民不能拿到桌面上的功利心，而且在客观上没有降低公民行义的道德优越感。这正是日本人的高明之处。

反观中国的传统教育，儒家强调“正其义而不谋其利”，甚至武断地界定为“君子喻以义，小人喻以利”。所以我们的文化是极力摒弃私的。我们提倡为人民服务，学雷锋，讲奉献，可现实又如何呢？

因为我们的人性观是建立在性善论的基础之上的，绝对不肯给私一席之地。而私实际上又是人性中根深蒂固的东西，并不因为你的忽视打击就不存在了。所以就出现了一种非常奇怪的现象，说一套，做一套；人前是人，人后是鬼。

周国平先生认为："义和利，貌似相反，实则相通。'义'要求人献身抽象的社会实体，'利'驱使人投身世俗的物质利益。如果说'义'代表一种伦理的人生态度，那么，'利'就代表一种功利的人生态度。"也就是说，我们必须承认私是人性中客观的存在，肯定其合理性，既看到义与利对立的一面，也要看到一致的一面，那么我们制定出来的制度，就可能既弘扬义，又照顾到利。既给利以适当的位置，又用一定的规范对利加以约束。

然而，片面的道德教育造成了两个后果。

一是把道德无限的巨人化。不断宣扬"毫不利己，专门利人"、"一不怕苦，二不怕死"的崇高道德，后来演化成了"毫不利己，又不利人"、"一怕不苦，二怕不死"。而这个巨人最终也得了巨人症，轰然倒地，奄奄一息。

二是把道德不断地侏儒化。比如说，上车让座，拾金不昧，尊老爱幼，这本来是每一个正常人都应该去做的事情，是基本常识，而我们的社会却常常把这些行为宣传成了一种了不起的壮举。久而久之，常识就被人们不知不觉地遗忘了。这种将常识盲目升华，从而造成真正的常识从我们的生活中蜕化的宣传方式，正在把越来越多的人带入一种不健康的心态之中：大家都在呼唤道德英雄、精神典范，希望所有的事都由他们来做，而自己却躲避一个正常人应该尽的基本责任。

由此看来，一个以单纯做好事来支撑自己的道德体系的社会，表面上是在提升民众的道德水平，实际上是使每个人都在降低自己的道德要求，并使他们丧失履行自身道德义务的热情。

[7]

不要让情感荒漠化

美国文艺复兴的领袖，哲学家爱默森在他的书中讲过一个真实的故事：正当喜剧演员卡里尼使整个那不勒斯城的人都笑断肚肠的时候，有一个病人去找城里的医生，治疗他致命的忧郁症。医生劝他到戏院去看卡里尼的演出，他回答："对不起，我就是卡里尼。"

这个故事简直就是黑色幽默，却又意味深长，值得我们高三老师深思。

在学生这个特定年龄，在高三这个特定时期，在高考特定的硝烟之下，我们的学生中有没有"卡里尼"的存在？如果有，我们该如何解除他们的抑郁和焦灼？

一些孩子看上去活泼快乐、热情开朗，有的甚至指点江山、激扬文字，能给很多人带去阳光和温暖，但在他们的内心深处，却未必是万里无云，一碧万顷。譬如海子，能够给陌生人带去幸福，自己却只愿"面朝大海，春暖花开"。一旦春天不暖，花不会开，或者花开了还要谢，海子都要忧郁，就会失去价值的底座。海子的悲剧就不可避免。

如卡里尼一样，这些孩子，能够给别人带去欢笑和快乐，但他们自己却充满忧郁、压抑、烦躁，甚至恐惧。越是自卑感强的人，越是呈现出狂妄和自大，这种苍白的掩饰，老师如果细心一点，一望而知。

很多时候，很多心理问题，学生都选择独自承受。本来他们可以选择朋友、上网聊天，甚至游戏等方式来倾诉和宣泄，但现在，所有的时间都被截断，所有的通道都被控制死了。如果父母的沟通渠道不畅通，如果老师也不关心，学生的思想交流、情感宣泄、心灵渴求，都将被严重阻塞。川壅而必溃，危害就大了去了。

当我写到这里，刚好又看到一则消息。盐城一个初三的女生在月考中考出了好成绩，由于班主任老师不大信任，询问了她几句，这个花季女生马上就跳楼了。师生缺乏互信，学生无处倾诉，一旦出现憋屈，常常就要想不开，做傻事。

作为高三老师，我经常在反思，当我们眼睛盯着学生成绩，一分两分，一个小数点一个百分比，孜孜以求的时候；当我们把题海留给自己，选题做题的时候；当我们感叹自己累得像狗的时候，有没有筛选一种好的心情，给学生说个故事，开个玩笑，有时候哪怕是自嘲一下，无伤大雅，让我们的学生开怀一笑呢？要知道《孔乙己》中的小伙计，很多年之后还说："掌柜的是一副凶脸孔，主顾也没有好声气，只有孔乙己到店才可以笑几声，所以至今记得。"可见笑声给人的感染作用。

高三要想出众，首先要充满欢声笑语。状态大于方法，方法大于苦干。每天苦大仇深的样子，忧国忧民的样子，天将降大任于斯人也的样子，自加压力，负重前行，还没到高考，可能就被压垮了，还怎么样冲锋陷阵、攻城拔寨？即使不是功利的目的，老师也应该成为学生的知己。作为过来人，如果学生愿意跟我们倾诉，我们的意见难道不可以使得学生少走一些弯路？

可是，在走下课堂之后，有多少老师走到学生中间，和学生打成一片？有多少老师，在和学生单独面对的时候，不是谈学习，而是谈学习以外的事情？有多少老师，不是在谈话，而是在听学生说话，在做一名忠实的听众？有多少老师，不仅仅是指向高考，还指向孩子的终身发展和将来的走向？而反过来，在送走一届一届的学生之后，有多少学生和我们保持着联系？有多少学生把我们引为知己？有多少学生认为我们是他们的恩师，是他们生命中的贵人？如果不敢做出一些肯定回答，那就要好好反思了。

据说日本有学校规定，教师必须做到每天和每一个学生有一次感情交流——谈一次话，拍一次肩膀，或者给一个微笑的眼神。如果我们暂时还做不到，那就至少保持一个笑脸，保持一个战斗的姿态，给学生传递一些温情、爱和自信。

[8]

当孩子向世界提出了问题

在苏州和皮鼓聚会，我们已经有一年多没见了。在各自的轨道上，做自己的事，彼此交错，联系不多。可是，每次见面，都极愉快，都要熬夜，第二天走路摇摇晃晃，笨重得像南极洲的企鹅。尤其是听皮鼓说起研究中心的那些事儿，以及干干等人都到了什么境界了，委实是一件有趣的事。

晚上，随便去吃米线。玫瑰给我打来电话，说转来一篇文章，初二学生的，让我给看看。

回头一看，我和皮鼓都认为是一篇妙文，初二的学生啊，难能可贵。

多年来，我们习惯于宏大叙事，以为文章一定得有个重大的清晰的主题，高远的立意，最好有一个极其亢奋的结尾。我们以为不光明，就是不道德，不高尚。最后，可怜的孩子们，都“被高尚”了，久而久之，也就真虚伪了。

当写作离开了个体的精神生命，当把原初的“我与你”关系，变成了“我和它”，那么，“我”就仅仅是一个观察者，而不是观察；“我”就仅仅是一个旁观者，而不是一个参与者；“我”就仅仅是一个叙事客体，而不是叙事主体；“我”就是编造，而不是编织。

一切的一切，都在于一个真理。由于人的有限性，所以，时时刻刻，保持向世界提问，这是最伟大的事。

在不忍转头的日子里

初二（8）班 孙弋雯

坐在旅游车里，恐怕大部分人会选择将头转向窗外，欣赏异地美景。然而当我们的车在印度街道上驶过时，我只想不要停留，快快到达目的地。我不忍转头。

（开头很好，对比，悬念。“我不忍转头”前面的句号，用得果断。）

这感觉并不奇怪。印度贫富差距很大，在各个十字路口处，都有要饭的孩子。

（回旋一笔，腾挪跌宕，这种感觉居然并不奇怪！一方面，这种现象在印度屡见不鲜。另一方面，又巧妙地呼应了标题。“在……日子里”，表明这不是一次偶然遇见，而是一段时间的多次经历。）

从第一天开始，车子一遇红灯而停，这些孩子就十几个一堆地冲过来。他们中大的已有十几岁，小的不过几个月，有时一大群由母亲领着，都穿着极为破旧的沙丽，十分消瘦，眼睛深深陷了进去，却是那样明亮。

（刻画眼睛的手法，观察极为细致。因为瘦，凸显眼睛的大，因为充满期待，所以闪着光亮。）

有的大孩子抱着没穿衣服的小孩子——像是快要抱不住了，两个人都那么瘦小，没抱孩子的用手做往嘴里送东西的手势，表示他们已经很久没有吃饭了。他们又用骨瘦如柴的小手敲打着车窗，眼睛直勾勾地看着我们。眼神全都是一样的——像是在哀求，又带有绝望。开始有很多次，正转过头向窗外的我与他们那种目光相对了，幸运与不幸等这个世界上不公平的种种都在我们相遇的眼睛里相碰撞。

（此段极为精彩，小孩子没穿衣服，大孩子抱不动，乞讨的手势，骨瘦如柴的小手，哀求和绝望的眼神。细节极为传神，但最重要的还不是事实，而是阐释。小作者的“幸运与不幸”的人生感喟，一下子提升了这段的层次。“碰撞”一词使用很有质感，陌生化手法，化虚为实。）

他们的眼睛瞬间让我觉得心痛。我很想把我所有的都给他们，这也是每个人出于良心的本能，但我们没有给他们什么——只要给一个孩子东西，就会有更多孩子疯狂地敲着车窗，甚至扑到车前，直到给他们每个人东西。

（第三次写到眼睛，眼睛是心灵的窗户。在这里，“我”的“想与做”形成了一种反差。有反差就有张力。)

我并没有那么多钱。他们近乎绝望地敲着。我只好把头转向车内，听着仅仅一窗之隔的车外的声音——它急促而剧烈，如噼里啪啦的疾风骤雨，也更是一种寻求食物、维持生命的本能的索取。他们为了生存，只能索取。而我，也无法忍受自己的无能为力，我觉得自己正在置这些孩子的饥饿于不顾，置这些寻求生命的敲打于不顾。这些敲打，拳拳都成了对于我的当头一棒，我心存愧疚，于是任那边车窗的敲打，却不忍转头。

(心里的挣扎，敲打犹如棒喝，拷问心灵。但理性的选择，就是——不忍转头。)

以后的几天里，每到在十字路口有孩子来乞讨时，我便低头看向车内。难以否认，我在逃避。车外敲打依旧猛烈，游人的施舍，永远不能解决什么，即使一个孩子吃饱了一顿饭，下一顿又将是敲打车窗的索取。他们像动物一样过着没有明天的生活。

(这不但是小作者逃避的理由，更是小作者对生活的认识。施舍解决不了问题，施舍不会给他们带来明天。那么，他们的明天究竟在哪里？这个疑问，非常沉重。人文情怀，可见一斑。)

迈克尔·杰克逊有一首歌的歌词是这样的：“我看到了那些在大街上/饿着肚子的孩子们/我是谁/是瞎子吗/装作没有看见/他们的需要吗？”

(引用杰克逊的歌简直是神来之笔，既是对自己行为的反思，也是自己灵魂的不能承受之重。)

在这个世界上，在同一个地球上，甚至就在车窗的两边，我们有着截然不同的生活，未来，甚至命运。我迫切地希望自己有改变他们命运的能力，但事实是：我只能描述我所见，只能遗憾自己无法改变什么，连给所有孩子一顿饱饭都不够。

(对于写作者来说，解决问题并不重要。关键的是她能够向这个世界提出问题。能够向世界提出问题，标志着孩子成为了叙事主体，开始思考和编织自己的生命。)

车子又停下了，又一群孩子冲了过来。街上依旧有富人、穷人。

我依旧没有能力帮这群孩子，只好再将头转向车内，这样的确很残忍，可我就是不忍转头。

（再次回到情境之中，首尾浑然一体。在诗歌上，这叫以景结情。故事定格在不忍回头之中，小作者不忍回头。我们却必须要回头反省，造成这一切的原因是什么，从而探求解决之道。）

[9]

看不见的悲哀

拉尔夫·埃里森的小说《看不见的人》的黑人主角，总有一种让人“看不见”的感觉。无论何时，何地，和何人交往，认识的不认识的，他总感到，人们尽管和他说话，或者和他打交道，或者明明看着他，其实并未“看见”他，并未注意到他的存在。他为此愤怒过，抗议过，沮丧过，绝望过，但最终还是毫无办法。

这种被人“看不见”的感觉，我们或多或少都经历过，某种程度上我们都是别人“看不见”的人。我们说着话，但并没有进入别人内心；别人点着头，却未必是对我们的呼应。甚而，两者风马牛不相及。他们看着我们，注视着我们，实际上并没有“看到”我们，我们只是他们生活中的一个背景，一个道具，一个补充，一个调剂，他们眼睛放在我们身上，但却对我们熟视无睹。

岂止是外人，有时候也包括我们自己。很多时候，我们在说话，但言不由衷。我们看不见自己的内心，我们随波逐流。外在的享乐迷惑了心智，以致我们忽视了我们柔软的那一块。究其原因，可能这就是周国平先生所说的——灵魂不在场。“人皆有灵魂，但灵魂未必总是在场的。现代生活的特点之一是灵魂的缺席，它表现在各个方面，例如使人不得安宁的快节奏，远离自然，传统的失落，人与人之间亲密关系的丧失，等等。因此，现代人虽然异常忙碌，却仍不免感到空虚。”

灵魂不在场，不是因为我们的冷漠，而极有可能是我们在生活的重压下，失去了前行的信心和勇气，然后，把自己包裹起来，顾左右而言他。

这种“看不见”的感觉，我们古人在小说中早有表现。《薛录事鱼服证仙》中，就叙说了这样一个类似的故事。很能够展现我们人类的生存困境。

薛录事有次患了风寒，浑身火热，于是，魂灵化成了一只金色的鲤鱼，在清凉的湖水中游来游去。后来饿了，因为贪吃鱼饵，被一个渔夫钓了去。薛录事变成的鲤鱼高声叫道：“赵干，你是我县里的渔户，须认得我，快送我回县里去！”但那渔夫只是“看不见”。

后来，被县里的公差要了去，他又连声对公差喊：“张弼，张弼！你也须认得我。我偶然游到东潭，变鱼耍子，你怎么见我不叩头，倒提着我走？”那公差全然不理。

后来，他被提到县城门口，看见一个把门的军士，便又大声喊道：“胡健，胡健！前日出城时，我吩咐于你，我今私自出门，你不要禀报各位爷，也不要差人迎接。难道这几天，你就不记得了？如今正应该禀报各位爷，差人迎接才是，怎么不把我放在眼里，这等无状！”岂知把门人也不听见。

到了县衙里，见两个小吏在门内下棋，又大叫道：“你两个，终日在堂上服侍我，便是我变了鱼，也该认识我的。怎么见了我，都不站起来，也不报于各位爷知道？”可是那两个吏仍然在下棋，不理不睬。

后来，他被提到同僚的宴席边，见了各位同僚，他大声叫道：“我哪里是鱼？就是你们的同僚，岂可不认识我了？”他说了又哭，哭了又说，岂知同僚们也不听见。

再后来，他被提到厨房里，厨子要来宰他，他又大叫道：“王士良，你岂不认得我是薛三爷？”岂知厨子“一丝不理”。后来，他被厨子一刀剁下头来，才在病床上大叫惊醒……

如果把这个看成是一个童话，我们固然觉得有趣，如果把它看成是一个梦魇，我们就一定会觉得可怕。

我们宛然做了一个噩梦，在梦里我们拼命叫喊，可是发不出一点声音，也没有人听见我们，我们只能绝望地挣扎着，眼睁睁地看着自己走上绝路。

于是理解了陈子昂的“前不见古人，后不见来者”的深切悲哀，领悟了鲁迅在旷野中呐喊，却没有人回应的悲凉。

站在一个教育者的立场上，“看不见”的悲哀，让我如临深渊，如履薄冰。如何防止自己忽视任何一个学生，包括他们的情感和精神所需？如何防止自己一个空洞的眼神被学生捕捉，从而产生被遗弃的错觉？如何关注我的学生，关注他们的灵魂是否在场？他们的精神生命有没有参与？他们是“有我”还是“无我”？所有这些，都是大问题。

首要的是我要看见他们，知道他们的“我”在。

孟子说：“万物皆备于我。”没有我，就没有教育。因为一切对境的知识，都是后起，唯有直觉在我，是最先的知识。皮之不存，毛将焉附？假使无我，一切知识都无根无据，无归无依，所以最要紧的是我，必先有我，才有教育的参差百态。

[10]

老师是什么

源头的石头改变河流的走向，要培养什么样的学生，老师自己就得像什么样，所谓学为人师，身为世范。

老师是蜡烛？

老师怎么能像蜡烛呢？蜡烛的光尽管微弱，但摇曳有情调，老师在繁忙的工作之下，连调情都没有了，哪还有什么情调？蜡烛在奉献的时候，流着悲伤的眼泪，老师在奉献的时候，哪个不是春风满面？蜡烛在奉献中毁灭了自己，老师在知识的薪火相传中，却涵养了水土，传递了文明。

老师是园丁？

老师怎么能像园丁呢？园丁最主要的任务就是挥舞剪刀，剪去花草树木的突出个性，使得它们整齐划一，一模一样；而最蹩脚的老师，也知道尊重孩子的个体差异，鼓励孩子个性发展，岂能遏制学生的天性？除非讽刺老师勤勤恳恳，诲人不倦，否则老师决不能像园丁，辛勤的园丁就更不必。

老师是塑造灵魂的工程师？

老师怎么能像塑造灵魂的工程师呢？什么东西都可以塑造，唯有人的灵魂不能塑造。"塑造"是一个工业用词，先有模子，然后按模子批量塑造。灵魂包含着人的精神和个性，具有每个个体独特的生命气质，怎么能塑造？塑造的模子由谁来规定？凭什么由他来规定？这种规定有什么科学依据？生命和灵魂是学生自己的，没有谁可以代替他们来塑造！

那么，老师究竟是什么呢？老师首先是人。

教师是育人之人，自己必须是一个完整的人。很多人行尸走肉，浑浑噩噩，不能高擎着自己的灵魂而活着，这些人只是酒囊饭袋而已；很多人是追逐金钱和名誉的禄蠹，错把手段当成了目的，忘记了自己是宇宙之精华，这些人只是攒名攒钱的工具而已。做人难啊，"人"一撇一捺，左右支撑，稳稳当当，岂能摇摆不定？"人"加一横则为"大"，堂堂正正，立于天地之间，岂能做蝇营狗苟的小人？"人"加两横则为"天"，此两横，上横为天，下横为地，故人既要"天人合一"，又要"顶天立地"，岂能没有人之为人的浩然之气？

在高处把别人当人，在低处把自己当人，永远以平等之心待人，才能育人育己。老师是人还隐含着老师也会犯错，也有发昏的时候，老师不是万能的，更不是真理，爱吾师更应该爱真理。

老师应该是好人。正常情况下，一个好人会熏陶出一群好人。这种好又是可以传递的，把好传播开来也许比知识传递下去更有价值。我们不一定能从知识中获得快乐，却完全可以从做一个好人中得到满足。不是每个人生下来都可以改变世界，世界是由普通人组成的，普通人在普通的岗位上做一个好人具有非常深刻的意义。为了这份职业，我们会变老，但我们努力不会变丑。我们不一定是好老师，但我们会努力做一个好人，这就是有情怀的好教师。

老师应该是大河。过去说："给学生一碗水，老师必须有一桶水。"但老师有一桶水是远远不够的。一是学生要的绝不是一碗水了。二是这一桶水，是已经确定的水，只能是一桶死水、臭水，这样的水，老师就算能给学生几大碗，学生也会弃之不顾的。三是光有水量还不行，还要讲水质，讲活性因子，讲可持续性的吸纳，还要讲水波动荡、卷起千堆雪的审美。

因此，老师应该是大河。既能汇聚涓涓细流，不断更新，又能志存高远，浩浩荡荡地奔向大海。丰富的阅历，开阔的胸怀，远大的志向，百折不回的精神，这些高贵的品质，才是学生要吸纳的源头活水。

老师不是垂死的蜡烛，风雨飘摇，朝不保夕，而应该是闪耀的火炬，照亮暗夜，光芒四射，永不熄灭。如火炬一样，我们老师要做光明的使者，传递知识之光，点亮希望之灯，燃起理想之火，照亮回家的路！

[11]

教师究竟如何爱学生

常常有老师挥舞着试卷，这样抱怨学生："我这样爱你们，我为你们付出了一切，你们就这样报答我？你们对得起我吗？"

这个时候，学生低着头，默无声息，像海水退潮一样。

还有老师困惑地对我说："我也爱学生，可为什么学生并不领情？"

是啊，同样是爱，为什么差距就那么大呢？

答案并不复杂，你只需问问自己："我究竟为什么而爱学生？"

很多时候，我们对学生嘘寒问暖，问长问短，但满脑子私利。甚至，不客气地说，我们之所以对学生好，就是为了让学生信奉我们的学科，多砸些时间给我们，以增加我们的平均分，好让我们比别人"多收三五斗"。

我们的爱，动机不纯，爱成了一个工具，仅仅是一个工具，我们只是拿它来交换学生的成绩。一旦不能如愿，我们就撕下了温情脉脉的面纱，露出了丑陋的一面。试问，这样的爱，哪个学生会稀罕？

想起了过去的一件事。那个时候，老家评职称还需要考英语。有一天在办公室里，几个老师考试归来，兴高采烈。他们就在办公室里，大声交流自己的抄袭经验。简直八仙过海，神通各显。有个老师的抄袭，别具一格，赢得满堂喝彩。她把答案做成长纸条，卷起来，像间谍人员偷拍的胶卷，每个答案只填写第一个字母。考试时，按图索骥，对号入座。尽管不懂英文，照样考得风生水起……

正在这个时候，这个老师的班级有一个学生考试抄袭，被抓了现行，交到班主任这里来了。于是，这个老师作痛心疾首状，义正词严，苦口婆心，声泪俱下地教育那个学生，整整教育了一个下午。“你考试差，只能说明你的成绩暂时不好。但是，一旦你选择抄袭，这就说明你做人有问题了……成绩不好并不可怕，做人有问题了，你还怎么在社会上立足啊，你，你，你……”

我默默地走出办公室，为老师这个职业感到可悲。当我们并不信奉真理的时候，我们还用什么来教育我们的学生？仅仅因为我们是老师，是老师的身份给了我们道德上的权力，还是班主任位置给我们的一种责任感？

正如弗洛姆在《爱的艺术》中所说：“你爱你自己，爱你的爱人，如果这种爱不能穿越更广阔的空间，这种爱就是畸形的。”老师对学生的爱，也是如此。当我们并不爱的时候，说爱是可耻的。对学生的爱，不是教育策略，不是教育技巧，甚至也不是教育艺术，而是从心底里自然散发的一种芳香。仅仅因为他们是学生，是成长中的人，他们和我们的孩子一样，需要大人的帮助，和真挚的爱。如此而已。

曾经有一位波兰学者在参观帕夫雷什中学后说：“我在这所学校发现了一个秘密，就是这所学校的学生是不怕校长的！无论苏霍姆林斯基出现在校园的什么地方，总会有一群学生围上前去，而这个时候，在苏霍姆林斯基的脸上就会呈现出孩子般纯真的笑容。”

这里的“不怕”，我把它理解成爱。苏霍姆林斯基纯真的笑容让人感动。纯真的校长也是孩子，他和纯真的孩子们一起，在校园这块净土上，聊天说话，甚至一块儿玩，他们都找到了人生的快乐。校园不仅成了家园，也成了乐园。在这样的家园和乐园中，老师和学生一样感受到彼此的重要，感受到浓浓的情意，感受到舒服和舒展。他们深深地体谅着对方、关心着对方、理解着对方。老师和学生一样，在其中成长着，进步着，也爱着……爱体现出了“教学相长”的味道，我以为，这才是真正的爱。

教师之爱，不同于家长对孩子的爱，也不同于朋友的爱。这种爱，没有亲情的血缘，没有友情的依恋，但却更有原则性和稳定性，它是教师必须承担的专业责任和履行的道德义务。“只有爱才是最好的教师，它远远超越责任感。”责任感是死的，爱却是活的，生长的，葱茏的，鲜艳的，让人难以忘怀，终生铭记的。

华师大的陈桂生老师说得好：“虽然没有必要要求教师爱所有学生，但教师不应对学生冷漠；还有理由要求教师以善意对待所有学生，决不容许对任何一个学生怀有恶意；也有理由要求教师尊重所有学生，决不容许教师以任何方式侵犯学生的人格尊严。还有，老师必须关心爱护那些弱势学生，而且对受到关爱与援助的人，不存怜悯与恩赐之心，不失善意与尊重之心。”

让我们爱学生吧，以必要的方式。以对等的爱，深入每一个心灵；以真

叶圣陶教育思想展馆

挚的爱，化解顽童之愚顽；以真情的爱，抚平受伤的心灵；以平等的爱，温暖每一个学生。这份爱，如此细腻，如此温柔，如此等待和耐心。

在巨大的职业生命的长河中，相信教育是慢的艺术。以极大的耐心，关注孩子的心灵，尊重学生的感受，时时刻刻想到孩子一生的长远发展，倾注心力发现和创造一切机会，帮助、引导和促进学生发现自身潜力，进而在与外在的积极互动中，认识自我，找到自我，获得自我肯定与内心的尊严感，并由这种尊严感导引，建立起坚定的道德信念，表现出持之以恒的道德努力。

相信这样的爱，会让你赢得学生的爱，桃李不言，下自成蹊。尽管这种爱，并不是你最初的期许，但依然可以看成是意外的奖赏。

第二章

学生记得什么样的教育

[1]

高三（1）班的几个电话

暑假不久，记不清日期了，大概是下午五点钟的样子，突然接到一个陌生的电话。

一个女声怯怯地问："是王老师吗？"

我说："您好，您是哪位？"

她说："我是叶画冉……"

我说："喔，叶画冉，你好啊。"

她居然就有点哽咽，说："老师……我被华东师范大学录取了，我很感激您……您……对我的帮助，我永远不会忘记的。"

那一刻，我也很感动，我根本想不起我对她有什么帮助。

我说："叶画冉，我也谢谢你。谢谢你对我的信任，你给我留下了美好的印象。有你们做我的学生，我和你们在一起奋斗了三年，我感到很快乐。"

她沉默了一会，说："老师，那好，那我挂了……"

我一个人慢慢地想这个纤弱文静的小女孩，突然间，想起了一个片段。

有一次，上课的时候，叶画冉上黑板板演现代文阅读，字写得工工整整，答案简捷清晰，切中肯綮。我在评讲的时候，心情非常愉快。在我的表扬下，叶画冉似乎有点不好意思，羞红了脸。

那一刻，我突然发现，她美丽极了。我是一个真实的人，心里有什么话，就一定要说。我停下讲义，忍不住说："同学们，你们有没有注意到，我们班的叶画冉非常漂亮，真的，不是漂亮，是非常漂亮。"

同学们忍不住哄堂大笑，说："老师啊，你才发现啊。"

叶画冉更加害羞了……

我笑着说："看来，你们还不是那么笨。"

那节课一晃就过去了，但叶画冉的成绩似乎越来越好。

这段小插曲，让人心情异常快乐。我后来想，表扬人的方式有很多种。但在高三后期，在硝烟弥漫的课堂上，一个男教师真诚地赞叹一个女学生的美，可能还并不常见。不虚伪，不矫饰，不做作，不为什么，就为美的本身。如果教育让我们忽略了美，这样的教育还有什么意义呢？那以后，我小心地呵护这一次课堂的“越轨”，我害怕把这种赞美庸俗化，我暗暗下定决心，此生在我的课堂之上，我把这唯一的一次赞叹女孩子的美，只给予一个学生，只给予叶画冉。

我后来想，这可能就是她感激我的原因吧。

可能还不止叶画冉一个人，我想，那一刻，在我的提醒之下，所有的人都被叶画冉的美丽照亮，都获得了一种异样的感觉。原来生命如此美好，如此温婉，除了分数之外，还有更珍贵的美丽，值得我们去收藏。

前几天也是，一个电话打过来。一个男生，声音很遥远的样子，说了好几句话，我才听出来，是沈建峰——就是那个弹奏《雨的印记》的孩子。他的故事，我在下一节说了。我在深圳外国语学校讲他的故事，下面不少老师流下了眼泪。

他说：“老师，我刚刚军训完，很累，就想给你打一个电话。但是，我实在不知道说什么才好。我就想打一个电话。”他不断地道歉。不知道为什么，暑假之后，一直没有见到这个孩子，但我相信，有一天这个孩子会联系我的。作为教师，最大的幸福，就在于你所有的付出，都会在另一颗心灵里生根发芽。我们只需相信种子，相信岁月。我沉浸在那里，整个人轻飘飘的。我说：“我什么都明白，建峰，你什么也不要说了，你是我最优秀的学生，是我最珍贵的记忆。我在好多场合都说到你的。”

我没有忘记你的那一段话，在高考最后几天里，这段话温暖了我们的灵魂，使我们一点儿也不孤单。“同学们，有没有想到过，我们每个人都是彼此的伴奏，互相支持，互相鼓励，我谢谢你们。还有，就算当整个世界都遗忘我们的时候，还有我们自己呢，我们就是自己的上帝，我们要学会给自己伴奏。”这就是你的人生宣言和呐喊，从此，我们不再彷徨，只有呐喊。

还有上个星期的一个晚上，突然接到一个古怪的短信。

空格键特别多：

“我预送给你下个星期的礼物是——

别往下看……

淘气是吧，叫你别看……

你还看！

不听劝告偷看的，必须把此信息转给你最铁的朋友，否则，我用月饼砸你……”

我问：“谁啊，很别致的祝福啊？”

答：“我是蒋伟豪啊。老师没有忘记吧？”

我说：“哈哈，我的得意门生，怎么会忘？革命尚未成功，伟豪尚需努力啊！”

小家伙乖乖地回答：“是喔，谢谢（一个夸张的笑脸）。”

我说蒋伟豪是我的得意门生，绝不是空穴来风。

到了高三，蒋伟豪依然是我最头疼的两个学生之一。由于握笔的姿势有问题，他写字太慢，每次作文都完成不了，分数只能是两位数。

死马当成活马医，我给他买了练字本，让他开始练。其实两个班级，我买了 40 本练字本，用我和学生的稿费买的。但练得最勤的就是伟豪。他硬是坚持下来了，改变了十几年的陋习，后来他的字写得很耐看。最后就是练速度，伟豪愣是用惊人的毅力，战胜了自我。而且全是利用边角材料，没有耽误任何学习时间。

身高接近一米九的伟豪，高三后期，是主动上黑板最多的人，他坐在最后面，但几步就走上讲台，每次都能抢占有利地形，在黑板上书写自己的理解。

我经常表扬伟豪，因为人的惰性，人很难发展，因为人的有限性，人又必须发展，伟豪给我们做了最好的榜样，他是高三（1）班的精神领袖。以至到了成人仪式，学生一致推举伟豪代表班级发表演讲，宣布高三学生的庄重承诺。

由于路途太远，又害怕耽误课程，伟豪放弃了西南政法大学的面试，但放弃了之后，又后悔不已。尤其是很多同学都出去面试，他的心情就更加郁闷。

有一天，他正好和我谈到这个问题。

我说："现在去，还能不能来得及？"

伟豪说："报名时间已经过了，他们不答应了。"

我说："他们不答应，是他们瞎了眼，那是他们的损失，你怕什么？"

伟豪突然说："是的，我不怕。我要靠我自己考，考一个好学校。"

我笑着说："我相信你！"

然后，我们紧紧握手，这是两个男人的握手。

一个多月之后，蒋伟豪考取南京航天航空大学。

这几个电话，让我感觉到做老师的快乐，不是肤浅的快乐，是一种成熟的快乐，充满着成就感和价值感。当然也不完全是因为他们考上好学校而有成就感，还因为我们培养出了健康的大写的人。

[2]

学生记得什么样的教育

印象很深的是，老师们常常在一起感叹：那些成绩优秀的学生一旦走出校门，黄鹤一去不复返，白云千载空悠悠，立马把老师忘得一干二净，而那些经常被老师批评责罚的学生，却常常记得老师，时时忏悔当年的年少轻狂。

老家的杨继根主任有一次对我诉苦：好学生考走了，天南海北，衣锦荣归，在大街上看见你，头往旁边一扭，睬也不睬你。反倒是一个天天被我责骂的学生，现在在老街上卖肉，总能给我一些优惠，而且特别谦恭，尊敬我不得了。这岂非咄咄怪事？

其实这一点也不奇怪。对于所谓的好学生，老师都把他看成是手心里的宝，护着他，宠着他，惯着他，眼睛紧盯着他的成绩，何曾真正关心过他？一些老师目光短浅，急功近利，满脸漂浮的更是欲望。就像老太太喂老母鸡，目的只在乎大鸡蛋，何曾在乎过鸡生蛋时的心理和感受？一旦鸡不生蛋了，或者是蛋小了，要不拼命增加饲料，要不就是怨天尤人，要不就是移“情”别“恋”。何曾有过什么教育情怀？

对于优秀的学生，一些老师往往只教书，不育人！或者自以为给得很多，实质上却很少。优秀的学生，常常是最贫瘠的，最可怜的，最可悲的人。退一万步，就算老师真的给了他们很多，但没有给他们一个公平公正的环境和氛围，没有把他们和其他同学一样看待，也依然构成了对他们的伤害。

但对于普通学生，老师处理就不一样了。我们找他谈话，声色俱厉，甚至动粗，我们的失望、焦虑、痛苦、挣扎，一览无余。尽管我们的处理方式可能欠妥，甚至还很不恰当。但是，我们是在教育，这里有态度，有爱憎，有情感的参与。就像《小王子》所说，我们为这些学生付出过，不管是眼泪、失败，还是焦灼、痛心，甚至是粗暴，但我们彼此驯养过，他们就成了我们生命中的独一无二。

种瓜得瓜，种豆得豆。这个世界其实十分公平。

多年来，我坚持自己的原则，从不以分取人。对一些分数高高在上，因而感觉也高高在上者，甚至还有一点反感。

学校有一个姓沈的学生，虽然成绩暂时不太理想，但是，他礼貌、真挚、诚恳，乐于助人，情感丰富。对于他成绩的暂时落后，我丝毫不觉得是我教育的失败。相反，我内心里充满着感恩，我培养出了一个真正的人。

有一天，他给我们拟了一个作文题——《伴奏》。

先是同学们构思，回答得都还不错。最后是他总结，他落落大方地说：“同学们，你们有没有想过，三年来，我们一起走过，每一次风，每一次雨……我们互相支持，互相鼓励，在生命的这一段旅途中，我们每个人都是彼此的伴奏。马上就要分手了，我很伤感，很伤感。真的，我谢谢你们，陪我走过。”很多同学听到这里，都不禁低下头，潸然泪下。

他顿了顿，接着总结：“还有，同学们，千万不要忘记，有时候我们还要给自己伴奏。当世界都遗忘我们的时候，我们就是自己的上帝。给自己伴奏，给自己喝彩！”

我被深深地感动了，他是用精神生命在做这一道题，这道题也被他驯养了，也成了他生命的独一无二。我激动地提议，同学们给他掌声。掌声响起来的时候，我想起了很多。

当陈子昂“前不见古人，后不见来者”的时候，他需要给自己伴奏，当苏轼“拣尽寒枝不肯栖，寂寞沙洲冷”的时候，他需要给自己伴奏。给自己伴奏，是一份落寞，更是一份高贵。

学会给自己伴奏，肯定自己的精神生命的价值，肯定人之为人的尊严，难道不是我们教育的孜孜以求？

而现实中的我们，常常匆匆忙忙地灌输，以为自己的那点资本，就是无价之宝，以为学生吞咽下去就能长命百岁。殊不知参差百态，才是幸福本源。

伟大的卢梭说：“最重要的教育原则不是爱惜时间，而是要浪费时间。误用光阴比虚掷光阴损失更大，教育错了的儿童比未受教育的儿童离智慧更远。”

我常常这样认为，一个愚蠢的老师并不太可怕，可怕的是，一个愚蠢的老师偏偏还要勤勤恳恳，那对学生的杀伤力就大了。他能把很多学生都折腾得生气全无，奄奄一息。“灭”学生之情，“绝”学生之欲，这就是充斥校园里的“灭绝”老师。

还是这个学生，有一次写了一篇很好的作文。那篇文章写了一段友谊的失去，情景交融。雨水，枯黄的落叶，钢琴曲《雨的印记》，充满着一种怅惘、迷离之感。为了一个朋友，他拼命练习，终于学会了这个曲子，但朋友却离他而去。于是，每一个夜晚，在九点半，在晚自习之后，在浦项的三楼（我校的浦项国际部每层楼都有一架钢琴），他都要弹起那个熟悉的旋律——《雨的印记》。那个时候，外面的灯光惨淡，淫雨霏霏，阴风怒号，他一个人在黑暗里品味苦涩，悲伤逆流成河。

我对这个文章很看好，征求了他的同意后，认真在班级评讲了。下课后，他来找我，对我说：“老师，你听听它吧。《雨的印迹》，真的很好，很棒。它能让你有很多感触，你会喜欢它的。我保证。”我站在边上，他坐在我的电脑旁，帮我下载，让我试听，满脸都是真诚，都是热切的期待。在他的推荐之下，我听了那个曲子，五音不全的我，那一天，却完全听懂了这个旋律，听得千回百转，荡气回肠，我是把学生的文章和精神生命融进去了。

故事还没有结束。

年底的时候，江苏省首届教学成果申报，市局让我申报。其中必须要做一个光盘介绍自己的成果。我突然就想起了这个曲子，我对李勇老师说，我一定要《雨的印记》，不管获不获奖。对于一个学生的教育而言，获奖又算什么呢。

那一天，当我把做好的光盘给他看时，他惊呆了，不相信我用了《雨的印记》。我不知道当他听到那个熟悉的旋律时，他的感受如何。但我分明觉察到，我们的默契在加深，情感在交融。我们彼此接受，喜爱并且互相取暖。也许在教育的真正要义被发掘之前，理解、尊重就是教育的名字。

别以为那些破碎的知识有多大价值，别以为我这堂课不可或缺，别以为我们所说的就是至理名言。问问毕业回来看望你的学生，你所教的那些“葵花宝典”，解题密码，是多么荒诞可笑，无不烟消云散，寿终正寝。学生记得的是你的口头禅，你的一次狼狈经历，还有他生病时你对他一句轻轻的问候，或者只是你说的一个并不好笑的笑话，还有就是考试前你的一句无厘头的幽默：“不要怕，好大事啊，有腿还怕没裤子穿？”

爱因斯坦说，当你把学校教给你的一切都忘掉之后，剩下来的才是教育。

为什么？因为真正的教育，绝不是纯粹的知识堆积，知识是僵死的，需要时时更替，推陈出新，唯有精神的品格和思想的亮色，才能永恒传递。是那些情感、理想、正直、真诚、尊严和生命……它们烙入我们的心灵深处，拨动我们的心弦，让我们的生命充满鲜艳和热度，不管风吹浪打，永不褪色。

[3]

最好的教育

上老舍的《想北平》，其中有一段话，非常感人。

老舍说："可是，我真爱北平。这个爱几乎是要说而说不出的。我爱我的母亲。怎样爱？我说不出。在我想作一件讨她老人家喜欢事的时候，我独自微微的笑着；在我想到她的健康而不放心的时候，我欲落泪。言语是不够表现我的心情的，只有独自微笑或落泪才足以把内心揭露在外面一些来。我之爱北平也近乎这个。"

老舍用对母亲的爱来类比对北平的爱。那种独自微笑，独自流泪的生命体验，实在太感动人了。于是，想起要读一读老舍的《我的母亲》。如此才能更加体会老舍对北平如母亲般的情感吧。

一读，再读，竟然放不下了。一个念头萦绕在我的脑海，什么才是最好的教育？

"从私塾到小学，到中学，我经历过起码有廿位教师吧……但是我的真正的教师，把性格传给我的，是我的母亲。母亲并不识字，她给我的是生命的教育。

"生命是母亲给我的。我之能长大成人，是母亲的血汗灌养的。我之能成为一个不十分坏的人，是母亲感化的。我的性格，习惯，是母亲传给的。"

在这里，我们必须要关注几个关键句，二十多个教师，应该有很多好老师了吧，否则老舍也不大可能是后来的样子。但这些老师的教育，无论是知识教育、道德教育，还是技能教育、文章教育，没有一个能比得上母亲的教育。

母亲是不识字的老师，但却是真正的老师，这是为什么？最好的老师不是经师，而是人师。母亲把性格和习惯传给我，母亲的教育是生命教育。她用血汗灌养，用生命感化。

弗洛姆有一段经典的论述，关于爱的教育："一个人给予另一个人的是他生命的活力；他给予另一个人的是他的欢乐、他的旨趣、他的理解、他的知识、他的幽默、他的悲哀，他给予他的生命活力的全部表达方式和全部证明方式。这样，在给予他的生命时，他使另一个人富有起来，通过提高他自己的生命感，他提高了另一个人的生命感。他并不为接受而给予，给予本身便是极大的快乐。"世界上还有比这更好的教育吗？

又想起了另一个大家——胡适。一生获得35个博士学位的胡适，不仅是北京大学的校长、普林斯顿大学的教授、台湾"中央研究院"的院长，是中国一等一的文化名人。但在《我的母亲》一文中，胡适这样说："我在我母亲的教训之下住了九年，受了她的极大极深的影响。我十四岁便离开她了，在这广漠的人海里独自混了二十多年，没有一个人管束过我。如果我学得了一丝一毫的好脾气，如果我学得了一点点待人接物的和气，如果我能宽恕人，体谅人——我都得感谢我的慈母。"

胡适的成功也是来源于母亲的教育，甚至完全归功于他母亲的早期教育。这是为什么？我们不妨探究一下胡适母亲的教育。

首先，是完全的做人教育。冯顺弟要求儿子不断反省自身，这是她做人教育的核心。

"每天天刚亮时，我母亲就把我叫醒，叫我披衣坐起。我从不知道她醒来坐了多久。她看我清醒了，才对我说昨天我做错了什么事，说错了什么话，要我认错，要我用功读书。"

冯顺弟也是一个文盲，但却以一个母亲的敏感和敏锐找到了一个最好的教育方式，那就是自省。可能是胡适的父亲是一个大先生，虽然早死，但母亲要求胡适承继其父的遗风吧，又或者，就是她自己为人处世的经验告诉她，自省，乃是做一个好人的重要功课。于是，她就一天不落地持之以恒地坚持下来了。

对于孩子的教育，冯顺弟是舍得投资的。这种投资简直骇人听闻，对于一个普通家庭来说。据《胡适传》记载，当时绩溪上庄一带，蒙馆学金很低，每个学生每年一般只送两块银元。胡适母亲却与众不同，据胡适回忆说："我一个人不属于这'两元'的阶级，我母亲渴望我读书，故学金特别优厚，第一年就送了六块钱，以后每年增加，最后一年加到十二元。这样的学金，在家乡要算‘打破纪录’的了。”

先生从此便对胡适另眼相看，认真地为他讲书，一字一句，讲得清清楚楚，明明白白。胡适后来回忆说，他“一生最得力的是讲书”，这不能不说是母亲的投资产生了效果。

还有一件事，族中胡守焕因家庭败落，愿将《图书集成》一部大书减价出售。胡适的母亲得知儿子想得到这部书，便四方借钱，终于买下了。尽管那本书，她一个字也不认识，但她相信自己的儿子，相信读书人的眼光，相信自己教育出来的人的品质，宁肯自己遭受困窘，也要满足儿子读书的愿望，这真是一位伟大的母亲。

从23岁守寡，挣扎着熬了23年之后，冯顺弟怆然去世。一辈子寡居艰辛的她，无论如何也想不到她培养出了一个历史伟人，活在历史的长河中，唱着大风歌。假如说，胡适的学问，像巍巍昆仑一样巍峨，那她的母亲，也许更要高大。

回想现在，我们很多学校只教书，不育人，也无需育人。高考是不考育人的。我读高中的时候，我校有一个流氓，是我们农村实验班的，那家伙聪明绝顶，但却什么坏事都做。

有一年中秋节，他竟然在朗朗月光下，把学校实验室里的显微镜，哼着小调往自行车上绑，准确运出去卖钱，后来，被学校保卫处抓住了。这家伙，胆子何其大也。但是，学校考虑到他优异的成绩，只简单教训了几句，就把他放了。谁知道他的胆子越来越大，最后锒铛入狱。

在审讯的时候，这个家伙交代，因为多次被班主任叫到家里，苦口婆心地教育。时间到了，就留他吃饭，而他也多次顺手牵羊，偷了班主任家不少钱财。呜呼，天下还有这样的学生吗？

在看守所里待了大半年，高考只有三个多月了，也许是他发了奋，也许是他找了人，也许是关得够长了，总之，他最后居然还是被放出来了。后来不知怎么回事，居然还考上了名牌大学。只是，我不知道这样的人，走入社会究竟会怎样？

现在有很多的老师眼睛只盯着成绩，根本不在乎学生的人品，做人教育更是荡然无存。成绩好才是真的好，你走之后，谁管罪恶滔天。

就算本来的爱，那种爱也是有条件的。因为我有责任爱护你，所以你必须听我的，爱你，是为了控制你。那么，谁愿意接受这样的爱呢？

没有了尊重，责任就变成统治和占有。尊重并非惧怕和敬畏。按照其本来面目来看待人，意识到他的独特个性，使之按照其本性成长和发展，这就是尊重。尊重必须建立在自由的基础上，尊重意味着无利用。胡适母亲同意帮胡适买那部大书，就是对胡适的充分的尊重和爱。

弗洛姆这样说："爱的本质是主动给予，不是被动地接受。爱是一种主动活动，不是一种被动的情感；它是'分担'，而不是'迷恋'。"

教师在给予爱的过程中，给予者使接受者身心中的某些东西复苏，而这种复苏过来的东西又反馈给给予者。给予者使接受者也成为一个给予者，而且双方共同分享他们共同使之复返生命的东西。

我以为，这才是真正的爱。这种传说中爱的教育，我们在两个伟大的母亲身上都看到了，我们为之汗颜，并唏嘘不已。

[4]

什么人最喜欢教育

问什么人最喜欢教育，就像问潘金莲是否纯情一样荒谬。但这的确不是一个伪问题。

那么，什么人最喜欢教育呢？答案是老人。什么人最好学呢？答案还是老人。每所老年大学中，无不人头攒动，热情高涨，每堂课都是人人参与，互动频繁，笑声不断。我可以大胆地说：老年大学的每节课，都是高效课堂！

这究竟是怎么回事？我们在早晨八九点钟的孩子身上，拼死拼活不能完成的任务，为什么在老人身上轻而易举就完成了？

作为一个教育工作者，我们需要反思，究竟是什么使得这些垂暮之年的老人们，在身体的机能已经退化，记忆力不断下降，衰老不再像一场战争，而是像一场屠杀的时候，还能够安安静静地学习，并且乐此不疲？要知道有些老人，今天不知道明天的事，眼睛一闭不睁，一辈子就过去了啊。

他们为什么学习？学习的动机何在？

所有的老人，排除了一切功利之心，他们听从内心的呼唤，为了自身素养的提高，学自己最喜欢的东西。这些东西，都是他们生命中最需要的东西，从来没有被扭曲，所以，老人的学习需求最旺盛。

一个老年大学的老师告诉我们，他原本是一个数学老师，但是数学有什么意义呢？ sin、cos……这些东西对老人有什么意义呢？

老人最喜欢的课程，是历史，地理，艺术。老人喜欢怀旧，喜欢听那些过去的事，所以，对历史很感兴趣。老人还喜欢旅游，喜欢各地的风土人情，所以也热爱地理。但更多的老人，把最后的热爱都给了艺术，书法、绘画、音乐，夕阳红的沉静，与艺术的大美结合在一起，让老人们如痴如醉，乐而忘返。知道了这些，那些经常挤压历史、地理和艺术课程的人，是多么的面目可憎，多么的可怜可鄙。

校园本来的含义是闲暇，真的，什么时候，我们活得不那么急功近利了，活得从容了，那时候的学习才是有价值的，也是高质量的。

周国平说，一个人活在世上，必须有自己真正喜欢的事，才会活得有意思。我们喜欢做这件事，只是因为这件事本来非常美好，我们被这事情的美好所吸引，而不是这件事背后的金牌和入场券，让我们趋之若鹜，狼奔豕突。老人喜欢学习的根源就来自这里。

前段时间，我去清华附小，附小把体育作为他们学校的核心课程，我觉得真好。如果再加上一个美育，那就更加完美了。

体育给孩子一个强健的体魄，让孩子们健康，阳光，挺拔；美育给孩子一个清澈的心灵，让孩子们有审美，有格调，有品位。想想看，一个身心健康、和谐发展的孩子，他能够差到哪里去呢。相反，因为身心的美，使得他们对自己提出了超高要求，内驱力被激发了，他们必然具有想象力和创造力，自然能够应对学习，而且，因为是自己的选择，因而更具有责任感和担当。

在一个没有信仰的地方，我们千万不能一无所有。有了艺术，我们就有了真实的灵魂，有时候，美可以代表宗教，让我们安静，找到最好的自己。

[5]

另一种教育效果

前几天电视里要播放古龙的《陆小凤传奇之血衣之谜》，可惜我要出差，没有看到。曾经很长时间，我都是金庸的拥趸，我本能地拒绝古龙，认为他的叙事风格简洁得可怕。特别是古龙写武功，特别虚幻，往往一招致命。失去了过程，也就可能失去了美。古龙也缺少金庸那样中国古文化的家底，缺少了金庸作品博大精深的厚度。

我对古龙的偏见延续了很长的时间，直到我工作的第五个年头。

那是一个江边的小镇，没有热闹的喧嚣，只有江南的烟柳。好像是暑假吧，我实在无聊。在图书馆挑来挑去，古龙的作品排了满满一排。我突然记起，好像是一个台湾评论家说过，古龙创造了一个奇迹，他把自己笔下的文学人物陆小凤和楚留香变成了两个历史人物，让人们唏嘘不已，怅惘低徊。于是，我借了一套《楚留香传奇》，回家后，我捏着鼻子往下读，谁知一下子沦陷进去，沉醉不知归路。

如果说金庸是传统文化的精华，那么，古龙应该是后现代的极致。古龙天马行空，匪夷所思，妙语甜言，层见错出。那一个暑假，也成了我人生中最安静的一段日子，我原谅了古龙所说的："朋友是人生的最重，女人就像衣服。"

古龙作品中充满哲理和玄机，你永远不知道往哪里走，又永远觉得只有那样走，才最贴切。金庸的风格你可以用郭靖来归纳，脉络清晰，内功浑厚。而古龙只能用小李飞刀来形容，你永远不知道他何时会出手，他怎么出手，但只要他一出手，就弹无虚发。

当时，最有印象的情节有两个：

一个好像是陆小凤要去某个岛上，一条大船漂泊在茫茫的江面上，突然大船上多出了很多口棺材，棺材数只比船上的总人数少一口，也就是说，这个船上除了一个人之外，其他的人都得死。然后，每天死一人，一直死下去，一个个的怀疑对象，又一个个死去。正当陆小凤越来越接近目标的时候，幕后黑手终于等不及了，他引爆了大船上藏满的火药，驾驶唯一的救生小艇逃走了。船上的人除了死路一条，不可能有第二条路。而陆小凤却带着船上的人，把棺材推入水中，然后合上盖，在大海上漂泊，终于躲过一场劫难。

想想看，棺材本来是死亡的象征，最终却成了救命的根本，生与死的转化就在一念之间。

还有一个是楚留香大战水母。水母是一个怪异的女人。她的武功深不可测，十个楚留香也不会是她的对手，更何况还是在水母的家里决斗。楚留香选择了水中，他挑选了一个有可能限制水母武功发挥的地点，这是一个冒险的选择，因为她是水母嘛！事实证明，这个选择并不坏，水母的功力果然大打折扣，可是，就算是这样，楚留香仍然感到很吃力，只能咬着牙苦苦支撑。后来，水母的力量越来越弱，突然水母快速地向水面浮上去。楚留香知道水母要去换气，这是他取胜的唯一机会，于是他一下子抱住了她，死死地吻住她，用自己的唇堵住水母的樱桃小嘴，用鼻子堵住了水母的鼻子，这是世界上最怪异的吻，那么热烈，那么窒息。

吻本来是一种爱意，一种缠绵，一种幸福的战栗，一种灵魂的悸动，在这里却成了一种仇恨，一种标准的死亡。也许，爱与恨本来就是一体吧？可是真正在作品中发掘出来的只有古龙，伟大的古龙。

之所以说到这个，是因为我突然想起了一则文言文，说到一个人物，学生大喊有趣。说的是后汉的朱珲做郡里的小吏，结果太守阮况看中了他家的奴婢，就强行要用钱买回家。朱珲却坚决不卖，等到阮况死了之后，朱珲却把奴婢打扮一新，带着厚嫁品，送到了阮况家。当时的人都讥笑他，朱珲说："以前阮君有求于我，所以不敢听命，恐污辱了阮君美好的名声，现在送过来，是要说明我并不是吝惜一个女人啊。"我也就是在一刹那间，感到朱珲的本意是爱护阮况，爱护府君的名声，不忍心辱没了他。但是，如果当时朱珲卖给阮况了，我们今天的后人何以知道啊？正是因为朱珲的不卖，正是因为朱珲对阮况的保护，反而让阮况在历史上留下恶名。

[6]

要教育孩子看到生活中的美

这个世界上，本质上只有两种人，一种人是悲观主义，另一种人是乐观主义。尽管他们的健康财富以及其他拥有都一模一样。但由于对世界的认识不同，一种人幸福，一种人不幸福。一种人总能看到美好，一种人总能挑剔污浊。

富兰克林在《美腿和丑腿》中，记叙了他有一个好朋友，很快就能鉴定出这两种人。这个人有两条腿，一条是美腿，好看得不得了，另一条是丑腿，因为意外而畸形。陌生人初次和他见面，如果对他的丑腿更为注意，他就有所疑忌。如果只在意丑腿，从不注意美腿，那他就打定主意，决不和此人做进一步的交往。因为一个只注意丑腿的人，至少是一个悲观主义者，他们只看到生活中的缺陷，看不到生活中蕴藏的美和光亮。本质上也是一个残疾人，而且是心理的残疾，这样的人，更为可怕。

传说东坡曾问佛印："你看我像什么？"佛印说："像尊佛。"佛印问："你看我像什么？"东坡说："像一个屎壳郎。"佛印大笑。东坡窃喜，以为占了便宜，但实质上却输了。境由心生，佛印"心有佛心，所见皆佛"，东坡"心有屎壳郎，所见无非是屎壳郎"。

"入芝兰之室，久而不闻其香；入鲍鱼之肆，久而不闻其臭。"如此而已。

一直很反感中国的一些媒体，总喜欢追腥逐臭，沆瀣一气，唯恐天下不乱。铺天盖地，乐此不疲，连篇累牍的，要不就是刺激的、带劲的、吸引眼球的花边新闻；要不就是渲染仇恨、造假、骗子、地沟油；要不就是"一句顶一万句"的语调，无不重要，无不热情，无不深受欢迎。

生活在污泥浊水之中，如何能做到身之察察？生活在假大空中，如何能坚守真善美？

当一次次丧心病狂从我们的眼前经过，当一次次骇人听闻在我们心底里折腾，我们义愤填膺，我们同仇敌忾，我们出离愤怒，但一鼓作气，再而衰，三而竭。到了最后，我们的底线变得越来越低，我们的容忍度变得越来越高，我们从怒而骂娘，到一声叹息，再到默无声息，最后就是麻木不仁，在污浊中被同化。

柏杨说得真好，社会是一个大酱缸，我们在酱缸呼吸存活，怎么可能不受到侵袭和沾染？当我们对酱缸文化产生免疫力之际，也就是我们成了酱缸文化一部分之时。社会如此，教育亦然。所以，我们一定要引导孩子寻找美腿，发现生活中的光明，让美占据孩子的心灵，让美滋润孩子的灵魂。如果我们不在孩子的心田里种上鲜花，孩子的心灵里就会长满杂草。

鲁迅先生说："我自有我的痛苦和悲哀，但我不愿意把我的痛苦和悲哀，传染给那些正做着好梦的青年。"然而，我们很多老师喜欢渲染生活中的阴暗和丑陋，以为这会让我们的孩子变得成熟和深刻，会让我们的孩子走入社会时，不至于走一些弯路，不至于碰得头破血流。老师们的愿望是好的，但是，如果我们培养的孩子，一个个洞悉了社会的黑暗，成熟、世故，甚至阴冷，在这样的社会中，八面玲珑，游刃有余，如鱼得水。我不知道，这样的教育，对我们而言，究竟是成功还是失败。

教育，是要担负培养一代人的重任。我们岂能让孩子还没有出发，就被社会同化，成为污浊社会的一部分。作为教书育人的教师，我们应该给孩子方向感，给孩子精神的底色，或者给孩子一种骨骼，一种脊梁，为孩子的生命奠基。

小悦悦事件，固然让人愤怒。很多时候，一些人甚至用怕讹诈躲避一个正常人所应该负的责任。但在社会的美腿和丑腿中，我们需要看到更多的美腿。比如潘跃昀，比如木渎白衣女孩。

2011 年 11 月，在上海发生一起车祸，父死亡，女重伤。途经的男子潘跃昀开车 20 公里将女孩送到医院，还垫付 6000 元医药费。当被问起是否担心被讹，他说："你无法判断别人是好人还是坏人，但你自己可以做一个好人。"

我们总是喜欢一些黑暗的东西，总是忽略生活中美好的感动，终至于最后连感动都不会了。当世界荒芜了，我们却流不出一滴眼泪。这个时候，更悲伤的，也许不是世界的荒芜，而是人心的堕落。

我们看到了捞尸索钱的天理难容，但也要看到长江学院的大学生，虽然不会水，但却拉起人墙走入湍急河流中，奋不顾身救人的惊天壮举。

伟大需要弘扬，烈士需要讴歌，真情需要传递。别忘了木渎那个给一个乞丐撑起一把伞的女孩，她淋湿的身体，烘干了多少人潮湿的心灵，在那一刹那，所有人的灵魂都被照亮。这个世界上，注定有一种人，如同没有沾染的鸟一样，飞翔在蔚蓝的天空，让我们心生向往。

我们本来是来自伊甸园，因为没有耐心，我们离开；也因为没有耐心，我们回不去。

在克拉玛依大火中，有人说，让领导先走，我们当然记得。不记得耻辱，也是一种犯罪。但我们也不要忘记了，在重庆，几个民工和女人在电梯里被围困，生命垂危之际，几个大男人异口同声地说：让女人先呼吸。

想起了昨晚看的电影——《忠犬八义公》。那条叫小八的狗，每天都到车站接送它的主人。一次，主人突发心脏病去世。小八就在那个车站，涩谷车站，一等就是九年，树叶青了又黄，黄了又青。整整九年啊，多少个日子，狂风暴雨，电闪雷鸣，不离不弃。最后，它在风雪中，在等待中，苍凉地死去。每当一列车经过，它都要昂起头，充满了希望。然后，就是失望，希望之火，从眼睛里熄灭。最后，就是绝望。这样的场景，每天都要重演好多次。谁也不能揣测这条狗的内心，究竟有多苦，究竟是什么样的毅力，支撑着它，一直等待了那么久。

日本，这个“菊”与“刀”双重性格的民族，极善于教育。他们把一条温情脉脉的狗，打造成了一个城市的标志。而在这个过程中，所有人内心的一种美好的情感，都被唤醒，被触动，被软化，然后，这种情感又被发酵……在一个工业化的城市里，这一点弥足珍贵。

美国人也是。他们把一条只有后腿、没有前腿、直立行走的狗，变成了一个民族英雄。这条狗，鼓舞了无数在战场上失意的人，甚至对整个美国战胜经济危机，走出困境，都产生过重要的影响。这条狗的名字叫作——信念。这条狗，最后登上了《时代周刊》。它是一个时代的英雄，它无愧于人们给它的荣誉。

每个人的内心中，都有猛虎在嗅着蔷薇。人是最善变的动物，需要不断的刺激和唤醒。

我们，其实也不缺乏英雄。

在北方，挺身而出，把生命留给孩子的最美老师张丽莉，还在病床上呻吟。这个一个月只拿1000多元的人民教师，没有玷污人民这两个字的称谓。很多人的高调，都是借助于嘴，张丽莉老师的低调，用的是腿。

在南方，书写76秒传奇的司机吴斌，忍住钻心的剧痛，把安全留给他人，不惜自己肝肠寸断。

这些底层的光芒，昭示着我们良知犹在，华夏未死。

今天，一座城市送别一个英雄。其实，这座城市也成了这个英雄的一部分，在这座城市的血脉中，从此就流着吴斌的血。生在杭州，但却从没去过西湖的吴斌，我不知道这是怎样的一种嘲讽。但今天，他的灵车绕着西湖一周，数万人自发送别，数百辆出租车组成浩浩荡荡的车队。这些师傅们，什么也不为，就是为了表达一种情绪，一种感情，一种惺惺相惜。

对咱老百姓来说，有时候，金钱真的不算什么。没有精神地活着，不能高擎着自己的灵魂而活着，真的不如一条狗。

[7]

天马行空周春良

暑期张家港市教育局培训，请来苏州市教育局周春良先生讲叶圣陶。我心里猜想，听一个领导讲叶圣陶，估计会非常枯燥，于是准备利用讲课时间，偷偷读读鲍鹏山的《风流去》，也算消遣。

会议一开始，周春良先生就信口而谈，站在世界教育潮流的高度，东西方比较，谈吐不俗。及至后来，讲到高兴处，周先生完全忘记了叶圣陶，说到了自己担任校长的种种做法，可谓大智大勇。会场上爆发了一阵一阵笑声，充满了快活的空气。

周春良认为校长应该是走在队伍最后面的人，校长千万不能把自己当成官员，校长的官僚化是中国教育的一个大问题。

如何走在后面呢？周春良引用松下幸之助的话：“当你领导十个人的时候，你要走在最前面，领着大家去干；当你领导一百个人的时候，你应该在中间，协调周围的各种关系；当你领导一千个人的时候，你必须在后面，掌握全局，把握方向！”一个校长领导的也有几千人，当然应该走在队伍的最后面。最高的管理境界是“不知有之”，自然而然。当然，不知有之，并非无为，而是潜移默化，浸染有为。

2004年，周春良去田家炳实验中学担任校长，当时的田家炳实验中学，名气不响。很多老师告诉周春良，每当在外面，人家问起哪所学校，听说是田家炳实验中学的，第一句话肯定是，田家炳好像是一个人的名字，第二句话是，你们学校在哪里啊。这句话深深地刺激了周春良。学校发展就是老师最大的福利，老师福利提高就会有干劲，但是，教育是慢的艺术，短时间内，学校获得飞速发展，谈何容易？如何让学校赢得知名度，增加老师的自豪感和凝聚力，这是学校的首要问题。

“大师就在我们身边，人人可为尧舜。”天马行空的周春良想出了一个好办法。学校有一个心理学老师非常出色，在心理学这一块很有见地，周春良邀请她出马，在苏州日报上开了一个专栏信箱，每次帮助家长解决一个问题或者困惑。这个专栏很快就火爆起来，家长都爱看，每周都等着看，而伴随着该老师的出名，田家炳实验中学也随之名声大震。

校长要走在队伍后面，还包括校长不要和老师争抢荣誉，一定要把自己摆在老师的后面。校长把自己的位置抬得越高，在教师心目中的地位就越低。

周春良说，他做校长十多年，只有两项荣誉，两个小红本子。一个是尊老爱幼奖，因为不是行政部门的，不硬气，也不发奖金，大家都不高兴拿。而且学校的所有领导都拿过了，实在没有人愿意要了，最后落到了周春良的头上，于是，只好接受。周春良觉得这个奖没有什么不好，教育或者说，文明很重要的一条，就是你是否敬老，能否爱幼。第二个本子是苏州市优秀教育工作者。一个优秀校长什么荣誉都没有，什么也不好评，市教育局实在看不过去了，于是，额外给了他们学校一个名额，周春良这才获得了第二个荣誉。

听到这里，会场上爆发了热烈的掌声。

事因难能，所以可贵。我想起了吴非（王栋生）老师和我说的一个故事。

有一年，他担任特级教师的评委，去扬州市考核。扬州市教育局某局长特意给他敬酒，推荐说，某某学校的校长，非常出色，条件也很硬，让他一定要帮忙云云。吴非老师就留心了，等看到这个校长的材料，乖乖，连续 5 次获得扬州市优秀教育工作者。而这个奖项都是校长拍板的，校长恨不得把所有的帽子都戴在自己一个人头上。吴非老师当即勃然大怒……

在和我谈到这件事时，吴非老师低声说："太无耻了，下手太狠了。后来我力排众议，坚决不让他过，并且在很多大会上，我公然宣言，是我不让过的。我断言，他绝不是一个好校长，也不会是个好老师。"

周春良先生能够看到这一层，可谓大智之人。在周春良眼中，校长不是振臂一挥、应者云集的英雄，而是为教师的专业发展服务，以教师的成功为自己的成功。

还有，教育的质量就是学生生活的质量，坚决反对用时间换成绩的做法。如果说，教育即生活，那么，教育的质量当然就是生活的质量。但心里有，未必有人敢说出来啊。周春良先生又是一个大勇之人。

晚上忍不住给我的老师黄厚江发短信，我说，黄老师，刚听了苏州周春良的报告，感觉很好。黄老师回：那是自然。

[8]

免死金牌和免考证

看《水浒传》，一定忘记不了小旋风柴进，他接纳天下英雄，窝藏钦犯，简直如家常便饭。所以然者何？盖因柴大官人手里有硬邦邦的东西，先帝所赐的免死金牌就挂在他的裤腰带上，否则也没有那么大的熊心豹子胆。

《杨家将》中佘老太君的龙头拐杖，也不是吃素的。先帝御赐，上可以打昏君，下可以打奸臣，自然也是免死的标志。

免者，特权也。特权总是人们所羡慕的，所追求的，所津津乐道的，但也是人们所反对的，盖因特权总与公平水火不容。但事实果真如此不堪吗?

柴大官人之所以获得免死金牌，乃是因为当年先祖让出皇位，后代因此获得荫庇。而佘老太君之所以获得龙头拐杖，是因为杨家满门忠烈，为大宋朝立下汗马功劳，只剩一门寡妇，才获得这样的荣耀。我们不妨研究一下英国的伊顿公学，一所以“公”命名的学校，却也有无数的特权区分。

比如说着装。伊顿公学为不同等级、不同荣誉的获得者，设计了不同着装。国王奖学金获得者，有权在黑色燕尾服中，再加一个披风，非常飘逸。伊顿的“明日之星”，则可以穿上不同颜色的马甲，非常帅气。如果这些人再配有银色扣子，则代表最高级别的优秀学生，他们有权参与学校政务。

伊顿之所以让优等生获得特权，其目的就是要让优秀学生鹤立鸡群，让他们体会优胜者的优越感、荣誉感和尊严感。伊顿的服装区别，表面上是一种等级，背后体现的却是公平竞争的精神：无论你是权贵之后，还是寒门学子，决定你地位的只有学识才华，而非家财门第。这才是真正的伊顿精神。

伊顿的优等生，还可以在教室里任何地方，门上、桌子上、椅子上，雕刻上自己的名字，这是优等生的权利。而那些龙飞凤舞的桌椅，又成了未来获得者的一种荣耀。

当特权是通过公开、公平和公正的努力获得的，那么，这种特权就有了最大的含金量，这样的特权也就越多越好。

正是在这个基础上，我赞成苏州不少学校推出的一项举措——免考制度。

免考先由学生主动申请，老师根据学生平常预习，上课发言，高质量的作业，以及日复一日的表现综合评定，谁能够在老师评分和学生投票中遥遥领先，谁就能获得至高无上的考试豁免权。免考学生名单在学校门口大屏幕上公示三天，滚动播放让获得免试的学生“赚足面子”，也激发更多的孩子向免考者学习。对于孩子们来说，获得免考资格不仅仅意味着少考一门试，更是“成为好学生”的一种骄傲。另外，这种形式还把考试一锤定音的结果论，转化为持久发展的过程论，其价值不容小视。

免考制度能够有效减少学生的临时抱佛脚的应急心理，使得学生在漫长的学习过程中，学会自治和等待，连带着培养起了良好的习惯。好习惯培养起来了，好未来还会远吗？

之所以对免考制度情有独钟，还来源于我生命中的一段往事。

在师专读书期间，我们心理学老师柳友荣，篮球打得好，球风花哨，人称“大花”。他讲课也像他打球一样，极为花哨，效果超级棒。

最真切的是他的第一节课，他开门见山地提出，如果谁能够利用心理学的知识，在报刊上公开发表一篇文章，那么，心理学这门课就将免试，非但如此，还能够在考试学生的最高分上加 1 分完成学业。

这个惊人的决定，激发了我巨大的斗志，梦想发表一篇心理学文章，几乎成了那个时候我最大的政治。最要命的是，我们班级几乎全部动员起来，孜孜不倦地学习心理学，都在运用心理学知识稚嫩地写作。

我在学习心理学的过程中，获得了巨大乐趣，我的确完成了一篇心理学的作品，但投了几家均石沉大海。事实上，我们班级直到最后也没有一个人获得免试，但我们似乎并不气馁，也没有多大失落，钓胜于鱼，最后，我们全班所有学生全部超高分通过心理学检测。

免试金牌，很多时候等于学生的免死金牌，值得孩子们努力拼搏，愉快夺取。在夺取的过程中，学生爱上了学习，在学习中获得了满足，这不就是教育的本来意义吗？

史铁生的《命若琴弦》中，老瞎子告诉小瞎子，只要弹断 1000 根琴弦，眼睛就能恢复光明。小瞎子一直努力，直到垂垂老矣，才弹断 1000 根琴弦，但眼前依然一片漆黑。变成老瞎子的小瞎子，又告诉小小瞎子，只有弹断 1001 根琴弦，才能恢复光明……

有时候，也许恢复光明本身并不重要，但恢复光明的希望，永远不能失去。

[9]

教育需要坚持

和邬晓莉校长聊天，绝对是一件愉快的事。

晓莉校长说，她做老师，是越教越低。毕业之后，先做大学英语泛读老师，再做高中英语老师，后来深外办分校了，学校安排晓莉去做校长，最初的艰苦创业中，晓莉自然又教了几年初中英语。

晓莉的这种专业发展，正好和其他人相反，是个特例。

要知道，很多的特例中都能够产生出超常的思想。著名作家马原有了孩子，复旦大学一个教授就对马原说：“如果我要教育孩子，我就让孩子学坏。孩子一旦不遵守规则，那么，一切束缚都将不存在。孩子很可能轻易地就能突破瓶颈和障碍，获得巨大成功。”马原没敢去试一试。据说，后来那个教授有了孩子，也没有一试。但这个惊人的想法，让马原极为欣赏，并且觉得大有哲理。人，往往不是缺乏文化，而是战胜不了文化。

我在想，如果邬校长能够再执教一轮小学，凭着她的智慧和灵性，她一定能够从这个逆循环的特例中，感悟出更多的东西。可是，这个愿望最终没有实现。

邬校长说，她教书的时候，是一个点子特别多的人，做校长也是如此。她把她的奇思妙想全都变成了真实，作为校长，还有比这更快乐的事吗？

梦想全部照进现实，童话里的小公主走了出来。亲手浇灌的花，在时光和岁月里成长，鲜活，鲜艳，美丽动人。这就是深外分校成长的经历。

我去的那一天，学校邀请我参加了他们的一个周末生活会。晓莉的构思是，周末回家之前，大家聚在一起，回顾一周校园要闻，跳一跳，笑一笑，洗去一周的疲惫，把笑容带回家，把成功带回家，把惊喜带回家，把快乐带回家。

那一周正好是纪念雷锋的日子，邬校长和所有班主任戴上红领巾，合唱一首《学习雷锋好榜样》。掌声，欢呼声，尖叫声，此起彼伏，山呼海啸……学生尽情表达对校长和老师的喜爱。

然后是一周要闻回顾。我本以为是国家要闻，后来才发现是学校要闻，是校园电视台制作的节目。有模有样，有板有眼，最好玩的是，它不是哪一两个人的舞台，是所有学生展示的平台。每周选出的主持人都不一样，每个人都在努力制作出自己的新闻片。

那天回顾的要闻有：教工篮球会，学校教学大比武。学生采访报道了有关人士，准确深入地传达了这两次活动的精神。同时，还别出心裁地插播了第一个华裔橄榄球运动员——王凯，和姚明一道被奥巴马邀请去白宫做客的小伙子，并且用一个短片介绍了橄榄球这项运动，不折不扣是一道大餐。

然后是一周校园之星、学习之星、德育之星的评奖。每个走上场的孩子，都是校园明星。最后是给老师颁奖，礼堂里到处都是学生震耳欲聋的助威声。我想，在这样的欢呼声中，老师肯定收获了成功，收获了喜悦。老师也把快乐和收获带回家了。

校园，家园，乐园，这是邬校长的追求；办一所最温暖的学校，这是邬校长的理想。在我眼里，这些都已经实现了。

在她办公室里，邬校长还给我们听了她女儿制作的单曲。这个时候，晓莉由校长妈妈还原为一个孩子的妈妈。远在美国的孩子，歌声里有着深远的记忆和忧伤，让人想起了草原，黄土地，敦煌，雅鲁藏布江，还有莫斯科郊外的晚上。晓莉还趁女儿不注意，把女儿隔洋视频都录制下来了，她一遍遍放给我们看。我们看到了小姑娘唱歌的样子，感到了暖暖的温情。

晓莉遗憾地告诉我们，女儿小时候爱好很多，但只有钢琴和手风琴这两个爱好坚持下来了。现在，她做志愿者，经常有机会和美国的顶尖音乐人合作。哪怕只是现场感受一下，意义都非同凡响。林语堂说，阅读经典，看懂看不懂，都有收获。晓莉说，将来自己女儿，要想在美国立足，获得好的发展，很可能凭借的不是她的专业，而是她当初所坚持的这些爱好。这些爱好成了她的核心竞争力。

坚持，这个字眼不断出现，成了我们那次聊天的焦点。当坚持一直在持续，不仅坚持的对象保留下来了，同时被保留下来的，还有坚持本身。我们不仅坚持了我们该坚持的东西，我们还学会了一项最重要的素质——

坚持。正如美国的杜威所说，民主不仅是教育的条件，还是教育本身。坚持不仅是成功的要件，还是成功本身。

晓莉身上最难得的，就是她的坚持。因为坚持，年轻的学校，积累了丰厚的教育资源；因为坚持，短短的时间，形成了良好的浓郁的文化。

晓莉的“爱的叮咛”就坚持了整整九年。九年，放在历史的长河中，只是短暂的一瞬，但是，一个校长，每天给孩子们讲一个故事，或是道德教育，或是人生提醒，或是幸福感召，或是经验分享，却实实在在是一次道德长跑。在晓莉去美国进修的一个月时间里，每天她都要早早录制好节目，给孩子们发回来。在孩子在校的每一天，校长妈妈爱的叮咛，就永远不中断。

我想，将来，有一天，孩子们离开了校园，离开了家园，离开了乐园，但，孩子们在校园里留下了最珍贵的东西，同时，他们还都带走了校长妈妈的爱。这些叮咛，将伴随着他们一生，或平凡，或轰轰烈烈，但，那又有什么关系呢？重要的是，他们坚持了他们的热爱，他们付出了他们的努力，他们就是一个高贵的人。当然，任何时候，他们都不会忘记校长妈妈的叮咛，叮咛的名本质，就是爱。

那一天，在周会的现场，我看见了一个孩子，有点木讷，口齿不清，在急切地寻找校长妈妈，还有看望他所有的老师。晓莉后来偷偷告诉我，这个孩子，性格极为内向。但在校三年，升旗和降旗都由他负责。每当下雨，他就将红旗降下，收好。他用三年的时间，坚持了他的职责，并且像爱护眼睛一样爱护红旗。风雨无阻，一以贯之，并且因为这种坚持的品质，最终成为一名优秀的学生。

走在温暖的校园中，我的心被一种满满的感动充溢着。也许，在我们找到教育的本质之前，坚持，就是教育的名字。

[10]

教育，就是一场相遇

相遇，是一个美好的词。

想一想，就觉得神奇。世界够大，宇宙够浩渺，造化够弄人。怎么就遇上了呢？不早不迟，不偏不倚，就这样猝然相遇……无数的故事，就会在相遇后产生，相遇比小说还要精彩。在无限不可知的相遇背后，小说家望洋兴叹。

生命如此蓬勃，汇聚，进而壮观。我们根本无法预知，在下一个路口，我们会和谁相遇。你从哪里来，一点也不重要。重要的是现在，你像一只蝴蝶，停在我的窗口。我们彼此相遇，在生命的某一个时间。或交叉，或折叠，或平行，或先后，抑或左手是你，右手是我。

眼神与眼神的瞬间碰撞，擦出的爱的火花，抑或是心灵和心灵的濡洗，陶冶出的浪漫情调。还有，翅膀和翅膀扇起的风。有时候，根本无需言语。很多时候，言语是脆弱的孩子，胆怯，并且无能为力。

每一次相遇，都是奇迹。尽管很多次擦肩而过，视若无睹，但这并不影响我们对相遇的期许。张爱玲说："于千万人之中，遇见你要遇见的人。于千万年之中，时间无涯的荒野里，没有早一步，也没有迟一步，遇上了也只能轻轻地说一句：'哦，你也在这里吗？'"这或许是一种最美的相遇。当然也是最平淡的相遇。

相遇是美丽的，但也是残忍的。接着相遇的，不就是分离？

顾城在《我总觉得》中写道：

我总觉得，
星星曾生长在一起，
像一串绿葡萄，
因为天体的转动，

滚落到四方。

我总觉得，
人类曾聚集在一起，
像一碟小彩豆，
困为陆地的破裂，
迸溅到各方。

我总觉得，
心灵曾依恋在一起
像一窝野蜜蜂，
因为生活的风暴，
飞散在远方。

但最重要的，是当下，我们相遇，我们相互欣赏，互相倾慕，我们知道下一刻就是分手。也许相见，也许永不再见，但那有什么关系呢？

当我们承认了他人即地狱，实质上，也就部分地承认了自我即世界。我不只是代表了人类，我还是这个物种的全部，我代表着整个人类的心智。达到这个层面，我们或许就能超脱。原来每一次相遇，只是相遇我们自己，是对自己生命的一种照亮。

相遇中，我们倾听他人的故事，实质上，我们只有倾听，没有故事。自己就是主人公，我在故事的中心，我主宰着故事的走向。当他人成了我们自己，故事就是生活。

突然领悟到，师生关系无非就是一种相遇。孩子们像小彩豆一样从四面八方聚来，心灵依偎在一起。像种子一样，他们在流逝的时间中，生长出青葱的绿色。我们在照看孩子，也是在照看自己，我们经历了我们生命的又一次长大。我们和孩子一起学习，我们重新经历，经历原初获得和发现知识的惊喜和战栗。在这样的经历中，我们和孩子彼此驯养，我们成了彼此生命中的独一无二。

作为老师，我疼爱这样的相遇，像农民对粮食的珍惜。我们种下期望，日日施肥浇水，相信种子，相信岁月许下的诺言。我给孩子们公平，公平地给予他们阳光和雨水，而不是让他们长得一样高，结一样的果。

我想给孩子绝对的安全感，没有被强加任何负担，活在完整的和谐中。而且，我必须深刻地认识到，这不是我优越感的赐予，而是孩子们的权利和教育的需要。唯有在充分的安全和自由中，孩子的心灵才会真正打开，绽放。没有心灵的绽放，就没有教育。

我想把孩子从语言的理想主义中拔出来，让他们直面生活。语言是名词，是僵死的。没有理想的人，是可怕的。内心堆满理想的人，则是可悲的。当理想遮蔽了现实，理想就是障碍。所以，我们要引导孩子在现实中种植理想，收获新鲜的思想。

我想让孩子们听从自己心灵真实的召唤。在良好的关系中，孩子不但能够学习其他，也能够学习自己。我还要时时刻刻警惕孩子迷信榜样。事实上，孩子很难从榜样那学到多少东西。在模仿和服从中，孩子会失去自由和舒展。孩子，应该为自己感到骄傲。在自我的完善中，体验到生命的责任和使命，决不能让孩子失去自由，哪怕是以成长的名义。

我还要让孩子敏感，像草叶上的小露珠一样清澈，知道阳光和草的味道。散落在记忆之外的，以及没有觉察到意义的事情，等于什么也没有发生。因此，孩子必须要敏感，没有敏感，就没有生命的丰富。

我还要让学生感到自然，师生关系中最美妙的就是自然，庄子说，自然而然。真正的相遇，应该如流水一样平和宁静，师生关系最大的悲剧就是恐惧。绝对的善不会在恐惧中产生。

日丹诺夫有一首描写相遇的小诗：

鸟儿死去的时候
它身上疲倦的子弹也在哭泣
那子弹和鸟儿一样
它唯一的希望也是飞翔

这首诗就是在探讨“相遇”。作为具有同一愿望的主体，师生的相遇，本应该相得益彰，互相成就，彼此温暖。但在现实中，更多的时候，师生的相遇却是糟糕的，他们互相折磨，抵消了前进的动力，犹如子弹的轨迹和小鸟的飞行。尽管读来有一种残忍，但这常常就是生活的现实，也正是教育的困难所在。

[11]

教育需要理想主义

教育上，谈理想主义，会被人笑掉大牙。傻子也知道，分数才是硬道理，捉住老鼠的才是好猫咪嘛。

其实，我们也有过理想高举的时候。抗日战争时期，清华大学、北京大学、南开大学并作西南联大，在战火中穿行，荒郊野岭，扎营教书，只为了给国家留一些读书的种子。这不仅是一种伟大的理想主义，甚至是一种刻骨的浪漫主义。

卢沟桥事变之后，北平沦陷，天津沦陷。清华、北大与南开南下长沙，组成“长沙临时大学”。几个月后战事吃紧，所有师生，不得不分海陆两路进入云南昆明。

这是世界教育史上绝无仅有的一次“长征”。三所彼此竞争、互有抵触的高等学府，摒弃前嫌，组成“国立西南联合大学”，开始了长达 8 年的联合教学。8 年时间里，联大共培养了 2 位诺贝尔奖得主，8 位两弹一星功勋奖章获得者，3 位国家最高科学技术奖获得者，2 位党和国家领导人，97 位中国科学院和中国工程院院士，成为真正的“大师之园”。

弗吉尼亚大学一位史学教授对西南联大进行了十年的研究后，得出结论:“西南联大是中国历史上最有意思的一所大学，在最艰苦的条件下，保存了最完好的教育形式，培养了最优秀的人才，最值得人们研究。”

其实，西南联大的成功并不难理解。永远追求真理，永远高擎理想主义，是其成功的重要魂魄。正如联大校歌所唱：

> 万里长征，辞却了五朝宫阙，暂驻足衡山湘水，又成离别。绝徼移栽桢干质，九州遍洒黎元血。尽笳吹弦诵在山城，情弥切。
>
> 千秋耻，终当雪。中兴业，须人杰。便一成三户，壮怀难折。多难殷忧新国运，动心忍性希前哲。待驱除仇寇复神京，还燕碣。

唯有怀抱着“千秋耻，终当雪”的爱国热忱，担负起“多难殷忧新国运，动心忍性希前哲”的历史使命，才能把自己的一颗心掏出来，化为闪亮的火炬，照亮了那个时代的黑夜沉沉。

林语堂到西南联大演讲，热泪横流，感慨万千：“西南联大物质生活不得了，精神生活了不得！”

物质生活如何“不得了”？

尽管联大教室房子是一代大师梁思成亲手设计，但是巧妇难为无米之炊。不仅房子狭小，更要命的是，电力供应严重不足。学生晚上争抢位子，争抢灯源，常常会受伤。图书馆只有200个位子，每晚却要容纳2000多个学生，压力可想而知。这些都是未来中国的脊梁和希望啊，他们，就在这样的环境里蛰伏，“万紫千红安排着，只待新雷第一声”。

宿舍是土坯墙，茅草顶。每当外面风雨大作，里面就是小雨小作。上铺人防雨，下铺人排涝。雨后，宿舍里泥泞不堪，甚至长起了杂草。学生们的鞋子穿一个雨季就烂了，于是，诙谐地称鞋底磨穿了是“脚踏实地”，鞋尖和鞋跟破了叫作“空前绝后”。

联大伙食质量极差，很长一段时间，每天只能吃两顿饭，上午10点和下午4点各吃一餐。因政府供给的是劣质米，米饭里沙石、老鼠屎、糠屑很多，学生们戏称为“八宝饭”。

一种精神的高标就竖立在那里，一种使命感和责任感，一种伟大的乐观主义精神、理想主义激情，油然而生，沛然而至，莫之能御。

在这样艰苦的环境里，整整八年，联大没有一个学生因贫穷而辍学。他们高擎着自己的灵魂而活着，只要这种精神还在，中国读书的种子就不灭。我们国家魂就还在，灵就不死，气就长存。

然而，在物质极大丰富的今天，我们失去了理想主义，我们活得如此猥琐，如此算计，为了一些可怜的利益，我们鼠目寸光，我们失去了教育的理想主义，我们的教育逐渐蒙尘。

一个最现实的问题是，现在最有思想、最有学问、最有才华的人都不当教师了。而在中国现代史上，几乎所有的大家都曾经屹立在讲台上，给我们输送着最完整、最丰富、最鲜活、最有生长力的精神食粮。当然，我不怀疑现在中国有很多教育大师，但我怀疑这些大师有多少人具有真正的教育情怀。

教育绝对不是饭碗，不是差事，甚至也不是职业，而应该是一项伟大事业，抑或是一种虔诚的宗教，需要梦想家和诗人来经营，需要信徒和殉道者来朝圣，需要肉体的投入、灵魂的参与、精神生命的支撑。但这种理想，我们现在还剩下多少呢？我们常常嘲笑那些仰望星空的人，我们的作文题目中，甚至用哲学家因为仰望星空，却掉进一个土坑中的狼狈不堪，来引导我们的学生，鞭挞哲学家的好高骛远，然后把小心谨慎地盯着脚下，老老实实做人，植根在学生的心灵。

爱因斯坦说，这是猪栏的理想。我们不仅庸俗自己，还把这种实利主义传达给我们的下一代。其罪，何其大也？看看现在的课堂里的学生，满脸漂浮的都是世俗的功利。如果和分数无关，很多人就会漠不关心，无动于衷。

理想主义死了，星星之火也就熄灭了。

那些厌学、厌上进的学生，不是脑子笨，也不是能力差，而是失去了理想主义，于是浑浑噩噩，随波逐流，失去了向上之心。

那些倦学、厌教的老师，“非不能也，实不为也”。他们缺少的只是对美好事物的感知能力，对伟大事物的敬畏之心，对人生价值的理性选择，以及在此基础上形成的不为功利的、坚定的、执着的理想主义。

一个人有了这样的理想主义，就不会轻易被诱惑、被动摇，就能够远离功利，远离铜臭，远离庸俗，远离低级趣味，就能够获得无限持久的动力，就能够坚守自己的教育情怀，实现自己的教育理想。

当前教育，必须呼喊理想主义，重塑人文精神，狠抓理想主义教育，通过高远的目标意识、良性的竞争意识、良好的思维品质、坚强的个人意志、强烈的社会责任感、善于合作的精神素养，使得理想主义像一面鲜艳的旗帜，高高飘扬，灼人奋进。

[12]

从“打飞机”看游戏对教学的启示

我从不玩游戏。

但没有哪个学生不喜欢玩游戏。我一直搞不明白，学生们，包括一些好学生，也对游戏沉迷不已，这是为什么呢？

也是机缘巧合，很偶然地看到手机微信上，有一款游戏，叫作“打飞机”。于是，就尝试了一下。谁知道，一发不可收，一星期下来，把眼睛弄得生疼，视力急剧下降。但终于弄明白了游戏吸引人的奥秘。

如果我们的课堂能够有效借鉴游戏精神，那简直善莫大焉。

游戏中充满着挑战。

每一个游戏中都充满着挑战，设置一环一环的关卡和障碍，激发你的斗志，让你投入，让你沉迷，最终欲罢不能。

教育教学的魅力，也在于课堂必须充满张力，充满思维训练和智力挑战，让学生时时刻刻感觉到挑战的快乐，这是最成功的教学。

游戏中弥补错误的时间很短。

人一旦犯了错，总是很懊恼，但游戏的好处，就在于你马上就可以抛掉错误，从头再来，并且在一次次成功中，迅速克服自己的挫败感。

游戏中，我经常不小心使得自己的飞机被敌机干掉，但我一定要再来一次，直到达到我从未达到的高度为止。

但教学却是一个极其缓慢的过程，而且一旦一次失败，很可能要压抑很久很久，直至把一个人不服输的斗志磨平。一些考试，甚至一锤子买卖，一考定终生，连改正错误的机会也没有。因此，教育教学中，如何在一个孩子失败之后，迅速给他提供机会，让他获得成功，扭转挫败心理，就显得尤为重要。比如考试之后，允许孩子有一次补考的机会，成绩同等计入总分。

游戏中冲关之后有奖励。

在打飞机的过程中，如果我不开手机的声音，默默地打飞机，一般成绩不好。但如果我把声音打开，听到敌机被我击毁的声音，我的成绩一般都很好。我觉得这就是奖励的效应。

人是一种孤独的动物，是需要成就感来激励的。游戏很好地抓住人的这个心理，通过各种奖励，使得人的成就感大增。

教学中，应该给孩子奖励，增加孩子学习的积极性和成就感，但如何给孩子奖励，却很有艺术。绝不能物质上奖励，让孩子只为物质奖励而努力，那就贻害无穷。应该鼓励孩子为荣誉而奋斗，孩子的进步和成长，就是孩子最好的奖励。

游戏中采用等级制让人获得特权。

大多数网络游戏采用等级制来吸引玩家。随着一个人的“努力”程度越高，积分越多，他的“等级”就越高，随之而来的就是获得“特权”，玩家为了这些“荣誉”，简直废寝忘食。

那么，在学习中，我们也完全可以让孩子获得一些特权。比如伊顿公学最优秀的学子，就可以穿不一样的校服，而且有红色的马甲，任何学生看见他们，都要恭恭敬敬地站在一旁，让他们先走。我大学的一个心理学老师告诉我们，只要有人在心理学杂志上发表一篇文章，就可以免试，而且分数比第一名还要高 1 分。我曾经非常努力，想获得这个殊荣，但没有成功，可在这个追求的过程中，我获得了更多。

游戏中到处都充满着探究性学习。

在打飞机的过程中，一开始我看见降落伞就躲开。不知道那对我有什么作用。后来，有一次，我尝试着接了一个降落伞。这才发现，原来多一个降落伞，飞机虽然照样能被干掉，但我多了一条命。这与真实中降落伞的作用一样。发现这个奥妙让我很快乐。后来，我又发现一种绿色的降落伞，我尝试着又接了一个，这个没有增加命，但却使我的飞机增加了一门大炮，火力更猛。这就是探究的快乐。但利与弊总是同行，火力猛确实让人欣喜。但一定要防止那一门炮突然间失去，于是，我又慢慢寻找那一门炮失去的规律。游戏始终让你有发现。

回到课堂中来，我们有没有让孩子们探究性学习，始终让孩子有发现的快乐？真正持久的永恒的快乐，应该在探究真理和重新发现伟大知识的快乐之中。

游戏中节制性的奥妙。

尽管游戏中，常常可以从头再来，但每一个从头再来的机会，都要你自己去争取。我打飞机时，有一个发现：每次，我的飞机库存量很多，我打得就比较草率，但每次只剩下最后一架飞机时，我总能够小心翼翼，专注有力，成绩往往就很好。

那么，教学中，我们提供给每个孩子的机会也要有限度，否则，他们就不会去珍惜。比如，我们可以说，我再给你一次机会，记住啊，这是本节课最后一次机会。让孩子珍惜机会，往往能得到意想不到的收获。

游戏能够和陌生的或者最好的朋友分享。

网络游戏是一个交流的平台，无数的人不分年龄、种族、肤色、行业走到一起，大家都能找到共同的话题，游戏中也对“组队”的玩家提供更高奖励，因而出现了一队队的“临时组合”和“职业玩家”，个个说起团队就兴致高昂。

打飞机却有好朋友一周打飞机排名榜。游戏开始升级很快，看着自己迅速成长，飞速进步，真的无比开心。更重要的是，这种成长还伴随着好朋友的鼓励。也就是说，你的成长，朋友都看得见。

那么，我在想，教学中，如何让孩子的成长和其他朋友分享，如何让孩子的飞速进步，让所有的人都看得见，尤其是孩子在乎的人，能够看得见，从而满足孩子的荣誉和光荣，这是我们一个很大的课题。

我以损失视力为代价，经过一个星期的“打飞机”游戏，从中获得这样一些启发。如果能够让我们的课堂因此而获得改善，那简直就太值了。

第三章

教育不会在恐惧中发生

[1]

教育不会在恐惧中发生

第一次读到这个故事，我被深深地震撼了。

“金字塔的建造者，绝不会是奴隶，而只能是一批欢快的自由人。”1560年，瑞士钟表匠布克在游览金字塔时，做出这一石破天惊的推断。很长的时间，这个推论都被当作一个笑料。然而，400年之后，也即2003年，埃及最高文物委员会宣布：通过对吉萨附近600处墓葬的发掘考证，金字塔是由当地具有自由身份的农民和手工业者建造的，而非希罗多德在《历史》中所记载——由30万奴隶所建造。

历史在这里发生了一个拐点，穿过漫漫的历史烟尘，400年前，那个叫布克的小小钟表匠，究竟凭什么否定了伟大的希罗多德？何以一眼就能洞穿金字塔是自由人建造的？

埃及国家博物馆馆长多玛斯对布克产生了强烈兴趣，他一定要破解这个谜团。

真相一步步被揭开：布克原是法国的一名天主教信徒，1536年，因反对罗马教廷的刻板教规，锒铛入狱。由于他是一位钟表制作大师，囚禁期间，被狱警安排制作钟表。在那个失去自由的地方，布克发现无论狱方采取什么高压手段，自己无论如何都不能制作出日误差低于1/10秒的钟表；而在入狱之前，在自家的作坊里，布克能轻松制造出误差低于1/100秒的钟表。为什么会出现这种情况呢？布克苦苦思索。

起先，布克以为是制造钟表的环境太差，后来布克越狱逃跑，又过上了自由的生活。在更糟糕的环境里，布克制造钟表的水准竟然奇迹般地恢复了。此时，布克才发现真正影响钟表准确度的不是环境，而是制作钟表时的心情。

在布克的资料中，多玛斯发现了这么一段话：“一个钟表匠在不满和愤懑中，要想圆满地完成制作钟表的1200道工序，是不可能的；在对抗和憎恨中，要精确地磨锉出一块钟表所需要的254个零件，更是比登天还难。”

正因为如此，布克才能大胆推断：“金字塔这么浩大的工程，被建造得那么精细，各个环节被衔接得那么天衣无缝，建造者必定是一批怀有虔诚之心的自由人。一群有懈怠行为和对抗思想的奴隶，绝不可能让金字塔的巨石之间连一片小小的刀片都插不进去。”

布克后来成为瑞士钟表业的奠基人与开创者。瑞士到现在仍然保持着布克的制表理念：不与那些强制工人工作或克扣工人工资的外国企业联合。他们认为那样的企业永远也造不出瑞士表。也就是说：在过分指导和严格监管的地方，别指望有奇迹发生，因为人的能力，唯有在身心和谐的情况下，才能发挥到最佳水平。

电光石火，石破天惊，我想到了我们的教育。当前，我们的教育生态，恰恰就是以束缚、控制、压制、监管为特征；以大负荷、高速度和快节奏为根本；以每节课都是最后一课，每次测验都是最后一考相要挟。教育，绝不可能在恐惧中产生。

恐惧会让学生失去生命的安全感，在这种倾斜之下，学生的心灵只有小心翼翼地自我保全，没有活泼泼地主动发展。这样教出来的学生，他们的心灵，既不会完整，更不会幸福。最要命的是，久而久之，一种平和的、充满好奇心的教育禀赋逐渐沦丧了。

而真的教育必须是：你的心不再被恐惧占领，不再被理想、符号、词语所裹挟，你必须敞开你所有的心灵和毛孔，直接和世界肌肤接触。你能闻见世界的味道和气息，触摸到它的柔软和质地，你的所见才是真实、永恒、不受时间限制的东西。当然，你要真正地实现它，还需要深刻的洞察力、领悟力以及坚忍力，你得永远保持你的敏感，并且和惯常的习性赛跑。

教育的意义是帮助你从孩提时代开始就不要去模仿任何人，永远都做你自己。我们必须杜绝依赖，依赖某个人或者某个观念，通过依赖激励自己，就会产生恐惧，这是虚假的激励。教育必须从生活中来，向生命里去，天地有大美而不言，万事都能激励人。叶片的落下，鸟儿的死亡，人们的行为举止，如果你注意这一切，你就一直在学习。保持永不停息的探索的心灵，从观察、挣扎、快乐与眼泪中学习。

当我们永远处在发问之中，做一个世界的探询者，并且努力寻找事情的真相，我们就永远处在发展之中。人本来就是一种不完美的，但却知道自己不完美，并努力使自己完美的生物。不断地累积，不断地丰富，永远处在变化之中，这是人的局限，也是人的发展。

如果一个人说他什么都知道了，那么他已经是死人了；如果一个人认为他什么都不知道，但一直在发现与了解，他不急于寻找终点，也不想达到什么或变成什么，只问攀登不问高，这种人才是活生生的，这样的人生就是真理。

金字塔必须由自由人建造，教育也必须在自由中产生。

唯有自由的人，才有感悟的闲暇，创造的快乐。我们每天都在创造，我们为自己的创造而感动，我们独立赋予自己学习的意义，选择我们自以为有价值的生命质感。这个时候，我们的灵感在飞扬，思维在穿越，微笑和友谊都在潜滋暗长。

为了自由，我们还必须摒弃经验。经验不能使人自由，透过经验学习，只是根据个人原有的局限所造出来的新模子，这个模子会阻碍人找到真正的自由。榜样有时候也是。自由是对自己的不断认识，从而达成对人和世界的认识。

遗憾的是，现在教育最缺乏的就是自由，对自由最大的压制就是教训。教训和教育，一字之差，谬以千里。我们往往把“教”与“训”混为一谈，但是在儒家两大作品《论语》和《学记》中，不但根本找不到一个“训”字，甚至连“教”字也用得极为少见。“学”是主动的，“教”是被动的，主动地“学”比被动地“教”更为有效，因此《论语》中有 56 个“学”字，《学记》中有 48 个“学”字，远远超过“教”字出现的频率。

教育，只有在自由的状态下，才可能发生。为了提倡主动学习，反对强加于人，孔子不仅有“学而时习之，不亦乐乎”等主动学习的愉悦感受，还有“人之患，在好为人师”等谆谆告诫。真正的教育不应有也不会有训的成分，舍此，我们何以解释“教学相长”？师生围绕着问题，共同经历或者重新经历原初发现的伟大喜悦。

伟大的教育家蒙特梭利则从人格培养的角度分析了强迫教育的危害。她说：“一个儿童，如果没有学会独自一个人行动，自主地控制他的作为，自动地管理他的意志，到了成人以后，他不但容易受到别人指挥，并且遇事非依赖别人不可。一个学校里的儿童，如果不断地受教师干涉，禁止，呵斥，以至于诟骂，结果会变成一种性格上很复杂的可怜虫。”而一个可怜虫注定是教育的残次品。

如何制造出金字塔，注定是那些自由的人？教育，如何真正地发生？只有让学生获得自由，免于恐惧。否则，我们永远不会培养出真正的大师。

真正的大师不会在恐惧和束缚中产生。如果不能给教育真正松绑，钱学森之问，会永远问下去，并且成为天问。

[2]

谁阉割了我们的“童年”

早晨起床，我喜欢在沙发上再小睡片刻，正好看到了儿子的MP4，随手拿过来，找了一首《童年》听起来，不听则已，一听吓了一跳。童年是一首耳熟能详的老歌，我那么熟悉，没想到却多出一大段。于是，马上上网，找到了真正的《童年》的歌词。不由得感慨万千，我们可怜的童年！

在当时，《童年》整个第二大段，因为思想不健康，整体被删除：

> 福利社里面什么都有，就是口袋里没有半毛钱
> 诸葛四郎和魔鬼党，到底谁抢到那支宝剑
> 隔壁班的那个男孩，怎么还没有经过我的窗前
> 嘴里的零食，手里的漫画，心里初恋的童年

整个早上，我一遍一遍地听，似乎要把这么多年的缺失给补回来。这一段写得多好啊。我越来越相信罗大佑写词的功力。童年就应该是这个样子的。

福利社应该是小卖部吧，那里面自然应有尽有，产品自然极丰富，可是，小孩子口袋里却没有半毛钱，这就是一个矛盾，一个反差，张力就在这里。哪个孩子没有经历过这样的时刻？孩子盼望着长大，可能不仅仅是要有一张成熟长大的脸吧？可能还要一种自由恋爱的资格？一种主宰生活的愿望？

“诸葛四郎和魔鬼党，到底谁抢到那支宝剑？”这句说的是孩子们的最爱。诸葛四郎和魔鬼党，应该都是漫画中的人物，他们到底谁抢到那支宝剑，这是孩子的悬念，也是童年的悬念。正是在这样的悬念中，孩子们渐渐长大。有人说，童年是在明白考试的重要性的时候结束的。但是不是也可以说，童年是在不相信童话里结束的，是在失去悬念中结束的？

“隔壁班的那个男孩，怎么还没有经过我的窗前？”童年是和初恋结合在一起的，童年单纯得就像初恋。隔壁班的那个男孩，怎么还没有经过“我”的窗前，说明这还是暗恋。因为这个隔壁班的男生的介入，故事背后的主人公由模糊变得清晰，所有的行为和情感找到依托，故事一下子有了温度和热度。

“嘴里的零食，手里的漫画，心里初恋的童年。”这一句是总结，嘴里，到手里，到心里，层层深入一个情窦初开的小姑娘的心灵深处。多么美的一种情感，这个时候，我无端想起了刘若英的《后来》中的几句歌词——栀子花，白花瓣，落在我蓝色百褶裙上。

我们的未来不能没有童年，想起儿子五岁的时候，我给他写的一首歌——《背着书包玩耍》：

背着书包玩耍

在上学的路上
数着糖纸和贴画
总也弄不明白
孙悟空和奥特曼
哪个更伟大

背着书包玩耍
在热闹的操场上

快乐地玩沙
天真从指尖慢慢流过
心情就像野草小花

背着书包玩耍
在放学的路上
思想变成了野马
书包还是不敢放下
害怕老师要打
妈妈要骂

背着书包玩耍
像蜗牛一样上学
像小兔一样回家
也有很多疑问存在小小的脑袋瓜
白天的星星去了哪里
太阳是不是月亮的爸

背着书包玩耍
在人生的旅途上
青丝变成了白发
有谁能告诉我哦
为什么我们永远长不大

《童年》只是一首校园歌曲，它的遭遇并非偶然，我们被删改的还有很多，比如我们的教材。这个影响了我们一代人成长和思想的东西，也被修改得面目全非。《南方周末》特别对教材的删改做了调查。比如文言文《口技》就删除了“少儿不宜”的片段。如果这样的修改，我们还能理解的话，下面的修改纯粹是杞人忧天了。

朱自清在《荷塘月色》中，把点缀于荷叶之间的白花喻为“刚出浴的美人”，为了保持思想的纯正，被删掉了，以防止学生想入非非。而采莲少女荡舟出湖，原来也不是我们课本上说的“载歌载舞”，而是唱着艳歌去的，歌中唱道：“妖童媛女，荡舟心许……”这成何体统？当然也要一一删除。

朱德的《母亲的回忆》入选初中课文时曾引起过争议，编辑们认为标题有歧义，到底是谁的回忆？叶圣陶无权拍板，最后在请示中央有关部门后，获准改为《回忆我的母亲》。

据教材编选者庄文中先生透露，《记念刘和珍君》的“记”虽然鲁迅用错了，也没敢改成“纪”。可怜当初我们老师，一直到我以后的教学，还拼命在这个“记”中寻找鲁迅的微言大义。

[3]

上海学生的“世界第一”

世界经济合作与发展组织 7 日公布了第四次国际学生评估项目 (PISA) 调查结果。报告显示：上海中学生在数学、科学和文化水平三方面的教育水平名列世界第一。

无数的教育界人士奔走相告，其喜洋洋者矣。中国教育终于走出低谷，赢得了世界最具竞争力的一项评价。而且是第一，不是第二。中国人向来有金牌崇拜，对银牌，或者是第二，不大喜欢，这次的结果正好符合中国特色。于是，全国上下，皆大欢喜。

友邦人士则莫名惊诧。

先是美国人开始反思。《华尔街日报》刊文称，当年“旅行者号”人造卫星的发射在美国教育界引起了一场地震，推动了美国教育的蓬勃发展，从而把苏联远远地抛在身后。63 年过后，中国又给我们带来新的震动。上海少年在三个科目中力压 63 个国家，名列世界第一。文章最后说，这条消息会不会敲响警钟，让我们知道美国需要认真对待教育成绩？它是否会让我们不再找借口，不再相互推诿，不再只重视大人而忽略孩子？美国，该怎么办？

一个勇于反思的民族是有希望的民族，一个夜郎自大的民族，常常是要跌跤的，以至摔得头破血流。

上海是怎样拿到第一名的？经合组织方面给出的答案是：上海近乎普及的教育体系，激烈的竞争，非常高的学生参与度，现代化的评估体系，充满雄心的课程设置，以及一个干预薄弱学校的计划。应该说，这个评价也有一定道理。但是……老外何以了解我们的教育生态？他们凭什么比我们更了解我们的教育？

我在短暂的高兴之后，就陷入沉思。上海中学生世界第一，非但不值得高兴，甚至还有点悲哀。

首先，上海是中国经济最发达的地区，教育水平和教育设施一骑绝尘，一马当先，其他地区根本无法望其项背。上海学生第一，不等于中国其他地方的学生世界第一，反而从侧面证明了中国教育的两极分化，区域教育的不平衡性正在拉大。

我的新教育朋友正在内蒙古鄂尔多斯支教，那里的教育水平触目惊心，比内蒙古的荒漠，还要荒漠。六年级的小学生对于10以内的加减依然靠死记硬背。我的一个朋友打死也不相信，于是，随机抓住一个六年级的孩子问他：孩子，你今年多大了？孩子说14岁了。朋友就出了一个题目，说："你14岁了，老师比你大10岁，老师今年多大了？"孩子想了好长时间，终于做出来了。孩子高兴地说："老师，你今年4岁。我算出来了，保证不会错。"这就是落后地区的教育。当我们真实地面对这种教育现状，我们还有理由高兴得起来吗？

其次，就上海中学生而言，这个第一的代价是什么？

为了所谓的成绩，我们的孩子比包身工还要辛苦，起早贪黑，负重呻吟。沉重的课业负担，不仅剥夺了孩子的童年，也扼杀了孩子的想象力。他们，有眼睛，却不能发现；有耳朵，却不能谛听；有头脑，却不会思考；有心灵，却近乎麻木。缺乏个性，缺乏创新，缺乏激情。像一只只听话的小羊，机械地麻木地等着我们头羊的带领。他们有知识没文化，未来不过是庸俗的准职业者。

打个比方来说，我们都要穿越一片玉米地去摘 20 个玉米棒，我们所要思考的就是：第一，我们如何花最少的时间；第二，如何尽可能多地摘玉米棒；第三，在摘玉米棒的过程中，如何尽可能不被玉米叶子划伤。这三者合起来就叫作高效学习。美国的孩子花了 1.2 个小时，摘了 20 个玉米棒，就进行别的活动去了。他们的生活是彩色的，他们的童年是完整的，幸福的，快乐的。我们的孩子花了 12 个小时，摘了 100 个玉米棒，孩子们精疲力竭，被玉米叶子划得遍体鳞伤，回头之后，还要补习，为了下次摘得更多。呜呼，我们获得了世界第一。这样的世界第一有什么用？

最后，退一万步来说，就算上海学生获得了世界第一，也不足为奇。应试教育最大的危害就是学生只善于考试，善于回答问题。学问，学问，最重要的是要学会质疑，学会提问；而我们却是学答，教答，答得滴水不漏，丝丝入扣，一分不丢。一旦走出社会了，没有人出题了，我们就茫然了，就歇菜了。大脑渐渐地生锈了，不转了，麻木了，傻了。

世界国际奥林匹克竞赛，中国任何一所四星级高中都有辉煌经历。世界第一的金牌不知道拿了多少，简直车载斗量。有时候，还要像乒乓球一样，囊括一二三四名。但是，这又能证明什么呢？证明我们的教育水平高了，学术含金量高了，能够走出亚洲，横扫欧美了？

可见，我们的教育，我们的人才战略，还是任重道远。在这个时候，不能因为上海中学生“世界第一”而飘飘然。

[4]

我们为何缺少悲剧精神

中华民族向来是一个乐观的民族，乐观固然无可厚非，但一旦把乐观审美化了，却极有可能损害民族的悲剧精神。

在西方，人与自然、人与社会、人与人、人与自我的激烈冲突，逐步酝酿出了伟大的悲剧精神。而我们向来只有悲剧，却很少有悲剧精神。

回顾我们的文学史和思想史，儒家强调温良恭俭让，主张中庸之道，追求从心所欲不逾矩，一切都被礼所规范，自然不会产生激烈的矛盾冲突。

道家的“无为”思想，对淡泊人生的高度审美，都冲淡了人生的悲剧性实质。尤其是其田园理想，更是悲剧精神的大敌。“你耕田来我织布，我挑水来你浇园。”在这样鸡犬相闻、老死不相往来的小国寡民中，很难产生激越的悲剧，自然也难以酝酿出悲剧精神。

传入中国的佛教，尽管强调“苦海无边”，认为人生就是受苦，但是很快又用“轮回说”，让人找到了“回头是岸”的希望，这就无形中把人生的悲剧性一笔抹杀了。

在中国古代影响极大的墨家，主张“兼爱”“非攻”，以此消弭矛盾，缓解冲突，制造出一团和气的现实。

中国的社会文化，以及因为农耕文明所形成的“知足常乐”“吃亏是福”的民间观念，还有士大夫之间的“乐天知命”等文化事实，都告诉我们中国人的悲剧精神的缺失。

更何况我们还有阿Q精神，总能够自轻自贱。林语堂在《中国人》一书中说过这样的话：“凡是到中国旅行过的人们，无不为中国劳苦大众低劣的生活水准所震惊。尤其让他们感到不可思议的是，中国人在这种条件下，居然颇感快乐和满足。”鲁迅先生曾经精辟地指出，中国只有两种人，一种是想做奴隶而不得，一种是暂时坐稳了奴隶。暂时坐稳了奴隶，自然拼命要从奴隶的生活中寻找出一种美来。

想想看，从奴隶的生活中都能寻找出美来，还怎么产生悲剧精神？南宋的全民笑话是：金人有狼牙棒，我们有天灵盖。所以，我们只有喜剧。不，这也不能叫作喜剧，只能叫作滑稽剧。

之所以引发这么多的感慨，乃是因为看到了著名作家肖复兴走上文学之路的一段因缘。

肖复兴说，他第一次买书是一本一角七分钱的《少年文艺》，这本小书中的一篇小说，一下子抓住了他的心，从此让他迷恋上了文学，并最终走上了文学之路。

这部小说是美国作家马尔兹的《马戏团到了镇上》：小镇上第一次来了一个马戏团，两个来自农村的穷孩子从来没看过马戏，非常想看，却没有钱。他们赶到镇上，帮着马戏团搬运东西，可以换取一张入场券。他们马不停蹄地搬了一整天，晚上坐在看台上，当马戏演出的时候，因为劳累，他们竟然睡着了……

这个故事多么简单，但两个孩子渴望看马戏最终没有看成，却格外让肖复兴感到异样。一种莫名的惆怅，一种夹杂着美好与痛楚的忧郁的感受，随着和肖复兴差不多大的两个孩子的睡着而弥漫开来，然后，弥漫到肖复兴的整个生命里去。

我觉得对孩子而言，这次遭遇就是一个悲剧，而作家的敏感和同情，则是充满在作品中的悲剧精神。是这种悲剧精神打动了我们，拨动了我们的心弦，使我们受到美被毁灭的震撼。

与肖复兴相比，我对悲剧，以及模糊的悲剧精神的模糊认识，也是来自我少年时候的一件往事。

那个时候，一年中农村会放一到两次露天电影。

那一天，对孩子们而言，简直就像是过年，不，比过年还要刺激。

有一次，我妈妈的娘家放露天电影，也就是我隔壁的村庄。电影放映的地方，正好在我大舅家的场地上，隔着两户人家，就是我六舅家。六舅也就是我小舅，而我小舅家就是我妈妈的娘家，因为我外婆当时还住在六舅家。妈妈当然要回娘家了，于是，我们一家全去看电影了。

可是，老天不遂人愿，到了晚上却停电了，我们心急如焚，等啊等，可电就是不来。我们随着爸爸妈妈，在六舅家聊天。先是说 7 点半来电，结果没来；后来说，8 点来电，又没有；再后来说是 8 点半，再后来说是 9 点，但，电终究还是没有来。我也不懂，就在心里想，电究竟是个什么东西呢？为什么那么坏？但不管它坏不坏，我们还是希望它来。但正因为它坏，所以，它老是不来。

我实在是撑不住了，眼皮子老是打架，妈妈只得安排我先睡。我叮嘱妈妈，电来了，一定要叫我啊……后来，我在睡梦中，突然听到外面的大笑声，我猛然惊醒，外面就是电影轰隆隆的放映声。啊，电已经来了，电影已经开始了……

我忘记了开灯，也不知道灯在哪里，连滚带爬地下床来，摸到门边，却发现门是被锁住的！那时候农村的门，还是有门扣子的，门扣一搭，大锁一锁，中间有一道很大的缝隙，我拼命地想钻出去，可是，脑袋卡在中间。我再拼命钻，脑袋又卡上了。我再钻，再钻，尝试了很多次，脑袋上全是汗水和血水。然后，我就是拼命地喊叫，死命地咒骂，先是妈妈，后是舅舅，到了最后，就是凄惨的抽泣——哪个好心人啊，来开开门啊！再后来，我踹门，一次又一次，门哗哗地响，但就是纹丝不动。耳朵里，只有我大舅家门口传来一阵一阵幸福的笑声……

当大人们回来的时候，打开门，我匍匐在门下，身下一摊泥水，已经是半死过去了。那一年，我只有 6 岁。在我生命的 6 岁中，我懂得了悲剧，知道了绝望和悲悯的悲剧精神。

我不知道没有这一切，我会是一个什么样的人，但我想，一定不会是今天的这个样子。一个在童年，就经历过哭天天不应，叫地地不灵，被绝望噬咬过的人，他一定会变得敏感，或许也会冷酷，他一定懂得——有一种美好的东西，一旦失去了，就永远不可能重来。

那部电影名字叫作《王老虎抢亲》。还有，从那之后，在我的整个童年里，我对露天电影都有一种天然的恐惧。后来，也只在电影在我家门前放映时，看过一次。

在《王老虎抢亲》的那个晚上，我的童年消逝了，而且永远没有找回来。

[5]

为何不讲诚信

有一天，我从北京赶回来，夜深了，在无锡站打的回家。

一路上，和出租车司机闲聊。出租车司机每天接触的人最多，天南海北，无所不包，成就了这个行业从业人员广阔的知识面和深刻的批判性。我很喜欢听出租车司机胡侃，老实话，北京的任何一个出租车司机都不亚于一个纵横捭阖的演说家，一不小心某个司机就是八旗子弟的没落贵族。有一次，我打的去清华大学，我说从西南门进去，司机信心满满地说其他门也可以进，结果那一天其他门不让进，最后只能绕道西南门进去。下车时，48 元打的费司机只收了我 40 元，并再三向我表示歉意，说耽误了我的时间，不好意思。这就是首都司机的风度。

那天路上，聊着聊着，司机突然问了一个困惑他很久的问题，说，外国人让人搞不懂。也许是害怕中国人按照计时器收费绕远道，外国人打的都先谈价格。司机当然都喜欢宰老外，明明很近的地方，就蒙老外出千儿八百的，老外也好骗。一开始，司机不好意思，反复绕圈子，后来，干脆不绕圈子了，一会儿就送到位。只要约定在先，老外照样给钱，不折不扣，无怨无悔，从来没有例外。而一旦你说定了价格，譬如路上遇见施工，你不得不绕道，结果跑了很多冤枉路，大大超过了你约定的价格，事实明明摆在那里，但你想老外增加一个子儿，也是痴心妄想，门也没有。司机弄不明白究竟是什么原因，使得外国人这样。

我心头一震，见多识广的司机居然也不知道，这就是西方人的契约精神！

岂止司机，今天的中国还有多少人在遵守契约精神呢？

有一次我们外出旅游，晚饭前我和朋友与两位领导玩牌，结果我们输了一局，愿赌服输，乖乖一个人拿出 100 元，晚上买零食。第二天，我和朋友大获全胜，那两个领导却拍拍屁股走人了，毫无赧颜之色。我和朋友面面相觑。这可是教育人的知识分子啊。

最后，我们得出结论，中国人普遍缺乏契约精神，相比较而言，理科生可能更加缺乏。

契约精神源自西方宗教中的立约，是西方文明社会的主流精神，其产生与宗教密不可分。西方文明传统中的契约精神，首先表述在“神人立约”上。耶稣降生之后上帝与人重新确立的“新约”，把过去上帝与犹太人订立的称为“旧约”。这种契约精神经犹太教、基督教弘扬开来，在西方文化传统中根深蒂固。

契约是西方文明的基石，进而又成为西方商业文明的基础，在资本主义发展中起重要作用。契约代表着商业关系双方的承诺，信用与契约紧密关联。契约精神保证了商业文明的发展，商业文明又强化了契约精神。正是这种契约精神，孕育了西方人的“诚信”观念，我们甚至可以说，契约精神本质上就是诚信精神。只有交易双方都能诚实守信，履行合约不折不扣，才能确保交易安全，社会稳定和谐。

2008 年 10 月，佳士得拍卖圆明园鼠首和兔首铜像。中国籍男子蔡铭超以总计 3149 万欧元成功竞拍。但此后，蔡铭超多次高调表示绝不会付款，只是要让这次竞拍流拍。蔡铭超的行为，赢得国内网民的民族英雄的山呼海啸，但也让世界舆论哗然。爱国固然没错，但以破坏契约的方式来爱国，而且举国赞同，对国家信誉的损害却也不能说不大。

因为缺少了契约精神，所以诚信教育，也就成了无源之水，无本之木。我的基本判断是社会无契约，教育没诚信。教育中的诚信不可能白手起家，凭空建造。诚信的建设一定要以制度来保障，要有巨大的惩罚措施，使得不诚信的人所失大于所得，而且总是如此，人们才会选择诚信。也就是说，最初，诚信只是一种选择，久而久之，诚信会成为一种道德。

其实西方人并不比我们守信，而是不遵守信用的代价超出了他们的想象，没有诚信的西方人简直寸步难行。这就迫使他们像珍惜自己的眼睛一样珍惜诚信。对西方人来说，失去信用，就是失去精神生命，这两者没什么区别。

我曾经带队去美国，发现很多美国家庭都希望中国孩子住在自己家，一开始我以为他们是为了获得一些费用，后来才明白，他们不是为了钱，而是为了信用。因为帮助外籍人员，宣扬美国形象，这些家庭将会在社区里获得一些信用积分，这些信用对外国人至为重要。银行贷款、融资、租赁什么的，都需要信用来保障。譬如美国的校车司机就是一个大美差，只能由根正苗红的人担任，因为责任重大，美国的校车司机信用指数极高，非常受人尊重。在美国做校车司机那是非常了不起的，常常是世袭。套用前总理的一句话，信用比黄金还宝贵。

我看《三国》，最不喜欢的人就是诸葛亮，在荆州这件事情上，诸葛亮翻手为云覆手为雨，何尝有过一点点契约精神？

其实，我们曾经也有过伟大的契约精神，比如尾生，为了守候自己的女人，为了一个约定，他在桥柱下等待，结果洪水来了。但尾生为了守护对自己女人的承诺，抱住柱子不走，最终被大水淹死。伟大的诗人李白也为之感叹：常存抱柱信，岂上望夫台？

其实历史上还有一个更值得敬重的人，他就是宋襄公。当年宋楚争霸，爆发了著名的泓水之战。楚强宋弱，但宋军先在泓水北岸占据有利地形。等到楚军正渡过一半泓水时，子鱼赶紧向宋襄公请示："敌众我寡，敌人刚刚渡过一半河流，此时出击，一定能大获全胜，请允许我攻击。"宋襄公看了看：不行，乘人之危，打不得。子鱼遵命，只好眼睁睁看着敌人过河而来。等楚军过了河，还没来得及排成列。子鱼心急火燎，又建言攻打。宋襄公说，还不行，继续等着。

直到楚军排好兵布好阵，宋襄公才下达攻击的命令。宋军失去时机，根本不是对手，宋军大败，宋襄公也差点丧命。但宋襄公却并不后悔，因为他遵守了公平作战的契约。公曰："君子不重伤，不禽二毛。古之为军也，不以阻隘也。寡人虽亡国之余，不鼓不成列。"翻译过来就是："品德高尚的人，不能使受伤的敌人再次受伤，不捉拿头发有黑白两色的老人。古代作战的人，不凭借险要之地。我虽然是亡国者的后代，但也绝不攻击没有排成队列的敌人。"

之所以有人嘲笑尾生和宋襄公，乃是我们有些中国人太聪明了，太会算计了。他们更崇尚的是"聪明"，而不是诚信。

但伟大的契约精神的真正实现，还必须要有一个高贵的对手，契约双方应该是对等的，不能有一方失衡，否则这个体系就会坍塌。我常常会想起印度甘地的非暴力不合作运动，我承认甘地的隐忍牺牲精神的伟大，但我同时也极为佩服英国殖民者，他们是合格的称职的高素质的对手。

甘地的"非暴力"实质是以吃苦隐忍的精神、以道义的力量邀请对方共同遵守人类的文明准则。它的真正难度在于对手也必须是一个讲究基本游戏规则的人，否则，你对他"非暴力"，他却总是对你"暴力"，结果可想而知。甘地一生共绝食 16 次，其中针对政府的几乎每一次都使英国统治者大为惶恐，不得不让步。但在这种"让步"的背后，其实是一种"人的生命观念"在转变，我们可以设想，假如甘地的绝食不是"示威"给英国人，而是希特勒，其结果就是秃子头上的虱子——明摆着。

宋襄公的可悲之处在于他没有遇到一个更加高贵的对手，他的公平作战只是便宜了小人。于是偶尔闪过的一些契约精神，一下子就消失殆尽了。

偶然读到美国的这个故事，我的心一下子就柔软了。

在美国纽约哈德逊河畔，离美国 18 届总统格兰特陵墓不到 100 米处，有一座孩子的坟墓。在墓旁的一块木牌上，记载着这样一个故事：1797 年 7 月 15 日，一个年仅 5 岁的孩子不幸坠崖身亡，孩子的父母悲痛欲绝，便在落崖处给孩子修建了一座坟墓。

后因家道衰落，这位父亲不得不转让这片土地，他对新主人提出了一个特殊要求：把孩子坟墓作为土地的一部分永远保留。新主人同意了这个条件，并把它写进了契约。100 年过去后，这片土地辗转卖了许多家，但孩子的坟墓仍然留在那里。

1897 年，这块土地被选为总统格兰特将军的陵园，而孩子的坟墓依然被完整地保留了下来，成了格兰特陵墓的邻居。

又一个 100 年过去了，1997 年 7 月，格兰特将军陵墓建成 100 周年时，当时的纽约市长来到这里，在缅怀格兰特将军的同时，重新修整了孩子的坟墓，并亲自撰写了孩子墓地的故事，让它世世代代流传下去。

那份延续了 200 年的契约揭示了一个简单的道理：承诺了，就一定要做到，这就是伟大的契约精神。

人和人之间并非孤立无关的，每个人都是一块小小的泥土，连缀起整个大陆。人来到这世间，作为社会的高级动物，是订有契约的：物质利益的来往，有法律的契约；行为生活的交往，有精神的契约。诚信，实质上就是一种精神契约。遵守契约的人是明智的，信守契约的人是高贵的。懂得为自己的契约买单，实质上是给自己的人格保险。

孔子云，人而无信，不知其可也。得黄金万两，不如得季布一诺，这就是所谓的一诺千金，可是，究竟是在什么时候，我们失去了仅有的一点温存和诚信呢？

而最要命的是，契约一旦遭到破坏，就很难再次建立。犹如精美的瓷器，可贵的东西总是易碎的。还是那个残酷的寓言说得好，说谎的孩子，选择了不诚信，就只能被狼吃掉。

[6]

警惕教育中的白猫黑猫论

当年，也许是痛感解放思想的困难，小平同志提出了“不管白猫黑猫，捉到老鼠就是好猫”的论断。应该说，这个观点，在特定的历史背景下，有其意义和价值。但如果把这个理论应用到教育领域，就会有片面性。

之所以想起这个问题，是因为夏丏尊《弘一法师之出家》中记载了一则逸事，引发了我诸多感想。

当时，夏丏尊和李叔同（弘一法师）在浙江第一师范教书。有一次学生的宿舍里失窃了很多财物，大家都猜测是某个学生偷的。身为舍监的夏丏尊很是苦恼，苦于没有证据，只能干着急。后来求助于李叔同先生。

李先生却真诚地劝告夏丏尊自杀。他说：“你若出一告示，说作贼者速来自首。如果三日后没有人自首，足见舍监诚信未孚，誓一死以殉教育。果能这样，一定可以感动人，一定会有人来自首。”李先生不是开玩笑，而是真情流露。但是由于风险太高，夏丏尊自然不肯践行。

我所思考的是，假如夏丏尊果真如此，并且又获得了成功，这是否就是好的教育呢？我看未必。在我看来，感动不一定是最好的教育。

不久之后，我参加一个班主任经验介绍大会。某班主任说了这样一个案例：她是一个女教师，担任班主任，她的身体很差，常常要生病。但是，她的课很精彩。学生也很爱戴她。她的班上有一个学生，是从外面学校转过来的，行为习惯很差，常常要干坏事。有一天，那个男孩又打架了。班主任实在气坏了，按照班规，是要罚跑的。男孩很生气，但是仍然跑了。她那天发着烧，但是，也罚自己跟在他后面跑。她的脸潮红，气喘得厉害，她拼命咬着牙支撑。男孩终于忍不住了，他劝班主任停下来。但她就是不理他，继续跑……当跑到第五圈的时候，她一头栽在地上。学生哭喊着，老师，我错了，我永远不犯浑了！据她介绍，男孩终于被她收服了。从此之后，没有犯过一次错误。她的爱心激起了一阵一阵的掌声。

感动之余，我对此做法很是怀疑，教育的目的，难道只是为了收服学生？

在这个案例中，至少有这样几个问题值得考虑。

第一，教师按照班规惩罚学生跑步，这是否合理？

第二，学生因为过错受到惩罚，老师有没有必要惩罚自己，尽管这种自我惩罚的效果很显著。

第三，这种教育的效果的最终获得，是因为学生真正认识到自己的错误了，还是良心的谴责和愧疚的结果。也就是说，当这个学生离开了这个老师之后，他道德的红旗到底还能打多久？

第四，正如法律中的程序正义和实质正义一样。我们绝对不能为了完成一件实质正义的事情，而运用非程序正义的手段。也就是说，他们不能用违法的方式来执法。哪怕这种执法是多么必要，多么有价值和意义。

回到教育上来，我们也要紧急呼吁，我们不能为了简单的教育效果，而不择手段。教育的效果只能在合理的教育方式中产生。教育是和谐的成长，千万不能下猛药。

不管白猫还是黑猫，抓到老鼠就是好猫。在教育领域，可以休矣！

[7]

学生为什么不善说理

近日某家医院门口挂出一幅横幅：热烈庆祝我院住院病人突破四万人！

一时间网络议论纷纷，普遍的感觉是味道不对。对医院来说，很多人住院，有钱赚了，也许的确值得庆贺，但是当你把祝贺的前提放在众多的病人身上，你的人文关怀何在？治病救人的医德何在？白衣制服虽有，天使之心何在？作为医院，至少欠缺了一些人文关怀吧。

过去，一直以为中国人擅长说话，不擅长说理，现在发现，有的中国人连话也不好好说了。

社会上有的是假话、空话、套话、废话，究其本质，并非全部是文风不正，更多的是社会风气作祟。

其实，中国文化有“巧言”的传统。传奇人物东方朔、纪晓岚，无不铁齿铜牙、巧舌如簧。但是，他们的巧言所展现的更多的是辩术或诈术，并不是真正的说理。

比如东方朔式的机智，很多时候只能说是诡辩。

武帝一次外出，问东方朔一棵奇树叫什么名字，东方朔随口答道：“善哉。”过了几年，武帝又路过那里，再次问他，东方朔忘记了，就瞎掰说是“瞿所”。武帝大怒，问他为什么前后名字不一。东方朔急中生智说：“马小的时候叫驹，长大了就叫马；牛小的时候叫犊，长大了就叫作牛；鸡小的时候叫雏，长大了之后才叫鸡。事物千变万化，又岂能一成不变呢？”武帝闻言，方才悻悻作罢。

纪晓岚“老头子”之说，也是如此。

纪晓岚体态肥胖，夏日，常常汗流浃背，每次去南书房值班，他总要脱光衣服，赤膊纳凉。乾隆皇帝打算戏弄他一番，某天突然来了，纪晓岚来不及穿衣，慌忙躲在座位后。乾隆坐了两个小时，也不说话，与纪晓岚干耗着。后来，纪晓岚终于忍不住了，伸出头来窥探，问同僚说：“老头子走了吗？”乾隆勃然大怒，厉声问“老头子”三字何解。纪晓岚从容顿首谢曰：“万寿无疆之为老，顶天立地之为头，父天母地之为子。”乾隆大喜，饶了纪晓岚的狗命。

中国人注重实用术数，西人先哲则注重理论建树。西方雄辩学的政治背景是城邦议会制，政治人物以说服选民来争取选票，因而无不苦练说理的本领。现代西方执政党，每天都要面对在野党的挑战，时时被选民质疑，鸡蛋里挑骨头，自然需要雄辩的口才，逻辑地说理，才好让选民心服口服。

而古代中国则是一言堂，普天之下莫非王土，率土之滨莫非王臣，一个声音喊到底。封建专制国家中，辩士们面对的是喜怒无常、言出法随的帝王将相。朕即真理，皇帝老儿金口玉言，欢喜谁就是谁，看谁不顺眼，立马拉出去砍了，哪里还用得着论辩？雄辩者嘴还没张开，脑袋早就在别处了。中国人的说理能力，就这样先天不足，后天又没有得到培养，以狡辩为大智慧，结果就是在弯路上越走越远。

庄子与惠子游于濠梁之上。庄子曰："鲦鱼出游从容，是鱼之乐也。"惠子曰："子非鱼，安知鱼之乐？"庄子曰："子非我，安知我不知鱼之乐？"惠子曰："我非子，固不知子矣，子固非鱼也，子不知鱼之乐，全矣。"庄子曰："请循其本。子曰汝安知鱼乐云者，既已知吾知之而问我，我知之濠上也。"

濠梁之辩中，其实，真正的赢家是惠子，而我们恰恰以庄子的诡辩为乐，反而认为庄子高出一筹。这种心理非常有意思。诡辩在中国的市场由此可见一斑。

诡辩术甚至迁延到现代，广受大众的喜爱。陆侃如的诡辩，传为佳话，可为佐证。

1935 年，留学生陆侃如正在巴黎学院进行博士论文答辩，一路应答如流。主考官很满意，突然，主考提出一个刁钻问题："《孔雀东南飞》中，孔雀为什么东南飞？"

陆侃如随口回答道："孔雀为何东南飞？因为'西北有高楼'。"这句话引用了古诗十九首的名句，原句为"西北有高楼，上与浮云齐"。"西北"刚好跟"东南"相对，西北的楼高，孔雀飞不过，只好改道"东南飞"了。

教授相视一笑，又故意刁难道："孔子 72 个弟子，成年人有多少人，未成年人有多少人？"

陆侃如灵机一动，回答道："成年人有 30 人，未成年人有 42 人。"

教授问："何故？"陆侃如说："孔子弟子曾皙说：'莫春者，春服既成，冠者五六人，童子六七人，浴乎沂，风乎舞雩，咏而归。'冠者五六人，就是成年人 30 人；童子六七人，就是未成年人 42 人。明明算得一清二楚啊。"

教授点头赞许，全场更是掌声雷动。

这堪为经典的诡辩，类似于现在儿童喜欢玩的脑筋急转弯。其实，陆侃如的巧辩完全得益于中国的巧辩之风，与说理完全是风马牛。

中国人不在乎说理，甚至连宋明理学集大成者朱熹也不例外。只不过他们的"理"是"存天理，灭人欲"的"理"。

传说朱熹在路上遇见友人盛温如提着篮子上街，笑问："上哪儿？"回答说："上街买东西。"朱熹又问："为什么不能买南北？"回答说："不能，因为按照五行与东、南、西、北、中相配，东属木，西属金，金木类，篮子可盛；而南属火，北属水，水火类，篮子不可盛。所以只能买‘东西’，不能买‘南北’。”在这样的辩术中，虽然有“因为”和“所以”，但并不是逻辑意义上的因果关系。这种辩术也许有文学、娱乐或其他价值，但对公共说理并无实质意义。

巧辩之外，中国所谓的说话术，几乎就是见人说人话，见鬼说鬼话，更加是等而下之了。

了解到这些，就明白了我们的教育中，学生的逻辑和说理能力何以那么差，我们本来就没有这样的传统，今天又没有这样的必要。有人甚至笑谈：中国学生的逻辑和推理从不会错，因为他们从不推理。

回到高考中，我国没有要求高中生必考说理文，甚至个别省市，还强调一定要写好记叙文，高中生能把记叙文写好就不错了，至于说理文则等到大学再去学吧。但学生到了大学，简直是牢里放出来的囚徒，好容易飞越疯人院，怎么会安心学习说理文的写作？

想想看，有一个高考的终端考核在验收，学生依然十五年都没有弄好记叙文，那么，学生怎么会在毫无压力的大学阶段把说理文写好呢？这不是完全在推卸责任吗？

回头看看西方国家，普遍重视说理教育。美国更是如此，其公立学校的说理教育，从小学一年级就已经开始，并且一直持续到高中所有年级。

加州教学纲要规定，小学一年级：“重述简单说理和叙述段落中的主要观点。”

二年级：“重述文本中的事实和细节，说清和组织要说的意见。”

三年级：“在说理文中区别主要观点和支持这些观点的细节。”

四年级：“区别说理文本中的‘原因’与‘结果’、‘事实’和‘看法’的区别。”

五年级：“分辨文本中的‘事实’、‘得到证明的推论’和‘看法’（尚有待证明的观点）。”

六年级的公共说理的重点在于区分“事实”和“看法”。“事实”是公认的知识，而“看法”只是个人的看法。任何“看法”都不具有自动的正确性，必须经过证明。证明也就是说服别人，清楚地告诉别人，为什么你的想法是正确的，理由是什么。“客观事实”与“个人看法”之间有两种辨认方式。第一，“事实”的陈述是可以确认的，如“林肯是美国总统”。而“看法”的陈述则必须通过说理、讨论才能确认，如“林肯是一位伟大的总统”。第二，事实陈述使用那些具有可共同确认词义的字词，如“圆形”“欧洲”“木头”“有毒物质”等等。而“看法”使用的字词是个人理解的，如“美好”“丑陋”“棒”“爽”“折腾”“胡闹”。

七年级对学生“说理评估”能力的要求是：“评估作者在支持结论和立场时所用的论据是否适当、确切、相关，并注意有偏见和成见的例子。”其中注意“偏见”和“成见”是新要求，也是从形式逻辑向社会公正内容过渡。

八年级要求的重点在“评估文本的统一性、连贯性、逻辑性以及内部的一致性和结构”。

九年级则着重对具体文本中的说理谬误进行评论。

高中对学生的“说理评估”能力要求比初中有所提高。九到十年级，“说理评估”要求是在说理中必须有对方意识。说理文写作除了形式逻辑，还要讲究结构逻辑，能够预先估计和避免读者可能会有的误解。此外，还要求学生正确理解对方的话，不望文生义，不曲解，不断章取义。

十一到十二年级。这个阶段的“说理评估”对象是“公共文件”。一切发表了的东西，只要议及公共话题，都是公共文本，也都必须接受公众的“说理评估”。

也就是说，从小学一年级开始，美国就开始说理教育，说理教育贯穿了美国的整个基础教育所有阶段，而且基本上都是必修课。那么，美国何以如此重视中学生的说理能力的培养？

因为人们需要理性，说理比不说理更能找到真实和公正的东西；还因为逻辑和说理是公民的一项基本能力，说理的民主特性是理性公民素质的必然体现。说理不只是思考和明理，还要用理由来证明合理。不仅要照顾自己的观点，还要始终顾及对方的观点，用同理心来说服对方，在整个过程中，学生不仅学会分析自己，也学会公平和正义，甚至也学会了分享和理性并存。

美国之所以能有比较高的公民素质、国民独立思考能力和公民社会理性，重视说理教育应该是一个重要的原因。

好在我们开始说理教育，让学生追求个性，表达自己真实的思想，我们正在建设之中。

［8］

救救孩子，救救教育

搜狐新闻9月16日报道：今天下午，在北京人民大会堂92岁高龄的国家最高科学技术奖得主吴良镛院士拄着拐杖，在工作人员的搀扶下，一步一步缓缓走上了报告台，用35分钟讲完了以“志存高远，身体力行”为题的报告。但就在吴老做报告的过程中，大批后排的学生一片片“倒”下，趴在桌上睡去。

鲁迅说：“我因为常见些但愿不如所料，以为未必竟如所料的事，却每每恰如所料起来。”中国某些大学生素质之低下，思想之狭隘，我们早已耳闻目睹，但低到梁思成先生的高足、国家最高科学技术奖得主、需要搀扶着上台的92岁老人，始终坚持站立着讲课，而且只有短短的35分钟，学生竟然忍不住趴下睡觉，如大风吹倒的麦子……依然超出了我们的想象！

这样的瞌睡虫怎么可能拥有民族灵魂和国际视野，并在将来担负起中华民族的伟大复兴呢？

之所以做出这样的判断，并非空穴来风。古人云“审堂下之阴，而知日月之行、阴阳之变也；见瓶水之冰，而知天下之寒、鱼鳖之藏也；尝一脟肉，而知一镬之味，一鼎之调。”这些小小的细节，完全可以折射出人的素养和人品。这些人的素养和人品究竟到哪里去了？

就算你没有对科学的热爱，可能还有对梁思成先生的追慕吧？就算没有这两者，还有对一个垂垂老者的怜悯，或者仅仅是对耄耋老者站着讲课的感动吧？就算你什么都没有，到了人民大会堂，至少也有一点新奇吧？

但你们什么也没有，连最起码的尊重也丢了，那么多人趴下，呼呼睡着！究竟是什么，使得你们那么累？

你们并不是朝五晚九的高中生，你们是“究天人之际，通古今之变”的研究生，而且刚刚入学，正是春风得意马蹄疾的时候啊，但你们就这样睡着了，万马齐喑，长夜如水！

中华民族自古就有尊老爱幼的传统，老吾老以及人之老，幼吾幼以及人之幼，程门立雪的故事广为流传。尽管如今世道不复，人心早就不古了，但发生在这些被誉为未来之精英的学生身上，我依然觉得悲哀。真的，哪怕有一万个理由，学生们还是错了。

当然，把板子全部打在学生身上也不对。学生并非天外来客，都是老师教出来的，我们也有不可推卸的责任。

当教育只剩下赤裸裸分数的时候，在硬邦邦的分数面前，老师和学生很难不被异化。“多考一分，干掉千人。少考一分，血泪无门。”“不管白猫黑猫，抓到分数就是好猫。”难怪老师和学生血拼高考，有分数就有一切，没分数就没有尊严，甚至连饭碗也搞砸了。在社会和家长的眼里，没有分数的老师就是装腔作势的骗子。

在重重的压迫之下，绝大多数老师都赤膊而上，挥汗如雨，管他先天不良，后天残缺，尽管拔苗助长，只要今天长得高，长得大，平安着陆高校，哪管它之后洪水滔天。

学生呢，只要有了分数就行，把素养扔到九霄云外，甚至以粗俗为美。一俊遮百丑，只要有了分数，就是好学生，进而就是一个好人，一个高尚的人，一个有道德的人，并且有了地位和话语权。所有这一切，都源于教育把分数评价当成了对人的价值判断。

劣币驱逐良币，荒草挤走庄稼，这都是教育种下的因果，我们又岂能脱得了干系？

难道学校和社会就没有责任？就不需要好好反思？

听说，学生都是被强迫被摊派去的，严格考勤，不去是要以旷课和不及格论处的。再好的东西，一旦具有强迫性，味道就变了。为什么大批量的孩子都趴下睡觉？很可能这是他们表示抗议的一种方式，是学生们反抗的行为艺术。

苏州市第一中学校训「正谊明道」

只是苦了92岁高龄的吴良镛院士，老先生全程站立，彰显了一名学者、一个长者对学生的尊重，演讲内容也是感人至深，催人泪下。遗憾的是，先生收获的不是如雷的掌声，而是如梦一样的鼾声，这些鼾声是对我们所有人的一种警示。

你永远不能叫醒一个装睡的人，但我们可以改变叫醒他们的方式。

救救孩子，但首先我们要自救！

[9]

谨防教育让“养儿防老”变成了“养老防儿”

中国父母对孩子的爱，是一种无以复加的爱。

过去父母对孩子的爱是有回报的。俗话说，养儿防老。在没有实行计划生育的时代，东方不亮西方亮。这个儿子忤逆，那个儿子孝顺也就够了。但更多的子女则如古诗中所说——谁言寸草心，报得三春晖。那种浓浓的情感，既有对父母太阳般温暖的感激之情，也有自己无论如何也无法报答父母的万千惆怅。特别是“树欲静而风不止，子欲养而亲不待”，更是把子女成人之后，没有机会报答父母的悔恨展现得淋漓尽致。可以说，孝顺是中华传统美德的核心内容。更不用说，封建统治者，移孝为忠，构成了整个中国传统社会的基本架构和伦理。

其实，养儿防老本身就是人之常情。

从生物学的角度来说，其他动物一出生，就能跑能跳，只有人出生了，还有一大段宫外成长期，这段时期，幼儿极为脆弱，根本无法自理，一定需要父母加倍的呵护、疼爱和抚养。谁都经历过“孩子一生病，全家都哆嗦”的时期。北大曹文轩还说，他儿子高考前夕，他们全家人都学会了走猫步。

父母养育孩子确实不易。所谓父母的养育之恩，就是父母不仅有物质层面的“养”，还有精神层面的“育”。

但终有一天，父母也会老去，头发白了，牙齿掉了，腰背驼了，腿脚不灵便了，生活不能自理了，老人也相当于回归婴儿状态。这个时候，已经长大成人的孩子，就担当起了赡养的责任和义务。这是一种生命的轮回，也是自然结构中生命互相扶助的一种倒置。你养我小，我养你老。天经地义，理所当然。

更重要的是，还有熟人社会作为保障。在熟人社会中，街头巷尾，田间地头，所有的人都是熟人，抬头不见低头见，人的信誉和名声都是建立在熟人社会中，道德和评价也由熟人世界来评定。一旦不孝父母，坏事传千里，坏名声出去了，在熟人世界里就很难立足。这个约束力非常强大，很多忤逆的孩子不敢越雷池半步。

那个时候，应试教育还没有到来，农村孩子暑假里常常参加割稻子、插秧、打猪草等活动，在汗流浃背的农业劳动中，孩子收获的不仅是农业知识，还有对父母辛劳的认识，这是最真实的实践教育和情感教育。因为不是独生子女，父母的情感需要分配，根本不可能溺爱，而孩子也只有用自己实实在在的表现才能在兄弟姐妹中获得认可。

但是到了今天，应试教育的危害竟然到了这个地步！

中国父母为孩子已经丢失了自我，一切以孩子为中心，一切以孩子的学习为中心，为了孩子的学习，父母做牛做马，鞠躬尽瘁，生活上更是照顾得无微不至，大包大揽。这种过度呵护、过度保护、过度要求，一方面使得孩子成了小皇帝，饭来张口，衣来伸手，忽视了生活基本技能，成为温室里的花朵；另一方面，又使得孩子成了奴隶，无论怎么努力，也不能使得父母满意，父母层层加码，层层加压，使得孩子苦不堪言。

孩子只要把学习搞好了，就能胡作非为，上房揭瓦。学习成了父母唯一的指望，也是孩子自以为回馈父母的唯一途径。其结果就是孩子失去了独立生活的能力，过分依赖父母，把索取当作理所当然，更谈不上回报父母和社会。

孩子去了学校之后，终极目标就是高考，为了这个一定要实现的目标，孩子们加班加点，连上厕所的时间都要控制，何以与人交往？何以与自然交往？何以与社会交往？何以与伟大的书本交往？与宇宙心灵交往？

很多孩子没有梦，也没有想，只等着老师布置作业，没有作业就不知道怎么活，孩子全部被格式化了。孩子不再是种子，而只是统一模式的瓶子，等着老师的灌输；教育不再是精工细作的农业，而是工业大革命，多快好省地建设教育……

老师们只教书，不育人，甚至不教书，只教考试。甚至不教考试，只教考试技巧，然后通过大容量、快节奏的题海战术，最终把聪明人变成了蠢货。题海战术就是训练学生的“条件反射”，就是希望学生成为做题的机器。课堂教学连篇累牍的训练解题技巧和方法，这样教育出来的学生，除了做题目，还会什么？还会思考吗？还有好奇心吗？还有梦想吗？还会有创新能力吗？还有未来吗？

很多孩子告诉我，从来没有认真看过一次日出，从来没有认真看过一片树叶，从来没有认真听过一次蝉鸣……两眼一闭，心头一醉；两眼一睁，干到熄灯！

这是我们对教育犯下的严重罪行，勤勤恳恳，毁人不倦；孜孜不倦，罄竹难书！

很多孩子大学毕业了，研究生毕业了，博士毕业了，就是不愿意走出校园，继续像阴魂一样在校园里游荡，反正有父母供着。就算走出校园，找到了一份工作，还是继续啃老，更要命的是，儿子啃老，孙子啃老，活到老，啃到老。

面对不断恶化的教育现状，真需要养老防儿！但这一切又不全是孩子的错，所有的白眼狼都是我们自己养大的。

教育有一个宗旨、两个目标。一个宗旨是完成人的启蒙，通过教育，让孩子自我觉醒，认识“我”自己，“我”是谁，“我”从哪里来，“我”喜欢什么，想干什么，能干什么，潜质是什么，潜能是什么……所谓好教育就是让人的潜能得到最大发挥的教育。

两个目标是：第一是实现人的全面自由生动活泼的发展；第二是完成人的社会化，使人从自然人成长为社会人。但是独生子女政策使得“人的社会化”过程严重受阻。孩子一天到晚面对着四张老脸，从小没有自己的伙伴，只有服从和宠爱，怎么可能完成社会化？社会化完不成，孩子就没办法适应社会。难怪孩子都成了惊弓之鸟，连社会都不敢进入，何谈适应社会、改变社会？

为什么中国社会“富不过三代”？为什么现在养老要防儿？

最简单的回答是，孩子没有选择权，孩子就不会负责；孩子不能独立，孩子就没有未来。孩子没有未来，我们就没有未来。只能等着儿子来啃老，孙子来啃老。

[10]

当职业倦怠感突然来临

这些年，我一直激情满怀，基本上是一个教育的疯子。职业倦怠感于我，简直如浮云。但这段时间，也许是缺少阅读，也许是没空写作，也许是考试压力，突然觉得自己努力工作，意义很寥寥。

找不到工作的意义所在，找不到价值感，是很要命的一件事。

老鬼在《血色黄昏》中绝望地写道：我们这一帮知青，在深山老林中奋斗了20多年，伐木造田，我们付出了青春、热血、汗水、爱情，甚至生命，换来的却是对自然最严重的一次破坏！我们的努力，毫无价值，不但毫无价值，我们还是历史的罪人！

那么，我们今天的努力呢？我们以为给学生一所好大学，一个好专业，将来抢占一个好平台，就是教育的成功。然后呢？那些学生活跃在新的名利场中，脸大脖子粗。这样的人，我们见得还少吗？

所有六亲不认、冷漠自私、毫无感恩之心的人，都曾经是学生；所有的贪官污吏，也都曾经是学生。钱理群说了，连北大的那些天之骄子，也有“精致的利己主义者”。

作为老师，我们并没有改变什么。甚至在社会的浸染中，与时俯仰，同流合污。更可怕的是，不少人还沉浸其中，以为自己救人一命，功德无量。很多时候，我们祭起了高考的大旗，遮盖了多少鲜活的生命，热血沸腾的青春，和怦然心动的初恋？

当一切都被考试消磨，谁的青春不迷茫？也许，我们今天的废寝忘食，不过是对学生灵性和创造性的又一次戕害！于是，打死我也不默写，哪怕少考一点分数也无所谓。不默写成了我最后的底线，也是最后的尊严。我尽可能让学生读一点杂书，读一些经典，东西方的都读一些，首先要成为一个爱读书的人。我想，一个爱读书的人，应该不会坏到哪里去吧。一个爱读书的人，无论如何会有一块属于自己的自留地吧。但我也知道，这只是我的一点美好的愿望而已。社会的良心没有了，我们也很难独善其身。

因为想得多了，以至于几天没睡着，而且乱做梦。尤其是几天前，做了一个梦，醒了居然还能够想起来所有的细节。好像是在回老家的路上，那条田间小路，再熟悉不过，不过路两边都长起了树，很高。那样的路上，居然还有一辆车开过来了，迎着我开了过来。我告诉他，前边的路不通。他马上就调转车，开回去了。可是这条路根本不可能掉头，但做梦才不管这个呢，他哗啦一下就掉头开回去了。

他换了一条路，在池塘的另一边，有一条大路。我目送着他。突然，他的车一下子陷入泥中，明明是亮堂堂的水泥地，谁知道竟然是泥淖。车子一下子陷进去了。先是车头，再就是整个车子，最后只剩下一小片在外，像一块手帕。

我当时想，这一车人肯定没了。梦中居然还能思考。我的推理是，车掉到水里，都很难打开车门，何况掉到泥淖中，打死也不可能打开车门的。但一个人居然从烂泥中出来了，连衣服都是干干净净的。好像嘴里还叼着烟卷，不慌不忙的。更奇怪的是，随着他的出来，车子也带出来一半。他一伸手，从车窗里又拉出一个人来。那个人浑身是泥，简直就是一个泥人，看不清任何面容。他把他拉了出来，提着他的衣领，让他站起来。但那个人，双腿是软的，一下子瘫在地上，如一摊烂泥。他再提着衣领，拉直他，一放手，又是一摊烂泥……他就重复着这样的动作，一直重复，如一个黑白的默片……

然后，我就醒了。在黑夜中，充满着一种绝望。

我轻轻地呼吸，我的眼睛里，有明晃晃的热泪。后来，我就突然有了职业倦怠感。

[11]

“做贪官”和“做媳妇”

两则新闻的对比，让人百味丛生。

一则是：2011 年 3 月 15 日，广州一个 6 岁的小姑娘接受采访，当记者问起她的人生理想时，小姑娘落落大方地说：“我想做贪官，因为贪官有好多东西。”

另一则是：有人问一个日本 4 岁的小姑娘，她的人生理想是什么。小姑娘睁着美丽的大眼睛说：“我想做一个媳妇。”

这是本世纪绝妙的寓言，我们的反腐败应该从娃娃抓起。

咱们 6 岁的小姑娘一把扯下了皇帝的新衣，说出了社会公开的秘密，也说出了小老百姓的心里话——做贪官有很多东西。福建的县委书记丁仰宁就曾明目张胆地说：“当官不发财，请我都不来。”

一部分人比较正直，但就算他们一年不贪，两年不贪，三年四年之后呢？在一个 6 岁小姑娘人生理想就是做贪官的社会环境里，你让这些官人永远出淤泥而不染，入染缸而不贪，何其难也？

小学生“想做贪官”，是中国式的冷幽默，这不是小姑娘的毛病，而是我们社会的耻辱。孩子们由想做老师、科学家、军人，到现在想要做贪官，这难道不是我们社会的示范作用？

一方面社会处于转型期，鱼龙混杂，泥沙俱下，人们渴望金钱利益的最大化，来彰显自己的成功，光耀门楣，光宗耀祖，甚至为此不择手段、不惜代价。另一方面，社会公平正义的规则还没有建立起来，做坏人的成本太低了，胆大妄为者，厚颜无耻者，总是一本万利，屡试不爽，吃香的喝辣的，造恶的享富贵又寿延。

布莱恩·崔西说：“人是一个活磁铁，在他生命中会吸引与他‘主要思想’相一致的人和情景。”坏人也会互相吸引，互相启迪，互相鼓励。贪官也是一种传染性的心理疾病。现代气象学上的蝴蝶效应，指的是在一个动力系统中，初始条件下的微小变化，能带动整个系统的长期的、巨大的连锁反应。人类社会也是这样一个动力系统，一个开始是微不足道的小偷小拿，经过层层叠叠共振式的加强，完全有可能导致最后的重大灾难。

社会的礼崩乐坏，笑贫不笑娼，已经彻底坍圮了社会的评价体系，结果就是实用主义的盛行。金钱至上，只要能捞钱，管他什么社会功德，什么人命关天。牛奶有三聚氰胺，火腿肠有敌敌畏，猪肉有瘦肉精，黄鳝有避孕药，馒头里有染色剂，连狂犬病的疫苗都是假的……一些人的丧心病狂已经比疯狗还要疯狂，这就是我们种下的恶的种子。潘多拉的魔盒已经被打开了。

但孩子是我们的未来啊，如果做官成为孩子们追求的终极目标，如果做贪官成为孩子们的人生理想，我们还能有什么希望呢？

反观日本 4 岁小姑娘的回答让人感到心疼不已。

小姑娘那么娇憨，那么可爱，她还不知道媳妇不是一个职业，而只是一个家庭成员。但是，她却梦想着做一个媳妇。因为她的母亲就是一个媳妇，美丽、温婉、善良、勤劳，把一家的老老小小安排得周周道道，妥妥帖帖。在这样的家庭氛围里，孩子感到了媳妇的美和爱，感到了一种光辉的吸引人的东西，所以，孩子想做一个媳妇。

对于一个家庭而言，一个能干的媳妇实在太重要了。但我们常常就会哂笑，丝毫不知道我们成熟的庸俗。这个孩子身上散发出来的人性光辉，是要让人潸然落泪的。很多时候，我们丢失了一些最宝贵的东西。

我们嘲笑哲学家仰望星空，掉进了眼前的坑里。我们从来就没有想过，当我们一辈子不掉进坑里，过着猪栏的生活，没有仰望过浩渺的星空，没有了对宇宙人生的审美，我们的人生是否值得一过？

康德说，唯有两样东西长久地震撼我的心灵，一个是我们头顶上的灿烂星空，一个是我们内心中崇高的道德准则。

但这两样东西，我们一样也没有。

书香满校园

[12]

蹲与不蹲，是一个问题

重庆是一座热辣辣的城市。山城重庆，无数的摩天大楼，拔地而起，直插云霄，决不拖泥带水。在这种风习濡染之下，重庆男人风流粗犷，女人洒脱豪放，无一不是一诺千金，刀砍斧削，掷地有声。连一个柔弱的女教师都那么阿凡达。

事情发生在重庆铁路中学高一（20）班。

上课铃响 10 分钟后，心理学老师贺小燕才满脸通红地跑进教室。气喘未定，贺老师就给同学们道歉："对不起大家，今天实在太忙了，出门的时间晚了一点儿。先给大家道歉，我一定为我的迟到负责，也忘记带你们的作业了，因此上课之前为自己的两个错误自罚 100 个下蹲。"

贺老师的话让全班同学惊讶极了，大家没想到她这么较真。从这学期的第一堂课开始，贺老师就跟同学们有个约定：如果谁迟到、谁的作业没有交，就要接受处罚：男生做 50 个俯卧撑，女生做 50 个下蹲。

一些同学看到贺老师为赶着来上课，已经跑得满头大汗，站起来说："贺老师，不用做了，我们能理解。"

"忙，不是借口，打不到车，也不是借口，因为这个世界就这样，大家都只看结果。"贺老师说，"做人一定要讲原则，任何人都要为他的行为负责，这就是责任。"当着全班同学的面，贺老师开始一个一个地接着做下蹲动作。做完 100 个下蹲之后，贺老师没能挺住，一下子晕倒在讲台上。

一时间坊间议论纷纷，那么，对贺老师的此种行为究竟该如何评价呢？

第一，该不该蹲？

我的观点是，该蹲，这一点毫无疑议。因为此前老师已经和学生有约在先。这种约定相当于一个契约，至少是一个游戏规则。契约一旦订立，就不存在老师和学生之分，契约面前，人人平等。老师只有平等地与学生交流，尊重他们的人格，才能赢得学生的尊重。作为规则的制定者，贺老师当然应该带头执行，以提高自己的“师信力”。

从事件的结果来看，也是如此。尽管一开始学生都让老师不要自罚，他们不怪老师。但当贺老师自罚之后，学生们普遍认为受到深刻教育。贺老师能够信守承诺，是对他们的尊重。曾经受过类似惩罚的方冠桥同学说：“约定了游戏规则，就该遵守。只是我们都没有想到贺老师会坚持兑现这个承诺。”由此可见，我们老师平常对自己的要求真的很松。班上的女生陈杨则说：“贺老师让我们都很感动，我们感受到了老师对学生的尊重，也学会了诚信和责任。”这些都是贺老师下蹲所获得的教育效果。

第二，什么时候蹲？

贺老师可以下蹲，但选择下蹲的时候不对。之所以迟到就要受罚，是因为迟到是错的，要通过下蹲来自罚。贺老师已经迟到 10 分钟了，这是第一个错。选择这个时候自罚，从耽误学生上课时间来看，就是错上加错。如果按照这个标准惩罚下去，那么贺老师的下蹲就没有尽头。迟到 10 分钟，再下蹲 100 个，直到晕倒被护送走……这节课估计要结束了吧？我感觉这不像是一堂严谨的课，而像是一场行为艺术。

第三，教师有没有制定下蹲的权力？

尽管我开始说，老师一定要下蹲，因为规则已经制定，此前已经有学生受罚，这个时候质疑这个规则已经没有意义，尤其是在老师犯错的情况之下，更应该毫无理由地执行。但这种执行并不等于我认可了这种游戏规则的制定。在我看来，这种游戏规则有很大的体罚元素。

关于体罚，词典中这样解释：“体罚是指通过对人身体的责罚，特别是造成疼痛，来进行惩罚或教育的行为。”无论是俯卧撑还是下蹲，都是对身体的责罚，也都能造成人的疼痛，贺老师甚至都昏厥了。由此可见，这个游戏规则制定的严重性和荒唐性。认真遵守这个规则，很可能还会因一些不确定的因素，造成严重后果。

比如在老师的这种示范之下，下次有学生迟到了，而且迟到了 20 分钟，那么学生怎么办？男生是 200 个俯卧撑，女生是 200 个下蹲啊。贺老师这个时候，就陷入了两难选择。不让学生严格执行，就违反了游戏的规则。更重要的是，就算贺老师不要学生执行，学生也一定会强烈要求执行，这是他负责任的表现。但学生一旦出现问题怎么办？万一学生也晕倒了怎么办？

教育学生为自己行为负责的方式有很多，包括体罚也有好多种，甚至还会有美丽的惩罚，不一定要以这种方式来进行。

韩国影片《春去冬来》中，老和尚对小和尚的惩罚就很见功力。

小和尚在岸边和山崖上捉到了一条小鱼、一只青蛙和一条小蛇，小和尚抓住小鱼、青蛙和小蛇，给它们拴上石头。看着它们笨拙地挣扎，小和尚快乐地笑着。老和尚在远处不动声色地观察着。

第二天，小和尚一觉醒来，发现自己身上竟然捆绑着一块10来斤重的石头。小和尚挣扎着走到师父面前，哀求说："师父，我背上有个石头，请帮我拿下来吧。"

"难受吗？"师父顾自拂拭着佛像，平静地问。

"是，师父。"

"小鱼也像你一样吗？"

"是，师父。"

"青蛙也像你一样吗？"

"是，师父。"

师父加重语气："蛇也跟你一样吗？"

"是，师父。"

"起来吧。走走看。"

小和尚艰难地走了几步，"咚"的一声坐在地上："太沉了，我走不动，师父。"

"那小鱼、青蛙和蛇现在会怎么样？"

"我错了，师父。"

"去帮它们全部解开吧，那我也帮你解开石头……如果青蛙、小鱼和蛇中有一个死了，你会一辈子在心头放着一块石头。"

小和尚笨拙地坐上出庙的木船，独自划到了岸边，然后挣扎着爬上了山坡，找到了小溪边。在水深处，他发现了缠着石子的小鱼，但是，小鱼已经死了很久。舒缓的背景音乐响起来，小和尚的身子在微微地颤抖……擦干眼泪之后，小和尚用手扒开岸边的沙石，把

苏州市第一中学实验楼内景

小鱼埋在地下。然后，他坐在溪边，第一次学会了深思……

这种等值的惩罚的方式，是不是更有成效呢？

教育的方式有很多种，总会有一种最适合的方式，关键是我们要学会寻找。

第四，事件的背后。

事件发生后，社会议论纷纷。我注意到两条信息。其一是校长认为贺老师给孩子上了生动一课。其二是不少老师认为贺老师是疯子。

对于校长，我想问的是：

第一，假如贺老师没有晕倒，在上课时间，贺老师正在自罚，学生在围观，校长正好看到了，他会如何评价？

第二，假如学生受到了贺老师的身教之后，在上课时间自罚，而且极有可能也会晕倒，校长看到了，又会做出什么样的评价？如果校长能够一以贯之，我敬佩他。

老师认为贺老师是一个疯子，所以然者何？

所谓疯子，就是不理智。就算迟到了，老师也不该自罚，道个歉就好了。自罚降低的不是一个贺老师的师道尊严，而是整体教师的崇高威信。这就是老师说贺老师是疯子的主要原因。

这种明显的双重标准，我不止一次看到，很多老师要求起学生来，非常之苛刻，但对自己又是非常之宽容，简直生就一副美国脸孔。师生平等还是一个遥不可及的梦，这也许就是学生非常感动的原因吧。

第四章

呼唤没有竞争的教育

[1]

老师的一份排名差点毁灭了世界

网上流传着一张著名的毕业照。

一个糟糕的老师采取了一个常见的蠢办法：在毕业照中，按照成绩排名来给学生设定座位。优秀学生紧靠校长和老师，坐在前排，聚光灯聚焦的地方；差生远离校长和老师，蜷缩在后排和角落之中。

这张毕业照之所以大名鼎鼎，乃是因为其中两个迥然不同的孩子。一个好孩子坐在校长旁边，意气风发，目光清澈。还有一个 11 岁的差生，站在最后一排，两臂交叉，吊儿郎当，愤愤不平。

很多年之后，那个心理扭曲的差生，辛辛苦苦想成为二流画家而不得，到处都是冷眼，到处都是嘲弄，连蹩脚的画家也做不了，怎么挣扎还是无路可走，终于把他惹毛了，惹火了，后来他干脆做了“屠夫”，杀人如麻，他甚至想把最聪明的犹太人给灭族了。这个差生，他的名字叫希特勒，他的歇斯底里，差一点毁灭了世界。

在《我的奋斗》中，希特勒透露，他的反犹情绪是被一位犹太学生所挑起的，然后愈演愈烈，终于不可遏制，这是导向奥斯威辛仇恨链上的第一环。

那么，希特勒恨之入骨的那个犹太学生是谁？所有的证据指向这一张照片，指向这张来自林茨的照片，指向照片上坐在校长旁边的这个好孩子。这个孩子长大之后成了 20 世纪独树一帜的思想家、首屈一指的逻辑学家和哲学家，他用自己的哲学思想改变了世界，他的名字叫维特根斯坦。

小学的时候，作为希特勒的同班同学，犹太人维特根斯坦太聪明了，太得老师的宠爱了，简直就是老师手心里的宝。好学生和差学生，一个上天堂，一个入地狱。老师对待他们，也是一半是火焰，一半是海水。童年的阴影，就是将来的命运。谁也没有料到，希特勒积怨如此之深，以至于酿成了未来人类的历史大祸。

之所以感慨这样的图景，是因为当年的德国经济高速发展，教育也随之被裹挟，教育浮夸风与今天的中国何其相似？

今天这样按分排名的现象，还在我们很多学校继续上演，而且屡禁不止。对待好学生，校长请他们到五星级饭店吃大餐，喝红酒；对于差生，不仅让他们坐在后排和角落里，甚至让他们戴上绿领巾，脸上刻上红字，让他们成为贼配军，孤立他们，让他们成为孤家寡人。

在象牙塔中就遭遇歧视，注定很难有好的发展；没有好的发展，在社会中很可能会遭遇不公正的待遇；诸多不公正的待遇叠加在一起，就可能会彻底扭曲一个人的心灵。反过来一个心灵扭曲的人，他或许就会报复这个世界。

还是回到原先的问题上来，按分排座为什么是错误的？为什么会产生这么重大的恶果？既然明知有这么重大的危害，为什么老师还要祭出这样的撒手锏？这些都值得我们深思。

先看老师按分排座的主观愿望。

老师之所以按分排座，是想让成绩高的同学获得奖赏，公平地赢得成就感和荣誉感，并鼓励他们继续捍卫自己的“位置”；同时让成绩差的学生，受到惩罚，并暗示他们，这个教室里的“位置”，很可能就是未来生活中他们的“位置”，刺激他们树立危机意识，知耻而后勇，迎头赶上，否则就是烂人一个，死路一条。

但问题是，老师的主观愿望只是一个理想状态，其判断的前提是：所有学生经过努力都能获得“好成绩”，所有学生的“好成绩”都是努力得来的。同样道理，所有“成绩差”的学生都是源于不努力，所有不努力的学生都会“成绩差”。

恰恰是这个前提条件存在重大问题。即使每个同学一样努力，他们也不大可能取得一样的“好成绩”；有的学生很不努力，但成绩就是好；有的学生头发都学白了，苦学加死学，但成绩就是不见起色。更何况学生的成绩还与很多因素有关，譬如临场发挥，身体状况，还有很重要的一个原因不能忽视，学生成绩还与我们老师的教学水平息息相关。

当这个前提不成立，按分排座实质就是：不看过程，只看结果的极端功利主义做法，不管白猫黑猫抓到老鼠就是好猫。奖励胜利者，但这个胜利者不一定是努力者，极端一点这个胜利者还可能是作弊者。惩罚失败者，这个失败者不一定是懒惰者，甚至有可能还是一个勤奋者，只是学习不得法，而这种不得法很可能还是我们老师没尽到责任。

但我们不分青红皂白，用成绩对他们进行价值认定，不仅损害了学生的尊严，也侮辱了学生的人格，最终压抑了学生的人性的健康发展，这不是真正的教育，这是精神虐杀。

学校是一个引导人向往真善美的地方，是一个思想自由、精神明亮的场所，而不是分数的竞技场。退一万步说，就算学生因为懒惰成绩不好，因为努力成绩出众，也不能采用这种歧视性的办法，教育不仅要看到冷冰冰的分，更要看到活生生的人。教育不仅要传达给学生分数的判断，更要传递给孩子公平、正义、民主与仁爱，还有我一直强调的慈悲。

周国平先生说得好："没有浪漫气息的悲剧是我们最本质的悲剧，不具英雄色彩的勇气是我们最真实的勇气。我们以此维护了人的最高的也是最后的尊严——人在大自然面前的尊严。"

作为老师，我们也应该维护孩子最高也是最后的尊严——在同伴面前的尊严。

己所不欲，勿施于人。其实我们判断的方法不难，两个假如就能辨析我们该不该做，能不能做。假如我是学生，假如我的孩子是学生。如果这个时候，你还能自信地进行按分排名，那你就相信你的内心，勇敢去做。

当我们承认并且意识到教育的复杂、人性的复杂，看到教育的非连续性本质，我们才能敬畏教育。真正的被压迫者的教育学，使得我们认识到自身的真实和暴虐之气，但我们依然相信，我们能够压制兽性，保持温暖美好的人性，走向或平坦或坎坷的前方。

前方是什么，也许并不重要。重要的是，我们心里怀揣着什么。

[2]

帮助学生成为具有人性的人

有一位纳粹集中营的幸存者，后来当上了美国一所学校的校长。在每一位新老师来到学校时，他都会交给那位老师一封信，信的内容完全一样，写的是：

“亲爱的老师，我是集中营的生还者，我亲眼看到人类所不应该见到的情景：毒气室由学有专长的工程师建造，儿童由学识渊博的工程师毒死，妇女和儿童被受过大学教育的人们枪杀。看到这一切，我怀疑，教育究竟是为什么？我的请求是：请你帮助学生成为具有人性的人！因为只有在我们的孩子具有人性的情况下，读写算的能力才有价值！”

几天来，这封信萦绕在我的心头，挥之不去。

请帮助学生成为具有人性的人，否则，所有的教育非但没有意义，甚至还有巨大的反效应。

智慧加上邪恶，会造就什么样的人生？

金马在《情感智慧论》里说：“一流的情感、一流的智慧，一旦合流，常可导致光辉的人生；而一流的智慧、二流的情感，一旦合流，常可导致三流的道德，四流的奉献，末流的人生。”这是说情感的重要意义。但金马明显少了一项思考：一流的智慧，一旦加上邪恶的情感，究竟会造就什么样的人生？

愚蠢的恶魔只是可憎，并不可怕；智慧的恶魔，很可能就是人类的毁灭者。

二战中，无论是德国还是日本，许多优秀的科学家通宵达旦，研制出了大量的杀人武器：飞机、火炮、坦克、潜艇、导弹、航空母舰，应有尽有。这些杀人武器，助长了法西斯的嚣张气焰，提高了法西斯的杀人效率，强化了独裁者的政治野心，给人类科学史留下了耻辱的一页。因为，他们——这些科技工作者的每一项科研成果，都滴着鲜血，甚至制造着罪恶。

渊博的知识、高超的科技，不但没有造福人类，反而打开了撒旦的魔瓶，让罪恶肆虐人间，科学家直接沦为法西斯的杀人工具。历史的教训不可谓不惨痛。最要命的是，纳粹科学家的兢兢业业，导致科技事业的突飞猛进，促使正义的科学家也不得不与之周旋。最终，科学成了杀人武器的研制比赛，连爱因斯坦也不能例外。

当纳粹横行德国之时，爱因斯坦逃到美国。当他得知德国科学家正在进行核子裂变产生能量的研究之后，立刻上书罗斯福总统，建议赶紧研制原子弹，防止希特勒抢先研制出威力无比的杀人武器。

在爱因斯坦的建议下，1945 年，美国曼哈顿计划获得巨大成功，奥本海默带领科学家率先研制出了原子弹。当蘑菇云在日本的广岛和长崎上空升腾，数十万平民瞬间灰飞烟灭时，爱因斯坦痛悔万分："提议研制核武器，是我一生中最大的错误和遗憾。""早知如此，我宁可当个修表匠。"此后的爱因斯坦成了一个反核人士，还和罗素一道发表了反战宣言。但战争机器一旦启动，政治家岂能听从科学家的呼吁？一切已经不可挽回。爱因斯坦死不瞑目，抱憾终生。

也许我们认为，二战离我们太遥远了。但想想"文革"吧，那时候出现的没有人性的恶魔也并不鲜见。

人民艺术家老舍遭遇凌辱，投湖而死的事件，竟然来自几个学生的即兴发挥。

舒乙在《老舍的关坎和爱好》一书中记录老舍离去前的那一天：

"8 月 23 日（1966 年）这天，老舍病后第一天去上班参加劳动，恰好碰见几个中等学校的学生们预定在孔庙焚烧京戏的戏装。狂热的少年们点起了熊熊大火，强迫北京市几十名文化名人顶着烈日围火而跪，并用刀枪剑戟等道具抽打他们。纯属被偶然卷入这场暴虐的老舍首当其冲，当场被打成头破血流，伤势严重。"

舒乙谈到老舍之死的言语是无奈的：

"我和我妈妈是当年事情最重要的当事人了——我是收尸人，妈妈是埋葬人。妈妈说，老舍受到拳脚和侮辱的当天晚上回到家，他们俩说过好一阵子话，之后两个人相背而睡，其实都是一夜无眠。

"第二天，老舍就走上了不归路。妈妈说，老舍的走没有什么迹象，一向不管钱的他，只是在那天晚上曾经问过家里还有钱吗？够不够孩子们一时之用？第二天早上，他让妈妈去正常上班，之后只和一个人说了一句话——有如《茶馆》里一样的情景，他叫过自己当时只有三岁的小孙女，弯下腰，用很慢的语速说：‘跟爷爷说再——见！’那天，是我一个人赶去收的遗体，我记得很清楚，骄阳似火的八月天，傍晚天突然下起了毛毛雨……”

当今，一味追求升学率，使人性化的教育功能丧失。学生可能是超拔的高分者，但也极有可能是冷血者、施暴者。浙江金华中学高二学生徐力，因为害怕考不到母亲要求的前十名，就用榔头残忍地砸死母亲。没有人性的徐力，多么矛盾啊！杀害母亲后，他一方面“训练有素”，移尸灭迹，还写字条欺骗父亲说妈妈去杭州“看病”了，并居然照常参加了考试；但另一方面他又十分脆弱，仅仅因为母亲对他学业上施加的压力，就灭绝人性地杀害了生母。

无独有偶，2002 年 6 月 16 日，17 岁的学生陈晓丽，收到 QQ 上的留言：“姐，我们去烧网吧了，等我们吧。”陈晓丽马上回了句：“小心点啊。”两个十三四岁的男孩，带着陈晓丽给的 5 块钱买的一升汽油，点燃了北京蓝极速网吧门口的红地毯，结果，大火烧死 25 人，烧伤 13 人。

直到两天后的下午，警察在家里找到刚起床的陈晓丽时，她还无动于衷，那么多条鲜活的生命一夜间化为灰烬，她却像什么事也没有发生一样。她何尝关心过网吧里人的死活？何曾想过那些人也和自己一样，是活泼泼的生命？

只给学生没有温度的教育，只看学生冷冰冰的成绩，只关注功利化的结果，是不可能培养出有温度、有情感、有良知的学生的！教育只是一种唤醒、一种启迪、一种帮助，甚至只是给学生的一种选择。人与人之间有着巨大的差异，学生与学生也有着学习能力的差异，我们不能用一个模子来要求所有学生。

据统计，20 世纪 50 至 60 年代，青少年犯罪约占全国刑事犯罪的 20% 至 30%，90 年代后达 70% 左右，而且恶性犯罪比例增大。在许多青少年暴力案件报道中，狂砍、狂刺、刀劈、砍杀等血腥字眼随处可见。

叶圣陶老先生再三强调：教育的根本价值和目的是“育人”，是培养“自觉的、自动的、发展的、创造的、社会的人”，是“使学生能做人，能做事，成为健全的公民”。简而言之，就是教育者必须目中有人，必须进行人性化的“立人”教育。

学生是我们的教育对象，他们是教育的主体，是整体的、发展中的、具有巨大潜力和极强可塑性的群体。他们最初的走向，就是他们未来人生的走向。立人教育，教师责无旁贷。人性化教育要以人为本，具体说要以学生的可持续发展为本，以学生的个性、创造性发展为本，以学生的人格和谐发展为本，最终培养出具有健康个性和健全人格的学生。

教育，带有一定的严肃性，教育人性化就是让这项严肃的工作充满感性和浪漫色彩，尊重和体贴受教育者，让教育过程洋溢着浓浓的人情味，富于浪漫色彩，给受教育者以心灵的激荡。要让受教育者感受到自己的独立人格，享受到爱的温馨，体验到来自责任的动力，体会到来自成功的喜悦，进而把教育者所给予的这种温馨和关爱内化为自己的精神血脉，然后生根发芽，茁壮成长。它会化而成木，木聚成林，林结成森，进而又影响到这个社会的大气候，形成一种良性的生态循环。

如是，教师再也不是校园里的“狱卒”，而是可亲可敬的长者，是平等相处的朋友。师生关系再也不是“警察抓小偷”，而是互相欣赏的同路人。

作为教师，我们的工作平凡而伟大。我们是人类文明的传承者，这就决定我们必须具有较高的道德水准、道德情怀，否则就无法完成传承文明的使命。而且，这种道德水准必须是人性化的道德水准，这种教育情怀必须是人性化的道德情怀。尊重学生个性，开发学生潜能，启迪学生智慧，完善学生人格，这是教师的社会职责所在，也是教师的道德职责所在。

为了我们将来能够在一个社会里有尊严地、自由地，至少是免于恐惧地活着，进行人性化教育，帮助孩子成为具有人性的人，应该是我们的首要任务。

[3]

师生转换，意义重大

有一天看到凌宗伟夫人的一句话："老师和学生的区别，就在于老师手里有答案，学生手里没答案。"觉得有趣，忍不住，就在班级说了这事。学生们哈哈大笑。我看见几个孩子，诡秘地交换眼色，不由得心中打鼓。

很快，孩子们就偷偷行动了。他们磨刀霍霍向猪羊，想改变被动挨打的局面，想成为手中有答案的人，然后，把我整成没答案的人。这是孩子们的一次造反和逆袭。

而答案对老师而言，意味着什么，你们知道的。

几个正在参加自主招生的孩子，自告奋勇，辛辛苦苦炮制了一份试卷。我的天，这是以自主招生的题目为蓝本啊，然后，请语文科代表工工整整地誊写好，标好分值，煞有介事。最好玩的是，试卷上还有注意事项，还有警示标志。但也不乏温情，因为文言文头绪比较复杂，孩子们在姓名下增加一条横线，表示这是人名，非常人性化，这种做法来源于国外的译制片。

拿到这份试卷的时候，正好是我最忙的时候，一时竟没有空。但我是放在心上的，我一定要满足孩子们的一次愿望，让他们享受一次拿着答案裁决别人生死的快感。郭冬临说得好，这不就是一句话的事嘛。韦小宝也说，出来混，总是要还的。

记得在老家的时候，高三的历次模拟，我都自主参加学生模考，并且和学生试卷装订在一起，所有的孩子都一心一意要击败我，这成了他们共同的动力。就在这种较劲中，孩子们的水平突飞猛进。记得那篇后来选入教材的《鸟人》，就是我的考场作文。

后来到了张家港，我四次参加市青年教师解题比赛，两次名列第十二名，两次进入前三名，两次代表我市参加苏州比赛，不过只获得二等奖。因为要考不少陈题，而我拒绝陈题，我喜欢真刀真枪。对我而言，让一个语文老师背陈题参加考试，简直就是耻辱。

现在可真的是真刀真枪，学生虎视眈眈，正拿着答案等着下手呢。

终于，找了一个晚自习的时间，我告诉学生，我开始答题了。

试题很怪，比如某位皇帝出游出一上联：炮堆镇海楼，有人对：烟锁池塘柳。你认为对得如何，请鉴赏之。

再比如："请用你年龄之内的字数描述你到现在的人生。"我怀疑这道题的潜台词是，人生和阅历有关，年龄越大，阅历越多，所用的字数自然也就越多。

再比如诗歌鉴赏中："诗中之人为何爱饮酒？这与现代忧郁派男性的抽烟有何关联？"

我做的答案是，有关联，首先是浪漫派诗人和忧郁派男士有关联，其次是烟酒不分家。

默写中，还有龙应台的《中国人，你为什么不生气》等现代名篇。这几乎就是抢着扣分，现代文谁能够写得一模一样啊，孩子们。

作文有两道：第一道，请打开你的手机，找到倒数第二个人，以此人为主要对象写一篇短文。这道题很精彩。本意应该是考察我们对不够熟稔的人，是否也能抓住特点，写出他们的个性神采，进而倡导我们，关注我们生命中的每一个人。但是对于现在的智能手机，倒数第二个人，未必是我们不太熟稔的人，这是此题的一大遗憾。

第二道：阅读导语，按要求作文。"人生是一座大学堂，在其中我们可以领略到人生的奇特魅力。人们常对人生有着深刻的认识。然而，除了人生，我们还可以写什么？我们的写作已被钉死在所谓的人生的框架里了吗？我们再也写不出其他了吗？"请以"不谈人生"为基础，写出你对导语及其他感悟的认识，禁止出现"人生"一词，出现一次扣5分，扣完为止。

此题简直精彩绝伦，当时，我都傻了。想想看，谁没有被钉死在人生的框架里？这几乎就是一个悖论，只要是人，就有人生，无论高歌猛进，还是淡泊人生，都是人生。我们的写作，除了人生，还可以写什么？这的确是一个问题。

终于做完了。忐忑不安地交上试卷，人为刀俎，我为鱼肉啊。

几天之后，学生终于批完我的试卷。我尝到了做试卷的痛苦，他们也尝到了批阅试卷的痛苦。哈哈，我们两清了。

而他们下手也忒狠了，试卷中所有的错别字都扣分了，以致我最终只考了 107 分，创造了我考试史上的得分新低。

考试之后，我开始反思：第一，基础知识尤其是记忆性的东西，遗忘太快。第二，长时间使用键盘，容易提笔忘字，还出现不少错别字。第三，要完成一份两篇作文的大试卷，体力消耗太大。

不过一切都是值得的。师生转换，意义重大。为了博学生一笑，为了高考这个可爱的洪水猛兽，我们还有什么可怕的呢。

附录：

不谈人生

不幸生而为人。既不能如一只鸟，翱翔于蓝天之上，轻盈得如一片落叶；又不能如一头猪，万事不管，在土墙边打打盹，晒晒太阳。

一不小心，就投胎为人。生而为人，有三大不幸。

其一是“人”的写法。

“人”字一撇一捺，左右支撑，稳稳当当，堂堂正正。要命的是，“人”加一横则为“大”。生为宇宙之精华，万物之灵长，压力不可谓不大。“人”加两横则为“天”，此两横大有讲究，上横为“天”，下横为“地”。生而为人，既需要“天人合一”，又需要“顶天立地”，何其累也！这既是上帝对人的宠爱，何尝不是上帝对人的戕害？有时候恩宠就是伤害。

其二是人的思想。

人是唯一需要受教育的动物。究其原因，恰恰是因为人的脆弱。教育使人拥有了思想，思想造就人的伟大，但也造成人的堕落。思想可以救人，也可以杀人，思想是把双刃剑。从历史上来看，很多流血不流血的杀戮，都是假借思想之手。

一代思想大师鲁迅，面对铁屋中沉睡的民众，曾有过激烈的思想斗争。是唤醒他们，让他们经历无路可走、无泪可落的悲凉，还是让他们继续在铁屋中酣睡，在美梦中死去。这的确是一个问题。

我想，在无法预知光明即将到来，或者未来依旧是绝望，还不如让他们在等待戈多中麻醉，哪怕戈多永远也不会来。就如《命若琴弦》中的瞎子小和尚。师傅告诉他，弹断1000根琴弦，双眼就能复明。但他穷其一生，也弹不断1000根弦。但希望是个好东西，是人间至善。思想的冷酷，在于它的理性，它能杀死人的梦。

其三是人的名利。

古人云，名缰利锁，功名二字误煞人。但误煞是误煞，追逐起来却是毫不含糊，拼了老命也要皓首穷经。何也？

“书中自有黄金屋，书中自有颜如玉”是也。

老实巴交的范进，一旦中举，就发了疯，非得耳刮子才能打醒。从此成了文曲星，进入“烟柳繁华地，温柔富贵乡”。可怜那孔乙己屡试不中，就只能发狂，想教小伙计“茴”字的写法而不得。后来做了小偷，被打折了腿。打人者谁？举人老爷也。本是同根生，相煎何太急。这一切都是功名害人。孔乙己的腿被打断了，科举之路是走不下去了，但爬也要继续爬下去。这就是读书人的寓言，悲惨而又壮烈。

天下熙熙，皆为名来；天下攘攘，皆为利往。人就是名利，名利就是人，要想挣脱名利，何其难也！

认识到不幸，是为万幸。医疗不幸，尚需两味药。

一味药是审美。

能够对一朵花微笑，纯粹，干净，质朴。一朵花饥不可食，寒不可衣，没有任何实用价值。喜欢一朵花的理由，仅仅是因为美，因为心动，因为一种香味，穿越了我们的灵魂，让我们浑身战栗。什么时候，人类认识到了无用之用，就可以从功利主义中抽身而出。

一味药是淡然。

100年前，世界上没有我，100年之后，世界上也没有我。每个人都是空手而来，任何人也必将撒手而去。既然如此，何不如不系之舟，淡然于怀。高朋满座，不会昏眩；曲终人散，不会孤独；人智人愚，不碍于眼。存在的就是合理的，理解一切，宽容万物，不以物喜，不以己悲。

面对一切纷繁复杂之乱，都能做到痛而不语，笑而不言。一切都是生命的一部分，一切都是上天的恩赐，一切都是唯一的，我们只能接受并且热爱这一切。

想一想，此生能够安静地活着，能够安详地死去，也就够了。

[4]

对教育常识的新思考

很多时候，我们把常识挂在嘴上，常识在我们的嘴里搬过来搬过去，似乎那是不言而喻的东西。但对那些众人皆知的常识，我们究竟理解到什么程度呢？正因为它们是常识，我们不去思考，不去辨析，反而最容易流于浅薄。面对一个个教育新思潮的风起云涌，我们与其随波逐流，不如回归本源，对教育常识进行深刻反思。

当我们静下心来认真思考教学中的“举一反三”与“举三反一”，思考“理解”与“尊重”，思考“学问”与“学答”，思考“学会”与“会学”，会有一些新的理解与收获。

一、“举一反三”与“举三反一”

很多时候，我们把教学仅仅理解成“教”与“学”，更严重的是，又把“教”与“学”，简化为“老师的教”和“学生的学”。老师就像中介、掮客、排球场中的二传手、生意场上的二道贩子。知识就像是一个什么东西，老师把它从教科书上贩过来，如获至宝地藏着掖着；而所谓的教学，就是老师神神秘秘地把这个贩来的东西再转交给学生。教学就是知识被老师这么一传，学生这么一收，然后万事大吉。

这都是对“教学”的严重误解！

这样，就算老师把书本知识都教会了，学生充其量也只是“学会”，而不是“会学”。“学会”仅仅是“会一”，而真正的“会学”，则不仅要“举一反三”，还要“举三反一”。

孔子云：“举一隅而不以三隅反，则不复也。”教师“举一”于前，学生“反三”于后，如此教学相长，相得益彰，一课一得，如此下去，才能完成知识疆界的拓展和生命意义的延伸。

然而，光会“举一反三”还远远不够。因为世界丰富多彩，“一”必然是有限的，“一”有限，“三”就有限，因此，就算学生能够“举一反三”，最终还是会捉襟见肘。

教学，还需要“举三反一”。

积累在先，数量在先，就会由量变而至质变。大量积淀于前，才会有精华提纯于后。无“举三”，则无“反一”，无“举三”的慢慢累积，就没有“反一”的“一”鸣惊人，“一”飞冲天，“一”劳永逸。

“所有的故事都曾经发生过，所有的故事都是同一个故事，所有的故事都是我的故事。”这句话绝对是至理名言。

生物学上有一种“全息理论”，说：“一条蚯蚓被切成若干段，每段都可再长成一条完整的蚯蚓，因为一段不完整的蚯蚓中包含有一条完整蚯蚓的全部信息。从大量的生物界现象来看，生物体的每个局部确实含有整个生物体的所有信息，每个局部好像是整个生物体的缩影。”

全息理论告诉我们“一”的重要性，唯有把握住了本源的“一”，我们才能提纲挈领，纲举目张。在一滴水里看见太阳，在一朵花里看到天堂。如中国道家所言，“一生二,二生三,三生万物”。世界存在“一”之中，把有限握在手中，就能把永恒握在手中。

“先生的责任不在教，而在教学，而在教学生学”，这便是陶行知所说的“教学合一”。把教和学联系起来，一方面要教师负指导的责任，一方面要学生负学习的责任。这就意味着教师这个职业，主要是让学生“会学”，其出发点和归宿都是“学生的自主学习和健康成长”。

当前我们看待教学，误区很多。这个误区在称谓上也可以看得出。老歌中这样唱:“小呀么小儿郎，背着书包上学堂。”但现在不叫“学堂”了，而叫“教室”。一字之差，天壤之别。“学堂”是以“学”为主，“教室”是以“教”为主。这是典型的喧宾夺主，南辕北辙。我认为，“教师是主导，学生是主体”这句话说得很好，但在真正的教学过程中，老师要引导学生自学。教师的主导地位要不断地弱化，以至于无;而学生的主体地位要不断加强，并最终能够独立学习，从而实现“教是为了不教”的目的。这种教学，势必能为个体的终身学习提供保证，也为一个学习化社会的到来提供智力支撑。

二、“理解”与“尊重”

如果，我所期盼的东西并不是你喜欢的，请不要试图告诉我，这个选择是错误的。

如果，我的信仰与你不同，至少请你稍候再去纠正它们。

如果，在同样的环境里，我的情感不如你或者比你更强烈，请别让我违心地去感受。

不管我是否在按照你的意图做事，请不要干涉我。

我并没有要求你理解我，至少是现在。只有当你不再一心一意地要把我复制成另外一个你的时候，我才会对你说:“请理解我!”

如果你能够宽容我的某些要求、感情、信仰或者行为，也许日后你会看到，它们对我来说并没有错，甚或是对的。容忍我，是理解我的第一步。

我并不是要你接受我的方式，但是当你面对似乎是很固执的我时，请不要再表示恼怒或者失望。也许有一天，你在试图理解我的过程中，会感到我违反常规的做法和想法是有一定意义的，那么，你不仅再也不会想方设法地去改变我，而且还会保护甚至珍视那些独特的个性表现。

我可能是你的爱人、父母、儿女或者同事，但不管我们是何种关系，我深信:你我是完全不同的个体，我们都必须走自己的人生之路。

这是我很喜欢的一段文字，每当阅读它们，我的内心就有一种育人的庄严感。但是说到“理解”，这又是多么奢侈的一个字眼啊。

为什么理解那么困难？

因为要达到理解，必须要沟通；而要沟通，又必须借助信息传播，但信息传播又极为复杂。杜威说：“当你试着把某种经验，特别是较为复杂的经验，完整地准确地传达给别人，你将会发现自己对待经验的态度在发生变化。”想想看，信息传播者的态度都发生变化了，更不用说信息的接收者了。

另外，儿童受身心发展的影响，其经验带有直观、形象、具体、狭窄、无序等特点，而成人所要传递的成熟信息又常常具有抽象、概括、刻板的特点。这两者之间的抵触，直接造成了信息交流的严重障碍。

正因为理解的艰难，所以生活中，我们常常呼喊理解万岁。但谁又能确切地把握理解的真正含义呢？我们常常以为理解是相互的、彼此的、对等的，这才符合公平的原则。但在真正的师生关系中，却并非如此。

我以为，在师生关系中，所谓的“理解”，主要是针对老师。目前师生很少对话、沟通、交流，主要责任也在于老师。这不仅因为老师是教育者，应该率先承担教育失效的责任，还因为老师都是从孩子过来的，都曾经做过学生，因而能够设身处地，换位思考，但孩子却从未当过成年人，所以不大容易理解成人、理解老师的想法。

由于成人经验和儿童经验之间存在的隔膜，以致同一事件对于成年人与未成年人的意义截然不同。“孩子如给你一块糖吃，是有汽车大款捐助一百万的慷慨；他失手打碎了一个泥娃娃，是有一个母亲死了独生子那么悲哀；他受了你盛怒下的鞭打，连在梦里也会有法西斯追打的恐怖；他写字没有得到双圈，仿佛是候选总统落选一样的失意。”这是对儿童意义世界的最好描述。不理解这一点，不尊重这一点，就无法兑现对孩子真正的理解。

因此，作为老师，要学会设身处地，学会把自己还原到当初的青葱岁月，用伟大的同理心，学会尊重儿童，尊重他们的人格，尊重他们的个性。就算儿童的选择不见得完善，不见得高明，甚至也不见得恰当，但只要无伤大雅，我们就该因势利导，绝不要试图代替孩子做出选择，也不要试图改变孩子的自我选择。要知道成长的过程，我们终究是无法取代的。给孩子一点民主，让孩子独立给自己的人生赋予意义。如此，我们就不仅能走进儿童的生活，更能走进儿童的心灵。我以为，这才是真正的理解。

三、“学问”与“学答”

诺贝尔奖获得者李政道博士，曾经很困惑地提出一个问题：“我们中国的传统是做‘学问’，为什么你们老是在做‘学答’？”我以为这句话一语中的，这就是钱学森所说的，中国出不了创新人才的真正原因。

学问学问，顾名思义，就是学习、研究、质疑、发问。“疑是思之始，学之端。”“尽信书，则不如无书”，真正的学习都是从发问开始的，没有自己的问题，就没有自己的创造。

罗素曾经问穆尔，谁是你最优秀的学生。穆尔回答说，是维特根斯坦。因为只有维特根斯坦在听课时，有迷茫的神色，而且有问不完的问题。后来，又有人问维特根斯坦，罗素为什么退步了。维特根斯坦回答说，因为罗素没有问题了。

当前教育最大的问题，就是学生没有问题。要知道提问是智慧的表现，问题是前进的号角，有问题的学生，一定是有收获的学生。

然而，我们现在的教育，上课就是回答老师提出的问题，考试就是回答命题者的问题，我们不是在做“学问”，而是在做“学答”。老师教书就是“教答题”，学生上学就是“学答题”，于是，学生的答题能力上去了，应试技巧上去了，但问题意识没有了，创造性也就没有了。问题是思维的发动机，问题停止了，就是思维停止了，思维停止了，创造力就死去了。

正如莫兰所说，好的课堂永远是一种探险。课堂的中心，应该是一个问题的提出、理解及解决的过程，是一个知识——作为问题解决的工具被探索、被发现的过程。这一过程要能重现这一切：人类面对宇宙及生命现象的战栗和感动；对未知世界漫长的探索、知识艰难的形成过程，以及其间的种种困惑、尝试、失败以及豁然后的狂喜。教学不是重复前人定下的知识，而是重现这个知识发现的过程，是重新经历，经历原初的困惑与探索、悸动和喜悦。布鲁纳曾经说过，在这一点上，儿童学习这一知识的历程可以与当初科学家发现这一知识的历程相媲美。

四、“学会”与“会学”

我们常常把“学会”不如“会学”挂在嘴边，但什么是真正的“会学”，又常常语焉不详。

所谓“会学”，不在于已有，而在于应有；不在于已在，而在于潜在。当前的问题是，人们依然迷信知识，迷信知识的获得，而忽视了对认识的再认识。

由于分科教学的特点，知识教育必然是箱格化的，我们把世界肢解分离开了，变成一个一个的碎片，然后却试图获得一个综合的、系统的、整体的理解，这不是很荒唐吗？

结构主义有一句经典的语录：“世界不是由物组成的，而是由物与物之间的关系组成的。”任何事物都既是原因又是结果。所有事物，不管是最遥远的还是最不相同的，都被一种自然的和难以察觉的联系维系着。认识整体和认识局部必须全面互动，齐头并进。否则，整体和局部都不能被充分认识。

这就是当前“会学”的困境所在。

鉴于此，我们必须教授学生理解的能力、分析的能力、提出问题和处理问题的能力；必须培养学生抓住总体和基本问题，并在这个框架内整合部分和局部问题的能力；必须教授学生能够在一个复杂的世界中掌握部分和整体之间的相互关联和相互影响的能力；必须教会学生把任何信息放入它的背景或总体中来认识，从关注系统的组成要素到关注要素之间的关系能力；必须培养学生具备连接知识和赋予它们意义的组织能力；还要培养学生具有应付抽象和具体、一般和特殊关系的能力。

具有了这些学习能力，我们就获得了学习力，我们就能面对一个日益发展的世界和终身学习的自己，“不管风吹浪打，胜似闲庭信步”。

[5]

呼唤没有竞争的教育

由王阳明说竞争

王阳明是我非常喜欢的一个哲学家，他的“心学”影响深远。

有一次王阳明与朋友同游南镇，友人指着岩中花树问道：“汝云天下无心外之物，如此花树在深山中自开自落，于我心亦何相关哉？”这个反问可谓有力。谁知王阳明答道：“你未看此花时，此花与汝同归于寂；你既来看此花，则此花颜色一时明白起来，便知此花不在你心外。”此句回答何其巧妙！一下子转被动为主动，他人的例证反过来为我所用，大有孟子的论辩之风。

但真正让我对王阳明刮目相看的，还是下面这则材料。

王阳明 12 岁时问他的老师，什么是人生第一等事？老师当然说，读书考状元。王阳明说，好像不是。老师吓了一跳，才 12 岁的孩子，居然说人生第一等事好像不是读书考状元。于是问他，那你认为是什么呢？王阳明说，应该是读书成为圣人吧。

做状元，还是做圣人，这是一个问题。这实际上是两条路线的斗争。考状元，几年才有一个；而成为圣人，则人人皆有可能，只是人人都很难做到而已。

之所以对王阳明的这个问题感兴趣，是因为它和我生活中的一个教学案例密切相关。

在老家的时候，我有一个学生叫陈跃军，成绩一般，但毅力超群。高一的时候，他的班主任神神秘秘地交给我一篇陈跃军写的文章，班主任断言这个孩子的神经有点问题。我翻开文章一看，也吓了一跳。文章的标题是《论我有可能成为马克思》。好在我还有耐心，先看看这个孩子的逻辑有没有问题。仔细一读，逻辑缜密，思维深刻。文章说，马克思在成为伟大的马克思之前，也是一个普通人，还不成其为我们现在心目中的马克思。那么，我现在也是一个普通人，只要我努力，向马克思的方向努力，我就有可能会成为马克思。哪怕这种可能是数亿分之一的之一，但只要有这种可能，我就有成为马克思的潜在希望。我告诉班主任，这个孩子的逻辑没有任何问题，文章写得很好。应该是他上了哲学课之后的一些随想，没问题，不要放在心上。

后来的事实也证明，这是一个极有个性的学生。因为体质不好，他从小就练习长跑，一种超强的毅力支撑他一直跑下去，像阿甘一样奔跑。后来，他代表学校参加大市长跑比赛，还获得了金牌。高三的时候，他投笔从戎，又在部队里大放异彩，并最终考上军事院校，实现了自己的人生价值。

应该说，陈跃军没有选择常规意义上的学习竞争之路（他智力一般，在这条路上很可能会失败、会受挫、会失望甚至会绝望），而是选择了一条挑战自我、挑战自己惰性之路。他充分挖掘了自己的潜能，因此，他活得自在而潇洒，肆意而坦荡。

那个时候，我还很少读书，偶然有一天我读到孟子的名言——人人皆可为尧舜。孟子说人人都可以做尧舜，陈跃军说他有可能成为马克思，这两种论断一脉相承，如出一辙。沉浸在对往事的回忆中，我感慨良深，深感后怕。作为老师，如果我们自己思想贫瘠、单薄、偏激，会在教学生涯中扼杀多少学生飞扬的灵感和个性啊！

对竞争的思考

在引导学生以竞争为本，还是以自我充盈为本上，老师常常会被现实所裹挟，脱离了教育的本意。我的观点很清楚。

首先，不能“争”。

王阳明说得好，状元好几年才有一个。如果把自己的成功界定在社会竞争上，后果一定很严重，所谓“一将功成万骨枯”。一个人的成功是建立在数万人的失败之上的，一个状元的脚下垫着成千上万的“非状元”，一个“范进”的诞生不知道造成有多少个“孔乙己”在地上爬来爬去！但读书做圣人就不一样了。圣人之间不但不会互相冲突，互相拆台，反而会互相帮助，互相凭借，相得益彰。

颜渊说："舜何人也，予何人也，有为者亦若是！"正是因为王阳明摈弃了竞争，放弃了对状元的向往，把所有的精力放在自我的完善上，所以他后来的成就远在状元之上。王阳明的父亲就是状元，请问现在还有多少人记得王阳明的父亲呢？

耶鲁大学一位校长曾经说过，学生第一个要学习，第二个要理解，第三个要能够品味。也就是说，学习是极其私人的事情，是自我的提高，与他人本质上没有任何关系。知识本质上也是非竞争性的。这是因为，知识不是稀缺性资源，也不是排他性的、独占性的资源，因此它们不可能成为竞争的目标。别人懂得了一个勾股定理，我难道就不能懂得了吗？我有必要和他竞争吗？只有职位、机会、金钱才具有竞争性。

知识没有稀缺性，但与知识相关的入学却具有稀缺性，因而在现在的中国，竞争似乎具有无可置疑的正当性，但这种正当性能否在教育中广泛适用？恐怕还是有疑问的。

在出外听课的时候，我注意到很多高三学生都把自己的竞争对手贴在墙上。这种赤裸裸的竞争关系，会对学生的心灵产生什么样的影响？我们可能会说，孩子们只是互相促进而已，他们会在竞争中合作。想想看，社会上那些你死我活的竞争，他们有没有做到合作中竞争？再问问自己，同一个教研组之内，有没有做到和谐竞争？要知道这种竞争会加重大部分同学的失败阴影，会给他们的心理带来影响，甚至影响到他今后的人生。竞争是应试教育的怪胎。有多少风华正茂的学子，成了竞争中被淘汰的那一部分，心灵上的创伤，一辈子都很难抚平。而那些在竞争中春风得意的孩子们，会不会失去一种平民情怀，一种悲天悯人的底层意识？我觉得不适当地强调竞争，是一种双重的伤害。

法国遗传学家雅卡尔在《我，阿尔贝·雅卡尔，教育部长，我发布》中提出：必须"消除学校中的一切竞争观念"，必须放弃"打分数"，同样要结束"筛选，这竞争的必然附属品"，因为"它类似于一种形式的惩罚，会给学生终生带来梦魇"。

其次，不必"争"。

老子在《道德经》中强调"夫惟不争，故天下莫能与之争"。一个人只有不去争，天下才会没有人能与之争。这句话具有很深的思想内涵，老子最强调辩证法，辩证法讲“转换”，这话在讲“不争”转换成“争”的道理。

老子是不反对人的积极进取的，只是这种积极进取前提是顺应天道，而不能逆天道。所谓“争”，乃是刻意之为，既然刻意就是逆天道而行，以老子看来，逆天道而行，结果往往是失败的。所谓不争，即不刻意而行，是首先认识事物的规律，即天道，然后再顺应事物的规律做事。人的行为一旦顺应天道则“无为无不为”，当然“天下莫能与之争”。

事实也正是这样。因为自己与大家不争，大家就不会与自己争，如果自己既能把事情做好，又不与大家争名争利，就能体现出自己高贵的道德品质、优秀的思想素质和良好的处世作风。这种大将之风无疑会赢得人们的尊重和维护。这就把“不争”转换成了非常有策略的“争”。当然，我们选择不争，并非是要达到策略性的争。虽然不争的美好结果只是意外的奖赏，但谁又能降低这种不争的价值呢?

最后，要和自己“争”。

很多人担心在学校里，如果不强调竞争，不训练竞争，没有养成竞争的习惯，不具备竞争的技能，一旦走入社会，是否能适应这个竞争的社会。

马克思曾经说过:“人不是一件东西，他是一个置身于不断发展过程中的生命体，在生命的每一时刻，他都正在成为却又永远尚未成为他能够成为的那个人。”

这个始终接近却永远无法抵达的过程，所依靠的绝对不仅是学校里的智力竞争，更多的是对自我的提升，对情商的修炼。一旦自我不断提升，情商不断丰富，不断强大，其结果是什么? 我以为就是无往而不胜。

这里所说的情商是指人认识情绪和管理情绪的能力。牛津词典对情绪的定义为:心灵、感觉或感情的激动或骚动，泛指任何激越或兴奋的心理状态。

人的情绪很多，可以分成若干族，每一族又有很多小类。而对这些情绪的认识和管理能力就是情商。这种认识和管理能力能够发展情绪的正效应和负效应。比如羡慕这个情绪，既可以向下发展，也可以向上发展。向下发展，羡慕会变成妒忌，妒忌会变成憎恨，憎恨会变成陷害。次序就是:羡慕→妒忌→憎恨→陷害。向上发展，羡慕会变成亲近，亲近会变成学习，学习会变成超越。次序是：羡慕→亲近→学习→超越。

同样的一种情绪，产生了两种截然不同的结果，哪一种结果更具有社会竞争力，答案自然不言而喻。高情商的人总是能够把自己的情绪向上发展，因此真正的竞争，应该是对自我情商的发展，使自己变成一个高情商的人。

现实生活告诉我们，恰恰是那些在学校里具有极强竞争力的同学，走入社会之后，往往失去了竞争力。很多读书时成绩一流的学生走上社会并不出众，常去打工，而成绩二流的三流的却做老板。这样的事情，也许我们并不陌生。

因为那些成绩一流的学生过分专心于自己的专业知识，在竞争中越钻研越深，往往忽视了情商的培养；而那些成绩二流三流的人却因为善于为人处世，善于推销自己，会有效说话，在人际交往中掌握了处世之道，早在走入社会之前，就已经获得了竞争的资本。

戴尔·卡耐基曾这样说："一个人的成功只有百分之十五是依靠专业知识，而百分之八十五却要依靠人际交往、有效说话等软科学本领。"然而，我们的教育却过分地偏重于前面的百分之十五，在这个百分之十五上让学生短兵相接，拼得你死我活。但对后面百分之八十五，却几乎可以说是置之不理，这不能不说是巨大的失误。

戈尔曼在《情绪智力》中指出，真正决定一个人是否成功的关键是情商能力而不是智商能力。情商高了，吸引力、影响力、人格魅力就出来了，就能有一种振臂一呼、应者如云的号召力。

西方有一句名言，知识不如能力，能力不如品质。品质就是竞争力，情商就是竞争力，一个具有优秀品质的人，无论在何种环境、条件下，都最终会超越他的同类，环境条件只能制约成功的大小，但却无法阻止他最终获得成功。

遗憾的是，现在学校里的竞争，主要是指向智力上的竞争，指向他者，有很明确的对象，具有现时性和现实性，一旦对象发生变化，竞争就无从谈起。这是一种短视的竞争，根本无法衡量出学生将来的水平和适应社会的能力。而情商却指向我们自己，让我们直面自己的情绪和内心，使我们面对任何竞争和困难时，都能够获得情绪管理力量的支撑。这才是我们长远的立足于社会可持续发展所需要的竞争。

由此看来，建立一个不竞争的学校，并非不可行。这样培养出来的学生非但能够适应一个竞争的社会，而且会适应得更好。一个人之所以失败，是他自己要失败；一个人之所以成功，也是他自己要成功。一个登上珠峰的运动员说得好："当登上珠峰之后，我才发现，原来我什么也没有征服，征服的只有我自己。"

最好的竞争，是对自己的征服。

[6]

教育中的三个阴错阳差

教育，这些年是被批评得最多的一个领域，但也是改变最少的一个领域。究其原因，乃是因为教育涉及千家万户，任何一个小小的变动，都有可能引起巨大的震荡。

谁都清楚，我们的孩子很苦，我们的教师很累，我们的教育很危险。但谁也不敢贸然对教育做出大的调整和变革。与国际教育潮流相比，我们的教育呈现出三个阴错阳差，让人仰天长叹，无能为力。

时光颠倒：童年为升学战斗，升学后回到童年

很多孩子，从娘肚子里就开始胎教。孩子出生以后，更是层层加码。我们有一句教育名言——不能让孩子输在起跑线上。于是乎，从我们的孩子刚刚睁开眼睛，这一场旷日持久的战斗就已经打响。

金色的童年，变成了灰色的童年；灰色的童年，又变成了黑色的童年！这些可怜的孩子，哪里有什么童年？说句不客气的话，我们的孩子简直就是"童工"！他们每天背着沉重的书包，忙于上课、下课、补课，忙于写

作业、订正错误、接受辅导，小小年纪就被“升学”二字压弯了腰，戴着深度近视眼镜，一个个像木偶人似的。好容易盼来一个周末，还有更多的兴趣班等着他们。但这些所谓“兴趣”，很少是孩子自己的兴趣，绝大多数都是家长的兴趣。

孩子的学习是比抗日战争时间还要长久的一段历程。从幼儿园到高中，整整15年，他们过着压抑的一潭死水式的生活。不说那些被淘汰的倒霉蛋，就算是那些竞争中的佼佼者，也往往对这段经历不堪回首，这才是最大的问题所在。

对于这个世界，他们有耳朵，却不能谛听；有眼睛，却不能观看；有嘴巴，却不会说话。没有面向心灵的教育，就不会培养出有灵魂的学生。他们大多自私、麻木、狭隘、保守、懦弱，缺少自由、勇气、爱、光明、勇敢、真诚、善良……这是一群被应试教育集体挤压的“死魂灵”。他们的悲剧在于，他们受到了巨大的伤害，但是找不到凶手，所有的人都在爱他们，都在牺牲自己呵护他们。

等到这样一群孩子终于离开中学，怀着“翻身农奴得解放”的心情，他们撕书、毁书、烧书，就差把天掀起来。我的一个学生，考上北京大学之后，马上把高中阶段所有的笔记和讲义全部烧毁。她要洗心革面，告别过去，重新做人。一个应试教育的成功者，尚且如此，其他的人可想而知。

想想看，这些学生，这些年来亏大了，一旦踏入大学之门，第一件事，当然要把失去的找回来。有学生声称：“我要找回失去的童年！”他们要把睡觉时间补回来，高校里不乏“奥勃洛摩夫”；把恋爱的损失挽回来，高校里有的是“鸳鸯蝴蝶派”；把游戏的时间抢回来，高校里也绝对不缺“传奇”人物。

高校里真正缺少的是读书人。

由于中国大学的宽进宽出，因此，一般大学里很少有读书的学生。很多学生知道毕业即失业，不如早一天享受，醉生梦死。今朝有酒今朝醉，明日无酒明日忧。少部分读书的人，是要被另类化的，甚至是要被孤立的。

反观西方教育，孩子们的童年是完整的、彩色的、任性的。让国人骄傲不已的是，欧美的基础教育不如我们扎实，他们的孩子考不过我们。但是，人家根本不在乎什么考试，人家在乎孩子会不会玩，会不会交朋友，是否懂得礼仪，是否合群，是否阳光，是否健康。

他们的孩子们就这样与自然接触，与社会相连，与整个世界在一起，无忧无虑，一天天健康快乐地长大。他们修炼了成功学中占 80% 的情商。他们知道自己喜欢什么，需要什么，在乎什么，将来要做什么。更重要的是，这一切都是他们自己的选择，自己的追求。他们都能独立给自己的人生赋予意义。

为了这样的理想，他们自然要精心选择心仪的学校。美国的大学是宽进严出的，孩子们进了学校以后，无不发奋攻读，持之以恒。这种勤奋完全是他们的自主选择，很多学生为了将来，修了好多学分，他们是在为自己的理想努力，为自己的梦想打拼，给自己的人生增加砝码。更何况一不小心就不能毕业，这是最要命的。西方孩子的大学学习动力，基本上都是出于积极心理，都是心智成熟之后的有方向的自主学习。这才是真的学习。

我们的教育颠倒顺序，本应该是天真快乐，充满朝气的童年、少年，却被作业、补课、升学，压得抬不起头、喘不过气；本应该是努力钻研科学、满怀理想人文的大学生，却早已经厌倦了学习，一味地吃喝玩乐，等到毕业之后去做啃老族。这就是我们教育的时光颠倒。

脑体倒挂：百般呵护身体，漠视精神成长

中国人的传统，认为身体发肤受之于父母，所以充满着身体崇拜，但对决定着我们生活质量和心灵品位的精神，却很少去关注。这一点正好和西方形成巨大反差。

在美国有一个常识，那就是小孩子跌倒了，一定不要去扶他，让孩子自己爬起来。痛不痛都不去管它，都是身体上的小伤，没关系。这种伤，多经历一些不是什么坏事。但是，一旦孩子精神上受伤，家长一定要多方安慰，和孩子站在一起，支持他们，给他们精神力量，给他们爱和勇气。

中国人常常不明白，反而指责美国人，美国人反驳说：“你看错了，你只看到了一半，人倒地分肉体和精神。肉体倒地了可以自己站起来，精神倒地了就需要扶一下，你们不但不扶，还刀口撒盐。”这句话可谓振聋发聩，可以让 90% 的中国父母脸红。

当我们的孩子衣来伸手、饭来张口的时候，当我们把孩子的有形的身体照顾得妥妥帖帖的时候，我们可曾关注过孩子的心灵？在社会、家庭、学校“三座大山”重压之下的孩子，他们的精神创伤，他们的焦灼和恐惧，谁在意过？尤其是在孩子考砸的时候，从来不缺火上浇油、急火攻心的家长，来一顿“竹笋炒肉丝”，甚至棍棒相加的也不乏其人。

要知道，小孩考砸，本身就已经吓破胆了，这个时候他叫天天不应、叫地地不灵，孤立无援，我们就别再伤口撒盐了。他要是不知道害怕，我们是得让他害怕；他既然已经害怕，我们就别再让他害怕了。他爬不起来了，我们还得鼓励他爬起来，因为未来的路还得靠他自己去走。

袁伟民当年执教女排有一句话说得真好：“胜利了要低着头走路，失败了要昂着头走路。”胜利了，需要冷静，需要戒除浮躁，所以这个时候，一定要低着头走路。如果输掉了，本来情绪就已经很低沉了，这个时候再低着头走路，灰溜溜的，那就更加抬不起头了。

一个没有精神支撑的人，是无法自立的。一个抬不起头的队伍，更是没有战斗力的。因此，在残奥会上，有那么多的健儿奋力拼搏；有一年中央电视台春节晚会上盲人杨光演唱了比阳光还要灿烂的歌曲。设想一下，生活中精神垮塌的人，还能这样笑对世界和面对人生吗？

学习错位：忽视解决问题能力，培养解答试题能力

据我所知，当前我国制造博士的速度，已经赶超美国了。资料显示，“我国具有博士授予权的高校已超过 310 所，而美国只有 253 所”。

中国有资格培养博士的大学和年度授予博士的人数，从 2008 年起，将至少在以后的 100 年内，永远位居世界第一。

然而，令人啼笑皆非的是，创造这个奇迹的选手们，有不少人是中国的官员们。我不是反对官员们读博，我甚至为我们干部的高知识化而感到自豪。我只是担心我们博士的质量，批量生产的必然结果就是集体平庸。《东方早报》指出，大家正在失去尊重博士的理由。

我们的博士赶不上人家的硕士，甚至连人家的学士也比不上。一个重要的原因在于，我们的教学是“去问题化”教学，人家是“生问题化”教学。

课堂的中心，应该是一个问题的提出、理解及解决并产生新问题的过程，是一个知识作为问题解决的工具被探索、被发现的过程。优秀的课堂教学，要重现这一神奇的创造过程。问题枯竭了，课堂也就死去了。

正如干国祥所说："课堂，是真理呈现之处；教学，是知识散发出魅力之时。在静态的教材下面，蕴藏着人类最伟大的奥秘：发现宇宙与人类，书写宇宙与人类的整个过程。课堂教学，是这一发现与书写的重温，是这一发现与书写的延续。而如果没有将'问题—知识—真理'作为课堂教学的核心，那么，一切的热闹都将是浅薄而不值一提的。"

以语文来说，阅读不仅在于作者写出了多少，更在于读者悟出了多少；教育也不在于教师讲出多少，更在于学生悟出多少。教师讲得再多，也还是教师的，学生就算是理解了，但这种被动的理解，真的就那么重要吗？而学生哪怕"悟"得再少，但也是自己的，是自己成功的体验和收获。

这里的"悟"，应该是情境中的内化和建构，任何高明的教师也不可能代替学生体验这个生成过程。唯有这样的生成过程，才是教育的本意所在，也是人的成长所在，拔节所在，升华所在。

袁振国在《反思科学教育》中，曾经这样说过：中国教育注重解决问题，教育是要把学生教得没有问题了，以没有问题为旨归。而西方教育注重提出问题，教育是看学生能够提出多少问题，以产生问题为高效。因此，中国教育越往后去，问题越大。

[7]

一定要给学生方向感

有一天，和几个好朋友聊天。我们不约而同地想到，对于高中生，作为老师，我们最应该给他们什么？或者说，高年级的孩子最需要的是什么？

结果，我们的观点惊人一致：我们一定要给孩子方向感。

别看高中孩子长得那么高，那么壮，其实，很多孩子的心智都不成熟，相当多的孩子，从来没有想过，为什么而读书。更多的孩子从来没考虑过，对自己的人生有一个规划。换句话来说，孩子们根本不知道自己往哪走。他们的读书只是一种习惯动作，或者说是一种规定动作。

很多人把大学当作自己最终的避难所，但大学只是一个干瘪的目的地，大学之后呢？谁也没有好好想过，车到山前必有路吧。孩子们没有方向感，没有价值坐标，没有人生走向，他们就只能摸着石头过河，走的只能是中国特色的学生之路。

现在，不少高校都出现了很多专业读书人，他们一辈子都在学校里读书，读到头发花白，也不愿意融入社会。他们啃老，他们过着学生生活，他们唯一的工作，就是活在校园中读书。除了读书，他们什么也不会，也不想会。最终，他们都成了两只脚的书橱。因为没有方向，干脆就停下不走。这样的人，无论对家庭社会，还是个人，读再多的书，又有什么用呢？

老师在功利主义教育之下，成为分数的拜物教，实话说，也是情有可原。但无论如何，在可能的情况下，还是要尽可能地告诉孩子，他有什么样的天赋和才能，他可能更适合于什么样的工作。也许，我们不经意的一句话，电光石火的一刹那，就给了孩子方向感，从此，他们的世界就被打开了，身上的正能量和小宇宙爆发了。

最要命的是，老师不是没有这个意识，而是没有这个水平，甚至连自己也没有方向感，随波逐流，得过且过。

曾经和央视评论员宗春山老师交流，他告诉我们一件真实的事，让我震撼无比。

据说，汶川大地震之后，宗老师受命去汶川某中学对学生进行心理干预。有个家长找到他，让他一定要向上级反映一件事。在汶川大地震的前一天，该校有个物理老师要上公开课。但在课堂上，指南针发出刺耳的声音，而且拼命不指南方。班里的一个孩子站起来，告诉老师："老师，会不会是要地震？指南针不指南方，意味着地磁力发生变化，地质构造有了变异。"物理老师说，不会的。可能是指南针受潮了。于是，用一本厚厚的书，把指南针强行压制住，不让它尖叫。公开课继续进行，而且大获成功。

第二天，地震到来，全班 60 多人，只有 4 个孩子幸免于难，包括那个告诉老师可能地震的孩子，也永远地走了。家长肿着桃子一样的眼，愤愤不平地说："宗老师，你说，你说，这样的老师，自己什么也没有，怎么能教育孩子？我们把孩子交给这样的老师，孩子没了，我们死不瞑目！"

宗老师当然没有向上反映，生命逝去了，怎么也唤不回来。让精神的思缕还牵着已逝的寂寞时光，还有什么意味呢？

自己没有的东西，不可能给得了别人；自己没有方向感，不可能给别人引路。这是秃子头上的虱子。每个有良知的老师，可能都要问问自己：我们能够给孩子什么？

为什么要给孩子方向感呢？科学家的一个实验，把道理阐释得淋漓尽致。

"想象一下，你手里有一张足够大的白纸。现在，你的任务是，把它折叠 51 次。那么，它有多高？"

绝大多数人认为，51 张纸简单地叠在一起，不过是小半本书的厚度。那么，一张白纸折叠 51 次，大不了厚度会有一张桌子、一栋楼那么高；少数人认为有一栋摩天大厦那么高。其实，折叠 51 次的纸张，恐怖到了极点，它的真实厚度超过了地球和太阳之间的距离。

为什么折叠 51 次的白纸会达到那么恐怖的厚度呢？

道理很简单。51 张纸叠加在一起，不过是没有方向感事件的叠加，是猴子掰的 51 支玉米。它们之间没有一以贯之的联系，产生不了量变到质变的合力。而一张纸的 51 次折叠，每一次折叠都朝向同一个方向，因而爆发出惊人的能量。

学会给孩子方向感，你就等于给了他一辈子最大的正能量。

[8]

重要的是做人

读凌宗伟先生的每天一个故事，是一件有趣的事，也是一件费力的事。

有趣和费力都源自对方。因为有趣我们费力去思考，因为费力思考所以愈觉有趣。《那里有思坦因曼思》的故事，就是如此。

这是一个我们耳熟能详的故事，只不过这个故事又被我们习以为常地改写了。改写所在，恰恰是我们教育的缺失所在。

我们平常看到的故事是：

思坦因曼思是德国的一位工程技术人员，因为失业和国内经济不景气，不远千里来到美国。他幸运地得到一家小工厂老板的看重，聘用他担任生产机器马达的技术人员。

1923 年，美国福特公司有一台马达坏了，公司所有的工程技术人员都未能修好。正在焦急万分的时候，有人推荐了思坦因曼思，福特公司就派人请他来。他来之后，什么也没做，只是要了一张席子铺在电机旁，聚精会神地听了三天，然后又要了梯子，爬上爬下忙了多时，最后他在电机的一个部位用粉笔画了一道线，写上“这儿的线圈多绕了 16 圈”几个字。福特公司的技术人员按照思坦因曼思的建议，拆开电机，电机正常运转了。

故事发展到这里，突然对这个故事进行了改写，无端增加了这样一段内容：

思坦因曼思索价一万美元。

福特公司的人非常恼怒，认为思坦因曼思狮子大开口，只画出一条线，就漫天要价。思坦因曼思说，画一条线 1 美元。知道在哪里画一条线 9999 美元。

故事讲到这里意味无穷，“教育意义”呼之欲出：知识就是金钱，书中自有黄金屋。我们现在怎么办？当然是——前进，前进，向“钱”进。甚嚣尘上的功利主义教育，就是这样一步步撩拨起来的。

但这个故事真正的后续部分是：

福特公司总裁福特先生得知后，对这位德国技术人员十分欣赏，先给了他一万美元的酬金，然后又亲自邀请思坦因曼思加盟福特公司。但思坦因曼思却向福特先生说，他不能离开那家小工厂，因为那家小工厂的老板在他最困难的时候帮助了他。

福特先生先是觉得遗憾万分，继而又感慨不已。福特公司在美国是实力雄厚的大公司，人们都以进福特公司为荣，而他却为了报恩而舍弃如此好的机会。

不久，福特先生做出一个惊人的决定，收购思坦因曼思所在的那家小工厂。董事会的成员都觉得不可思议：“这样一家小工厂怎么会进入福特先生的视野？”

福特先生说：“人品难得，因为那里有思坦因曼思。”

福特公司何以会成为全球数一数二的大公司，在这里可以看出一些端倪。

福特先生之所以收购这家小公司，原因在于三个方面。第一，思坦因曼思是一个人才，福特公司需要这种人才。第二，思坦因曼思人品出众，福特公司看重他的人品。第三，福特借此还教育了全体董事会成员，或者更多的员工。不仅要有才，更要有品。福特先生高瞻远瞩，故而能成就大事业。

而我在这个故事中，看到了更多教育学上的元素。

首先是“成人”比“成才”更重要，德大于才。

其次是“成人”能够更好地“成才”。人品是增长力，好的人品，好的情商，无疑对人的成长具有重大推进作用。

再次就是功利主义的教育，必将造成整个民族的集体浮躁，害莫大焉。

最后就是感到莫名的恐惧，功利主义教育就像一个阴谋，它巧妙地转化矛盾，大家都冲着名啊利啊去了，趋之若鹜，狼奔豕突，再没有人去追求所谓的理想、自由、精神的超拔、思想的高迈。

[9]

黄河入海流

——序王君《青年语文教师专业修炼40问》

想起王君，我头脑里常常跳跃出一句诗——黄河入海流。

是的。在黄河入海之前，它究竟以一种怎样的姿态，从最初的匍匐前进，到后来的昂首阔步，直到把一道道清澈的小溪，汇聚成青春的河流，奔向浩瀚的大海？

后来，有幸看到肖铁先生《壶口的黄河》，有关王君的困惑，至此才算是“初极狭，才通人，复行数十步，豁然开朗”。

先生这样写道：“黄河之水天上来，如果说往前往后的黄河都是平面的话，到了壶口，一下子黄河像愤怒像高昂像要直抒胸臆地站了起来。这时的黄河是立体的黄河了，黄河站立起来是一个飞跃，就像个顶天立地的人活了……自然里的生命在毫无羁绊状态下如此兴奋和放纵……

“只有在这里，给予黄河的天地竟小到仅仅一个壶口，考验也就在这里了。过去了，黄河便拐了一个直角，再往后便没有什么能挡住她的了，一泻千里，奔流到海不复还。”

在成为一名教师的原初，即在黄河的上游，每个教师可能都是生命的积攒者，孜孜不倦地收集微薄的溪流，赞助自己的精神河床，激流澎湃。但在应试的磨折之下，最初的激情被时间剪裁，被岁月掩埋，职业倦怠期随之而来，“当一切不事事”，精神的河床自然狭窄起来，并最终干涸断流。

就如黄河，在汪洋恣肆之后，突然遇见了“壶口”，于是，“壶口”成了黄河的命门，也成了很多教师发展的死穴，面对职业生涯中最大的瓶颈期，只有极少数教师会把这看成是发展机遇期，但这极少数的教师，往往也是头破血流，铩羽而归。

“壶口”，成了优秀教师和卓越教师的分水岭。如何冲破这个壶口，如何直抒胸臆地站立起来，从此奔流到海不复回？这是教师教育人生的重要拐点，正是在这个拐点之上，王君与众多的老师区别开来。

王君之所以修炼成为王君，原因不外乎有三条。

第一，无法无天。

王君生长在重庆的綦江，重庆多山，树木纵横，民风剽悍。有笑话甚至说，重庆的女孩子爱上男人，会说：“我要你要我！”如此绕口令的语句，显示了重庆女子的伶牙俐齿、泼辣豪爽、敢爱敢恨和无法无天的独特个性。人是社会的人质，王君不可能不受到这种地域和风俗的影响。

小时候的王君，简直就是大闹天宫孙悟空的翻版，任性，好折腾。曹文轩说，好文章是折腾出来的；其实，好教师也是折腾出来的。越折腾，越光芒。綦江实在太小了，无法安放王君的视野和灵魂，于是，她就想方设法地折腾，“三天不打，上屋揭瓦”。好在还有綦河，但綦河每年都要淹死人，这让大人们紧张不已。跨度达 100 米的河流，招呼着幼小的王君，于是每天正午时分，她都要去游泳，从最初的扑腾，到最后的永不沉没，王君其实并没有学会真正的游泳，但这并不妨碍她劈波斩浪，在飞流急湍中挑战自我。人不冒险枉少年，可能从那个时候开始，王君就已经领悟到了自己娇小身体里的惊人能量。

她喜欢在电闪雷鸣之中，横渡綦河，有时候甚至能够游上十多个来回。我想，这十多个来回绝不可能是一次性达到的，如同孩子们疯狂地打游戏，这必然有一个逐步积累、脱胎换骨、黄袍加身的过程。这个过程中，每天都在进步，每天都是全新的自己，每天都有高峰体验。这些原初的成功体验，造就了后来王君的惊人的爆发力和永不满足的进取精神。

中学时代，王君发现綦河太窄，她又不满足了，于是，偷偷学会了跳水。从高处往綦河里跳，实际上就是把自己往河里扔，比高台跳水还要高，然后，重重地砸在水面上，冒险刺激，痛并畅快着……

这是什么，这简直就是和尚打伞，无法无天。我们根本无法想象，但她就这样做了，而且一直坚持下去，这成了王君心灵发育的一个重要密码：我行我素，特立独行而又生冷不忌。

后来，王君转战陆地，选择了跑步。尤其在农村，这种锻炼，不用什么资源，因地制宜，完全是小成本，大制作。

执教之初，王君领着高一的那帮农村孩子在川黔公路上长跑，跑得黄尘滚滚，浩浩荡荡。这一跑风雨无阻，王君数十年如一日地坚持下来，并最终从乡村，跑进了县城，跑进了省城，跑进了首都，跑进了香港澳门，跑进了新加坡……

在我看来，王君选择跑步，本质上还是游泳的延伸，乃是因为不满足狭小，不满足圈养，对自我生命拓展的一种渴望，一种延展，一种追求，当然也成了一种宿命。

王君曾经说过自己是丑小鸭，后来，她也的确上过这个经典的文本，我想，她一定是把这个文本当作了自己凤凰涅槃的一种象征。

经历了那么多的磨折，丑小鸭一路走来，走着走着，春天就来了；走着走着，天空就广阔了，世界就敞亮了；走着走着就飞起来了，忽悠一声，突然翱翔于万里长空，乌蒙磅礴走泥丸，让无数的小鸡、小鸭仰着脖子，望天浩叹。

很多年之后，王君常常自嘲自己的教学是“野路子”，这种自嘲的背后饱含着含蓄的骄傲。的确如此，一个从自身生命体验中成长起来的独特教师，只能是我们熟悉的陌生人。她花枝招展，别具一格，但却如此生动壮阔。面对这样活力四射的生命个体，我常常忍不住感叹：我们如此相似，但又如此不同。

第二，无拘无束。

宋祖英的《辣妹子》塑造了一个火辣美丽的辣妹子形象。而天不怕地不怕的川妹子王君，也在“辣不怕、不怕辣、怕不辣”中，完成了自我镜像的寻找。这种无拘无束的自我镜像，也在潜移默化中浸润了她的学生。

王君曾经有一次在外省出差，学校突然要求每班设计一个班级名片，于是，60 个孩子拥挤在一起，照了一张乱得不能再乱的特色照，题词却是：我们来到这个世界，不是为了燃烧自己，而是为了照亮世界。

这个经典的意象让人回味无穷，生命如此丰富多彩，教育如此美丽迷人，作为教师，学生生命成长中的重要他人，你究竟在学生的心灵中书写和刻画了什么，对这个问题的审慎回答，绝对能够促进教师的专业化发展。

孩子们以“乱”为美，打破常规，燃烧自己、牺牲自我的单一宏大叙事被舍弃了，取而代之的是“照亮世界”的宽广的视野。这就是投射王君镜像的学生给我们的回答。

王君是从赛课中崛起的，探讨王君的自我锻造，最好就是从公开课入手。

王君为什么热衷公开课？因为公开课具有挑战性，更多的时候还具有比赛性，而一个从游泳、跳水、跑步竞争中过来的人，与生俱来就拥有比赛的特质。于是，有了“屠夫杀狼图”图形改错的《狼》的教学，有了小茅屋问号拉直的《驿路梨花》教学，有了挑选济南形象大使的《济南的冬天》教学，有了桥梁设计师竞标夺标的《中国石拱桥》教学……

一个个巧思妙想，一个个金点子闪闪发光。但这些还都是审美的，热烈的，激情的，还没有成为理性的，思想的，深度的，直到王君完成了《我的叔叔于勒》和《麦琪的礼物》的小说对比教学。在我看来，这次教学是一个里程碑式的飞跃，王君从无拘无束中感受到了教学真正的魅力所在，进而从过去的个人英雄主义的炫技，开始转向师生共同体发展的民主化教学。

也就是说，属于王君的浪漫期结束了，其教育生涯的精确期正姗姗而来。这个时期，她从黎见明先生的“导读”理论和文兰森先生的“导创”理论中寻找渊源。从“导读”之实然，走向“导创”之必然，结合自己的“导”的天赋，三位一体构造了王君语文的独立王国。

这个时候的王君，已经完成了从技术层面到艺术层面的攀升，但真正的高明之处在于最终要抵达的文化层面。

任何优秀之人要通往卓越，必须要完成三个超越，第一是时间上的超越，过去的人说好，现在的人说好，将来的人也要说好；第二个是空间上的超越，南方人说好，北方人也说好，任何地域的人都说好；第三个是题材上的超越，齐白石的虾，凡·高的向日葵，陈寅恪的《柳如是别传》，黄仁宇的《万历十五年》，都是如此。

教学也如是，题材上的超越，往往标志着语文教学直抵文化层面。王君近些年来，越来越喜欢说明文，喜欢不讨好文本的教学，显示了她这一方面清醒的追求。

第三，无欲无求。

工作第三个月就主动请缨要上全县公开课；教龄第三年获得重庆市优质课大赛一等奖第一名；25 岁登上了全国课堂教学大赛的讲台，与李镇西老师等人同台竞技……

这个时候的王君还汲汲于功名，渴望获奖层次高一点，动静弄得大一点，还没有意识到“上帝让你成为一名好教师，就是对你最大的奖励”。

直到全国课堂大赛一等奖的错过，这自然是一次挫折，但更是一次成全。王君以往可能有很多幸运，但我以为，这一次才是命运对王君最大的眷顾。我是到了快 40 岁的时候，才部分挣脱了名利的枷锁，感觉到无欲则刚的快乐。而王君早在这次失败中，就已经体悟到了无欲无求的强大，夫唯不争，故天下莫能与之争，她何其幸运。

时间是一把筛子，最终会淘去一切沉渣，正如杨绛在《一百岁感言》中说：“我们曾如此渴望命运的波澜，到最后才发现，人生最曼妙的风景，竟是内心的淡定与从容；我们曾如此渴望外界的认可，到最后才知道，世界是自己的，与别人毫无关系。”

万钟与我何加焉？功名与我何加焉？我为课堂而来，我为语文而生。从此，王君彻底走出了功利境界，只把生命的一抹华彩献给青春的课堂。

磨课就是磨人啊，但王君却在课堂的聚焦中，享受到了寻常人享受不了的快乐。她不再和他人去竞争，她只和自己赛跑，看自己跑得有多快，跑得有多远。

从重庆外国语学校到人大附中西山分校，王君一步一个脚印，笑看风云，从容恬淡，把自己爱美的天性转化为对课堂审美的追求，人课合一。

正如她自己所言，课堂让一个平凡的女孩子赢得了尊严和快乐，一切浮华都是空的，唯有课堂上赢得的快乐具有一种恒久性，如花香弥漫，陈酒飘香。

也正是从这个时候开始，王君成为王君了，她直立起来，直抒胸臆，冲破了“壶口”的桎梏，一泻千里，一去不回头……而远方就是真理的大海，奔流到海不复回。

[10]

办最温暖的学校

和深外的校长，准确地说是深圳外国语学校分校的邬晓莉校长相识，是一件极其偶然的事，但也是极其愉快的事。

2007 年，我校举办全国外语学校第 25 届年会，邬晓莉校长作为深外的嘉宾欣然与会。在当晚的碰头会上，晓莉校长给我留下了极为深刻的印象，好学，热忱，干练，很有一种西方人的风度。对每一位校长好的做法，晓莉总要追根究底。尤其是她赠送给与会朋友的《爱的叮咛》，更是一本用爱心铸就的好书。

很有幸，我也拿到了一本。晚上，我浏览了《爱的叮咛》，被晓莉的爱心和情怀深深打动。一个校长，一个广播，一段美丽的旋律，每天傍晚，准时开播。这是中国教育史上从来没有过的一种形式，是一个创举。

晓莉“爱的叮咛”，以故事的形式，把人生的道理蕴含其中。她也因此被孩子们誉为校长妈妈。很多学生早已经毕业了，可是他们最怀念的就是校长妈妈的故事。爱的叮咛，成了爱的嘱托，爱的传递，爱的升华。

第二天，我一早去接朱永新老师，把朱老师送到房间休息。出来的时候，正好遇见晓莉校长，她一个人坐在客厅里，静静地思考问题。印象中，晓莉留的是短发，白色的裤子，洗练到了极点。我向她问好，谈起了她的书，谈起了那些离开的孩子，以及他们对校长妈妈的眷念。中国很大，但真正懂教育、实践教育的人并不多。因而晓莉的这种情怀，就更加让人感到可贵。后来，我们谈到了童书，谈到了校园阅读，我给她介绍了新教育的儿童阶梯阅读。

下午，朱老师报告做完之后，晓莉举手提问，精彩的问答，让朱老师也大感愉快。正好朱老师带来了几本新教育的图书，我就去拿了一本，赠送给了晓莉。这就是我们仅有的一次见面。但我们互留了电话。

年底的时候，我突然接到晓莉从美国发来的短信：晓莉于纽约，祝您和您的家人新年快乐。这也是我第一次接到国外的短信，那以后，我们偶尔短信往来。

很快就到了2009年，《校长》杂志专访晓莉校长，正好在那一期上，有我的一篇小文章——《看不见的悲哀》。文章说的是一个黑人，常常有一种被别人忽视的感觉，很多人和他说话，但却并没有看他，也没有听他，他就像空气，有一种看不见的感觉。然后，我联想到我们的教育，我们的学生中，有没有这样看不见的人……

晓莉说她很喜欢我的叙事方式，于是，正式邀请我："王老师，来和我们老师做个交流吧。"我也很干脆地答应她了。因为高三复习太忙，就推到了高考结束。

高考一结束，已经是学期末了，晓莉学校又没有空了。晓莉说，临近考试，时间太紧，安排不过来，如果能够在开学备课班来讲，效果是最好的。

暑假我去深圳参加《人民教育》主办的班主任研讨会，中午，我正在吃饭，突然接到了晓莉校长的电话，她和我敲定了最后的时间，讲座定在25号，最好不急着走，27号再担任深圳外国语学校班主任大赛的评委。

27号，正是我们开学第一天，我不敢贸然答应，就说，等请示校长后，再做回复。

回家之后，我就忙了，先是陪妈妈散散心，偶尔也送儿子游泳。后来，就是到莫干山参加行政会。终于找到了一个机会，我和郭校说了，郭校说，27号开学了，肯定不行的。我马上给晓莉信息："24号晚，无锡飞深圳，25号晚，深圳飞无锡。"第二天，晓莉的信息就过来了："24号11点半，深航，无锡飞深圳宝安机场，到达时间1点45分。25号5点半，南航，深圳宝安机场飞无锡，到达时间8点零5分。"于是，一切尘埃落定。

24日，我早早出发，准时登机，给晓莉校长发了一个短信。晓莉给我短信，她上午要召开全校工作会议，不能来接我。会派她的司机和学生处姜主任、语文科胡老师来接我。但晚上会赶过来共进晚餐。

我一下飞机，远远就看见了他们打着牌子，写的是隶书，字很好。姜主任说，晓莉校长的安排，下午带我游览深圳。在他们的陪同下，我去了深圳之窗、帝王大厦、红树林，还有艺展中心。

深圳之窗浓缩了世界上的标志性的风景，我还在埃菲尔铁塔前照了相，也算出了半个国；红树林的对面就是香港，海边有很多超大的望远镜，只要扔一块硬币，就能旋转观看香港的美景。据说，红树林有很多野生的鸟类，铺天盖地，但每天进去的人都要受到限制，我们就没有去了。

帝王大厦，我们上的是69层，俯瞰整个深圳，两边截然不同，香港那边绿树掩映，房屋很少，稀稀疏疏;深圳这边高楼林立，鳞次栉比。1992年，小平南巡讲话就是在这里，观看深圳的发展变化也是在这里。我不知道当年观看两边截然不同的风景时，小平是什么感想。

小胡老师，一直给我背着包，非常谦和，但很有主见。为了这次见面，他在网上读了我的一些文字，功课做得极其到位。这么年轻，刚来深外一年，就得到校长的信任，这也说明，晓莉校长确实是一个很有眼光的校长。

到了艺展中心，姜主任领着我，穿梭在艺术的珍品中，她的介绍让我大开眼界。姜主任的生活情调、睿智、质朴，都让我很是羡慕。姜主任是东北人，主要策划学校的一系列活动，宿舍管理和学生管理。她的能力，在第二天带我参观学校中，表现得淋漓尽致。

6年前，我到张家港工作，身边只带了1万元，在老家工作了9年，但却糊里糊涂地买了45万的房子。姜主任从东北到深圳工作，身边带了3万元，她在老家工作了27年，也买了45万的房子。这样的巧合，只能认为是缘分。所不同的是，我的房子230平方米，她的房子只有65平方米。这就是二线城市和一线城市的区别。

小胡和我也极其有缘分。他和他爱人也是同学。最有趣的是，他的爱人居然也叫陈媛。

晚上我们在一家日本餐厅吃饭，晓莉校长、朱校长、语文教研组长也一道赶过来了。更神奇的是，朱校长还是我的老乡、同行、校友，经历也极其相似。他和爱人都是安徽师范大学汉语言文学系毕业，也是同学，在滁州老家工作了4年，才出来闯的。不过，朱校长的起点比我高，他们原先工作的滁州中学，是安徽省的一所名校。

晚上下榻的宾馆叫百合酒店，是罗湖区的一家五星级酒店。环境优雅，氛围怡人。姜主任介绍，这家酒店的老板，正是深外的投资人，是一个很了不起的香港企业家。他每年只参加一次学校的开学典礼，不参与学校的任何具体管理，不拿学校的一分钱。这也是深外能够获得快速发展的一个原因。

早晨八点半，我赶到深外，姜主任陪我参观校园。老实说，我被深深地感动了。那些阳光般明媚的孩子，那些文明礼貌之星，那些诚信之星……我找来找去，就是没有找到学习之星。这正是深外文化的独到之处，学习是极其私人的事情，也是深外学生理所当然能做到极致的事，根本无须表彰。但是，品质方面，素养方面的，就要好好宣传了。

晓莉校长的理想是——办一所最温暖的学校。在这个理念前，什么人民最满意的学校，什么最中国的学校，都是那么可笑，那么呆板。更重要的是，晓莉校长对最温暖的实践。最温暖的，不是一个活在嘴边的词语，而是一个藏在心里的实践。在深外，我听到几个人感叹，我们的校长太累了，最近身体也不太好，我们都很心疼她。这是在我一个外人面前说的话，我认为是真实的，可信的。一个校长做到这样，我认为也是到了极致吧。

晓莉关心每一个老师，任何一家有什么困难，她总要过问。有的老师生病了，请病假了，这样的体制下，晓莉居然一分钱也不扣。我不想把这些理解成一个女人的善良，我更愿意把它理解成一个校长的远见和情怀。

朱校长介绍说，深外的工资并不高，但是，所有的老师都愉快，和谐到了极致。比如学生处的姜主任，就像老大姐一样，经常指导他的工作，相处非常和睦，如同家人。在昨晚的用餐中，也可以看出来。他们互相布菜，都知道彼此的口味和爱好。

深外，给所有的老师都提供免费教师公寓，平常上班，有晚自习的老师，基本上就不想回家了。在深圳寸土寸金的地方，也许，只有深外能够做到这一点。

早餐和中餐是免费的。自助餐，非常丰富，非常精致，还有水果，那天中午我体验了一下，简直就是五星级的标准。最让我感动的是，水果是梨子，都切成一小片，整整齐齐。

当然，校园是教育的地方，最重要的，还是学生。

徜徉在校园里，我被深外毕业生所送的礼物打动了。第一届学生在校园里栽下一棵树，如今这棵树已经快要成为合抱之木了。树下，是一本摊开的石刻大书，上面书写着四个大字——师恩难忘。

刘亮程在《今生今世的证据》里感叹，有一天当我们回到家乡，我们何以找到我们曾经存在过的证据啊。但深外的学生就能找到，他们在母校种下了树，在那个他们青春、汗水、友谊烙印的地方，他们种下了最美好的东西，现在，那棵树还在温暖着后来的学弟学妹。

其他的毕业礼物还有很多。学校的大号实物模型，有教无类的孔子，诲人不倦的石刻，都非常有创意。

校园里，还有很多张做工精致的人物图片，没有一张是名人的，全是学生。每张图片都有一个核心的关键词。比如：专注、承担、责任、分享、拼搏、友爱、团结等等。构图和摄影都极具创意，下面是作品的中英文介绍。每年，像这样的图片都要更换，让更多的学生参与到校园文化的建设中来。

学校楼房每一层的风格都不一样，比如第一层是欧式风格，高大的罗马柱，还有浪漫的摇椅。旁边就是大量的图书，就在教室的外面。图书都有很大的磨损，阅读量非常之高。姜主任说，这是图书漂流的结果。

深外尽管建校时间不算长，但却有一个很大的校史陈列馆，每一个学生都能在那里找到自己的青春印记。校园就是乐园，乐园成为家园。在深外，学校，真正成了一个让人迷恋的地方。

深外的老校长龚国祥先生，亲自来了，并要担任我演讲的点评嘉宾。我有一些紧张，但龚校长却非常谦和。握住我的手，对我说，小伙子，年轻有为啊。龚校长在深外做了 19 年校长，是深圳市最德高望重的校长。本月的 27 号，正好是深圳建市 30 周年特大庆典。此前有过一个评比，深圳 30 年 30 位杰出人物，龚国祥校长是教育界唯一当选的人，而且排名非常靠前。

会议由朱校长主持，朱校长对我做了简单介绍，说了我的“三有六让”，说了我的“深度语文”实践。在大家的热烈掌声中，我开始讲座了。最初的几分钟紧张之后，我逐渐坦然，进入了自己的情境中。整整两个小时，我也沉浸在自己的世界里。当我说到阿里为小鞋子奔波的时候，我，还有一些老师都忍不住流下眼泪。生命如此美好，人生如此可贵，可惜时间不能重回，我们丢失了太多属于我们的珍贵。

讲座结束的时候，全场掌声。以至我走下来的时候，差一点跌倒了。

当我回到座位，姜主任给我一张纸巾，一瓶水。龚校长和我握手，对我鼓励。然后是晓莉校长陈述了我们交往的经过，感谢我的报告。她幽默地说，把时间留给最善于高屋建瓴的龚校长。经过我身边的时候，龚校长欠身再次和我握手。

龚校长在点评中，给了我很高的评价。老校长说："我非常感动，感动于王老师的理想和追求。王老师是一个悟性非常好的人，在生活中融进了教育，融进了情怀，引领学生，培养学生，做学生的引路人，让学生有理想，有方向感。尤其是对学生自信心的培养和定势思维的排除，对我们深外有很大的借鉴意义。我做了这么多年的教育，说内心话，我不如王老师。我期待王老师未来能成为一个真正的教育家……"

龚校长奖掖后进，高风亮节，以及对深圳教育所作出的巨大贡献，早些时候，姜主任已经和我谈过了。但是，我依然被龚校长感动了。我不过一个教育界的小兵，何德何能，老校长居然给我这么高的评价。当他走下来的时候，龚校长再次握住我的手，他的手里拿着信纸，全是记录我讲座的内容。

这就是深外的开创者龚国祥校长，前辈学人的风范，多么值得学习。想想我，常常有一些私心，甚至一度想逃离教育一线，做一个逃兵。这个想法是多么的荒唐和不值一哂。

因为知道我喜欢深外的校园文化，启明老师和电脑老师马上赶过来了，问清了我的想法，准备给我做一个光盘。

我后来和晓莉校长说，深外的传统是一脉相承的。先是一种文化的内化，再是一种精神的外化，外化成温暖的种种表现，然后温暖不断传递，水一样的扩大。在深圳这样的一座移民城市，这样的一个没有根系的浮躁社会，晓莉校长柔肩担道义，用温暖照亮人心，让爱心传遍四方……

下午，晓莉校长赶往国际部筹办去了，临走时，委托办公室矫主任陪同我，参观深圳书城。

给我留下很深印象的还有司机阿东，谦和，礼貌，敬业，和每个老师都亲如家人。温暖，存在每一个人的心里。

当一种精神品格，成为一种文化，成为一种标志，一座理想的大厦就已经建成。不管你的历史有多久，也不管你的积淀有多深。

回家的路上，收到晓莉的短信："我还在感动之中，要学习您的教育情怀和志向，太忙了，多有怠慢，也没有时间向您讨教，下次我们再聚。"

接着就是朱校长和姜主任的问候短信。

回到家，打开电脑。看到深外老师在我博客上的留言："我是深圳外国语的一位你的报告听众，听了无数的专家报告，你是让我不打瞌睡的第一人。为之佩服！！！你的语言充满智慧和善意，你是一位善于开发学生情商的伟人。"

在我的信箱里，还有美术老师刘启明老师给我的信：

> 王老师，今天太仓促有几张没有拷上，重新给您发过来。今天听您演讲我太入神，后来感觉眼角湿湿的才发现有一行泪滑落。谢谢您！
>
> 美术老师：刘启明

整个校园摄影和文化策划，都是启明，一个普通的美术老师。但却把对学校的热爱，融进了自己的镜头和作品。

这就是深外，温暖的深外，人文的深外，难忘的深外……

[11]

《好声音》那英的教育之道

《好声音》三届总决赛，12 名顶级学员终极 PK，那英小二班学员激情四射，第一届梁博、第三届张碧晨两次笑到最后，赢得总冠军，导师那英成为当之无愧的梦想导师。因此，探讨特级教师那英的成功之道，对我们的教育教学不无裨益。

一、建立一个温暖的共同体

第一届《好声音》，那英是唯一的女导师，她把女性导师的温情发挥得淋漓尽致，别出心裁建立了小二班。

成立一个温暖的共同体，是那英成功的第一步。小二班的名称非常有内涵，唱歌服务于人民，自然是小二。每个人服务于团队，自然也是小二。从第一届到第三届，小二班精神逐渐成了一种理念，一种精神，一种大气，一种品格。正是这一超前的理念，剔除了《好声音》舞台上的急功近利，使得那英在团队战斗力上胜人一筹。

毋庸讳言，学员登上《好声音》的舞台，目的无非有二：一是提高自己的水平，希望获得帮助；二是检验自己的水平，争取获得奖项。因为有这些目的和动机，学员才有强大的动力，但也正是因为动机过于强烈，又会影响他们的临场发挥。那英小二班的成立，有效缓解了这一冲突。

首先，小二班是一个专业发展共同体，强调每个人都要做小二，都要为团队做贡献，我为团队，团队为我，或者更进一步说，团队即我，正是在这种建班理念的感召下，产生了强大的合力，保证了每个人在共同体中都能获得提高。其次，那英承诺这个共同体永不解散，也就是舞台上有淘汰，小二班中没有出局，小二班是一个永不解散的整体。这就有效缓解了学员被淘汰的精神压力，让艺术回归艺术，让音乐回归音乐。

还有，更重要的是，第一届梁博的成功，先声夺人，为这个团体赢得了冠军经历，这是小二班的底气和气质，时间长了，这种经历就会成为一种习惯，一种基因，一种冠军文化。

二、必须要有真性情

我是在《好声音》中，才真正认识了那英。这个强势女人，其实非常真实、非常真诚，也非常脆弱，绝对是真性情的女人。

有人说，女人可以变老，但一定要保证不变丑。那英就是一个变老了但不变丑的女人。真性情让人不会变丑。印象最深刻的是，首届《好声音》第六组梁博和黄勇对决，一曲《北京北京》，绝对是巅峰对决。黄勇粗犷豪放，横扫千军如卷席，梁博嘶哑、低沉，有一种脆弱无力的残缺美。

刘欢评价说，梁博的歌唱更加有一种空间感，一种想象感。但要命的是，没有黄勇的粗犷歇斯底里，哪里有梁博的空间和想象？没有黄勇浑厚的守成，哪里有梁博的走钢索和云中漫步……当那英要做最终抉择的时候，其内心的挣扎一览无余，以致脸部扭曲。当最终宣布梁博晋级的时候，那姐终于克制不住汹涌的泪水，把妆哭花了也不管。

这就是那英，这就是内地歌坛老天后。天后也是人，也会泪水狂飙，情感不能自抑。所有的学员都在下面盯着导师呢，导师的为人师表就体现在这里。导师的真性情会感染学生，不仅是学习唱歌，更是学习做人，做不好人的，也就唱不好歌，至少不能达到唱歌的最高境界。

在老那的喜怒哀乐之下，输的学生是心服口服，赢的学生也是热泪涟涟，很多人不是为自己晋级兴奋，而是为战友的离开伤心。擦干眼泪，他们只会把自己当作团队的胜利，把淘汰小二班战友沉甸甸的希望扛在自己身上，这是友谊的叠加，也是梦想的传承。

教育之道也在这里，完全为了功利化的考试目标，也是很难搞好学习的。

三、走入每一个孩子的心灵

教育是心灵的艺术。教育对象是活生生的人，教育过程绝不是一种技巧、一种策略和手段，而是在民主和平等基础上的尊重和理解，更重要的是要走入学生心灵，了解学生的所思所想，和他们打成一片，成为学生团队中最坚定的一员，成为小二班的粉。用学生的兴趣去探寻，用学生的眼睛去观察，用学生的耳朵去倾听，用学生的大脑去思考，用学生的情感去体验。为每一个孩子的成功欢呼，为每一个孩子的失败哭泣，并提醒孩子没关系，我在这里，我会帮助你，不离不弃，我们下次重来。

那英的小二班有个微信群。这个群由毛泽少建立，包括那姐和全体小二班成员。群名称从最开始的“那边儿”演变为“那边儿的友爱”，再到现在的“那边儿的团结”。学员们平时在里面什么都聊，吃饭的时候喊一声，生病了也会在里面求安慰，尤其是那姐出现的时候：“大家就是开玩笑，说自己这儿不舒服那儿不舒服，在那姐面前，我们都是爱撒娇的孩子。”所有语音讯息，那姐都要一条条听完，并且给予孩子们人生指导。

导师考核之前，那英老师把大家集合到一起排练，在北京的一个小巷子里面，每天排练到凌晨五六点。那姐陪着孩子们，手把手地指导，而且她每次都是最后一个走……

亲其师才会信其教，教师首先要做人师，其次才是经师，能够在做人上引导孩子，走入孩子的心灵，才能在教育上行不言之教。好的老师，不能仅仅是指导考试的老师，还一定要是人生老师。

四、给予孩子最适切的帮助

那英的审美眼光不错，总能因材施教，给予每个孩子最适切的指导。比如在梁博决赛的时候，那英带着梁博去拜访崔健、罗大佑和汪峰，让老中青三代摇滚人共同指导梁博。在这种碰撞下，梁博的感悟自然是上了一个大台阶，所谓打通任督二脉，神功突飞猛进。领悟常常不过隔着一层窗户纸，窗户纸一旦捅破，就会豁然开朗，春暖花开。

本次导师考核中，16 个学员的衣服都由那英亲自挑选，很多都让人惊艳。比如李维，那英让他穿针织衫，用针织衫的温暖来烘托李维歌声的温暖治愈；刘明湘和郑俊树情歌对唱，那英建议刘明湘穿类似礼服的裙子，让郑俊树走英伦风。两个人一搭配，就有了王子和公主的飘逸。

生活上那英更不含糊，简直有了那妈的感觉。不仅变着法子给孩子们弄好吃的，有女学员看到那英鞋子漂亮，问那英在哪里买的。那英说鞋子暂时还没有卖的，等上市之后，她给买，不要钱。

这就是舞台之下的导师那英，给每个孩子最适切的帮助和温暖，让每一个孩子都能找到自己的最佳位置，在最好的心境和可能拥有的最好条件之下，发挥出自己最大的能量。

五、让孩子们拥有方向感

张碧晨战胜帕尔哈提，这几乎是一个不可能完成的任务，在总决赛中，那英运筹帷幄，其教学方式堪称大师级。

汪峰努力营造帕尔哈提的单纯，不善言辞，酷爱音乐，还有他的谦卑和感恩之心，镜头中帕尔哈提与家人的天伦之乐，也给他增色不少。

那英则极力营造张碧晨小女人的形象，楚楚动人，干净得如同出水芙蓉，不胜凉风的娇羞。以此和帕尔哈提打成平手。

在点歌上，杨坤、齐秦选歌不好，都把自己的歌演砸了。尤其是齐秦，过去他和齐豫姐弟合作，把《狼》和《橄榄树》合二为一，如同神来之笔，姐弟俩双剑合璧，简直天衣无缝。“不要问我从哪里来，我的故乡在远方，为什么流浪，流浪，流浪远方……”“我是一匹来自北方的狼，只为了传说中美丽的草原……”此次与秦宇子合作，照搬照抄，了无新意。

汪峰为帕尔哈提选择了一首《有些事我们永远无法左右》，这首歌出自汪峰的专辑《生无所求》，应该说歌选得不错，也有特定所指，能博取同情。遗憾的是，汪峰太入戏了，忘记了自己的导师身份，冲锋陷阵，一马当先，霸气四溢，导致用力过猛，完全遮住了帕尔哈提的光芒。这是为师的大忌，课堂上老师的最高境界是“不知有之”，完全让学生忘记了老师，但老师的作用又无可替代，这才是高水平，而不是自己大出风头，却让孩子们沦为配角。

那英则为张碧晨选择了一曲《相见不如怀念》，这首伤感的乐曲也有很深的寄托，毕竟《好声音》一路走来，今天就要分手，这首歌准确击中了观众的心坎。但高明之处是在合唱中，那英有意比较“抑”，只唱过渡和承接的部分，而把精彩绝伦的“转”与“合”，都交给张碧晨去“扬”，这样有抑有扬，也算回肠荡气。

这一曲那英和张碧晨合作，输给了汪峰和帕尔哈提，但张碧晨赢了帕尔哈提。

个人曲目比赛中，帕尔哈提选择《礼物》，是一个妙手，不仅契合帕尔哈提的自身风格，也和上面帕尔哈提与孩子的欢乐呼应，这是一个爸爸要给孩子的礼物，这个礼物让人不忍心剥夺，也无法剥夺。相比之下，张碧晨所唱《至少还有你》，可谓中规中矩，只能算稳定发挥。

但老谋深算的那英并不着急，因为张碧晨的人气和唱功，至少能让她暂时安全，这一点毫无疑问。结果也正是如此。帕尔哈提高居第一，直接晋级。毫无意外，秦宇子率先淘汰。中国好声音，不是中国好性感，小狼秦宇子作文偏题了。这样张碧晨多唱了一首歌，用《梦一场》PK 掉了余枫的《牧马人》，大大积攒了人气，并且成功地把自己放在了弱者的地位上，去挑战帕尔哈提。

中国人向来同情弱者，尤其是这个漂泊海外、楚楚可怜的弱女子张碧晨。我们可以想象，张碧晨多唱一首歌的时间里，她的票数一定暴涨。

最后，张碧晨成功地和帕尔哈提华山论剑，巅峰对决。帕尔哈提精选了一首《花儿为什么这样红》，唱完之后，全场震惊，情感、音色，以及对内涵的把握已臻化境，我几乎就以为张碧晨无力回天了。

汪峰也忍不住站起来，振臂高呼，挥洒骄傲！那英则神色慌张，着急，焦虑，上火，都写在脸上。最后出场的张碧晨把青春和清纯演绎到了极致，一首《时间都去哪儿了》，让我，也让电视机前所有的人无比感喟，时间都去哪儿了。

这时候，大屏幕上又打出了张碧晨的爸爸妈妈的泪眼婆娑，张碧晨感动了自己，也打动了所有的人。

最后的陈述中，汪峰又输一筹，还是强调帕尔哈提记诵歌词多么艰难，理解词意多么艰辛，但观众很难有这种切身体验，效果自然大打折扣。汪峰极力想把帕尔哈提包装成一个木讷的业余歌手，但却是灵魂歌手。如果包装成功，也有一定的杀伤力。

那英最后发言，则是一刀致命。那英说："帕尔哈提唱得非常好，这两个人根本不可比。"这等于承认了张碧晨没有帕尔哈提表现优秀，所有人大吃一惊。但中国好文章都在于下文的"转"上："一个是在世界各国巡回演出的帕尔哈提，一个是在韩国当练习生的张碧晨，两个都很优秀，无所谓，我无所谓啦！"

作为老师，一定要深入了解学生，用放大镜看到孩子的优点，用显微镜找到孩子的缺点，让孩子们变得扬长补短，更重要的还是用望远镜看到孩子的未来，给孩子方向感，那英对张碧晨的定位与包装就是一个经典案例。

[12]

有感于校园门口的迎宾

周五去常熟听课，通知说要去白鹿小学乘车。于是，早晨跟张老师的车来到白鹿小学。

说好是七点二十动身，左等右等，大巴就是不来。一开始有点急，后来干脆就不急了，反正常熟也不远。一个人在校园里溜达，白鹿小学很漂亮，管理也相当规范。教研组每天的工作都挂在校园门口，学生周一至周五的菜单也公示在外。

约莫到了七点半钟，学生三三两两地来了。校园门口站着三个迎宾小朋友，身上横披着“热烈欢迎”的红绸带，非常喜庆。每个小朋友走过，他们都要行少先队队礼，齐声说：“同学们早！”其他小朋友，也纷纷回礼，然后走过。

还有两个老师，胳臂上套着红袖套，也站在门口，欢迎学生。我怀疑她们一个是老师，另一个是值日领导。学生纷纷向她们问好：“老师，早上好！”

我认真观察，这两个老师，有时点点头，有时候干脆连头也不点，心不在焉。这也难怪，学生太多了，和每个学生问好，也不是一件容易的事。也许这两个老师在门口站了很久了，很可能马上还要上好几节课，那就更难为她们了。但是，当孩子问好之后，老师如果目无表情，孩子的内心是什么感受呢？

张老师说，小朋友在门口迎宾，礼来礼往，门口人很多。自己开车，一到门口，就非常紧张。

不知什么时候起，校园里沾染了这种恶习，让孩子们在门口迎宾，欢迎其他的孩子到校。迎宾的孩子们像木偶人一样，说成百上千个“早上好”，敬无数个礼。到了最后，孩子敬礼累了，小手往后一挠，就像拂去耳朵上的一个蚊子。

学校是一个安静的地方，是一个朴素的地方，为什么要把社会的这一套引进校园呢？况且校园不就是孩子们的家吗？有谁回到自己的家，还要被欢迎的？真是岂有此理！

从本质上来说，这种行为是盲目赶时髦，是标准的形式主义。一些学校还把它看成是特色，大力弘扬，以为能够对孩子进行礼仪教育，一举两得。其实，真正礼仪教育的地方多了去了，未必需要这么造作。更何况每天早上三个孩子的早读时间，被白白浪费掉了，岂不可惜？

这样想着，门口人就稀少了。趁着间隙，我问旁边的一个迎宾小孩，她身上有三道杠，我问：“小朋友，很了不起啊，三道杠是大队长吧？”她瞥了我一眼，根本没看上我，因为我连三道杠是咋回事都不知道。

我又搭讪：“你这样站着一个早晨，是不是很难受？”

这次她回答了：“才不呢，我喜欢。”

我以为我听错了：“你喜欢？”

旁边的小男孩跟着说：“对，我们喜欢。好久才轮到一次，表现不好是不行的。”

我又问最边上的一个女孩，她说得更干脆：“我也不讨厌，如果天气好，我天天都愿意。”

我一下子傻了。原来老师们把迎宾作为了一种福利，一种荣誉，一种激励学生的手段。这样一来，化腐朽为神奇，迎宾就有了利用价值。

我还不死心。又抓住一个上学的学生，问他：“你天天到校，总有人在门口，你又要回礼，又要问好，烦不烦啊？”

小孩说：“才不呢，我喜欢。”

我问：“为什么啊？”

他回答：“感到自己蛮重要的。这样表示我们很和谐。”

我又问了另一个学生，那个学生斩钉截铁地说：“那当然了，谁不想别人尊重自己啊。”

我一下子就傻了，真的，很多时候，我们站在成人的立场上，以为孩子会如何如何。我们代孩子思考，替孩子说话，帮孩子辩解，我们以为我们了解孩子了，打着一切为了孩子的旗号，却以爱的名义误读孩子，伤害孩子，糟蹋孩子。

想起了伟大的教育家苏霍姆林斯基，每天凌晨 5 点钟就起来写教育日记，一直写到 8 点钟。然后，便来到校门口，以亲切慈祥的笑容迎接每一位上学的孩子。我差一点就为迎宾做法欢呼了。但是，且慢，苏霍姆林斯基校长这样做，是伟大教育家的教育情怀，我们未必要套作，尤其是让孩子来套作。从来如此，就是对的？孩子认同，老师就该照做不误？有时候，孩子最容易被好玩的事情吸引，以为那是有价值的。其实未必。老师不就是帮助孩子成长的？

至于该不该让孩子礼仪一把，看来还真不好说。不过，有一点毫无疑问，当我们做出某项选择的时候，不妨问一问，这件事情的意义是什么？值不值得我们兴师动众？

第五章

我们的教育缺什么

[1]

教育，正行走在社会的夹缝之中

1

去馨苑度假村参加教师节表彰大会，同行的还有小学部的一位班主任。聊天中，她感到十分纠结，因为开学一周了，班干部还没有落实好。很多职位，孩子们都不愿意当。

我觉得很奇怪，照理说，孩子们应该争着当才对啊。

她解释说，王老师，你错了。现在小学部的班干选举，简直是冰火两重天。班长，孩子都抢着当，因为班长是老大，说了算。体育委员也不赖，工作轻闲，没什么活干，关键是经常整队，站在队伍最前列，吆三喝四，很神气的，孩子也抢着当。其他的委员，就没有孩子愿意干了。特别是生活委员、劳动委员，这些服务型的公仆职位，又要大扫除，又要收班费、订课间餐、出板报，就麻烦了。

原来如此！！！

“委员不带长，放屁都不响。”这些都还是孩子啊，竟然如此功利，竟然如此着迷于权力？不是说孩子单纯得像一张白纸吗？不是说孩子最愿意在老师面前表现吗？不是说校园是最后一片净土吗？

不由得回想起我的过去，老师让我当一个小组长，高兴得不得了，以为天将降大任于我，浑身上下那是焕然一新啊。三年级时，老师心血来潮，竟然让我保管班级钥匙。我三更半夜就想起床，恨不得半夜鸡叫，弄得家里鸡飞狗跳，一地鸡毛。

但现在，一切都变了。

其实，见怪不怪，想想我们的社会风气，也就不难理解了。在这样的社会染缸里，孩子们也难保不受影响。

原福建政和县县委书记丁仰宁，是一个大贪官。可贵的是他非常“真诚”，不过是无耻的真诚。他常常当众兜售他的歪理：“当官不发财，请我都不来。”为什么当官？当官能获得特权。特权有什么好处？特权就能作威作福，就能鱼肉百姓，就能吃香的喝辣的玩靓的。特权还可以寻租。寻租就能发财，就能享受，就能荣耀。这就是世俗的贪官理论。丁仰宁这句话之所以在坊间广为流传，我认为，一个很重要的原因，就是这句话说到了很多人的心坎里，很多人做官，无非就是这种心理。

给孩子什么样的环境，孩子就成为什么样的人。指责中长大的孩子，将来容易怨天尤人。敌意中长大的孩子，将来容易好斗逞勇。恐惧中长大的孩子，将来容易畏首畏尾。怜悯中长大的孩子，将来容易自怨自艾。嘲讽中长大的孩子，将来容易消极退缩。羞辱中长大的孩子，将来容易心怀内疚。嫉妒中长大的孩子，将来容易钩心斗角。

惠特曼在《有一个孩子向前走去》一诗中，这样写道：

有一个孩子每天向前走去，
他看见最初的东西，他就变成那东西，
那东西就变成了他的一部分……

如果是早开的紫丁香，
那么它就会变成这个孩子的一部分；
如果是杂乱的野草，那么它也会变成，
这个孩子的一部分。

给孩子紫丁香的氛围吧，让我们的孩子们香气馥郁，气质高雅，品性高贵。千万不能让孩子们的内心杂草丛生，一片荒芜。

2

晚自习结束后，我和妻子一道回家，我们走在学生当中。突然门口横过一个乞丐，一支枯瘦的胳臂高高地举着，苍白的空碗，像一个巨大的句号。

一瞬间，我们受到了惊吓。我是老师啊，当我面临乞丐的时候，我感觉到了道德的两难。

想起了我和乞丐的两次不愉快的经历。

第一次是在常熟，参加一个教研活动，我去赴约。走过街道的时候，一个年轻的父亲带着一个孩子，两个人都穿得很干净。父亲极其谦卑，犹豫再三才和我说，钱包被扒手偷走了，他们实在没办法，无地方可去，到现在还没有吃，小孩子饿得直哭。我看了看，孩子约莫6岁左右。我们听话的时候，她从父亲的背上扬起了苍白的脸。

拒绝一个孩子，是一件残忍的事情。我是宁愿受骗，也不能让孩子亲眼看到世界的黑暗。我赶紧摸口袋，只有20元零钱，全都给了他们，当他接下的一刹那，我就知道我错了。那个男人的脸，立马恢复了冷漠，眼神空洞。

我还在那条路上徘徊，当我再次遇见那个男人的时候，男人警觉地看了看我，很快就消失在夜幕中……

还是暑假，拗不过，参加了学生的谢师宴。地点是沙洲宾馆，妻子吃饭的地方是江洲饭店。去的时候，我跟的是她们的车，吃过饭，我一个人正好走出大门，又看见了乞丐。

这次是一个女人抱着孩子，真巧啊，又是孩子。妇女说，她来张家港探亲，钱用光了，谁知道亲戚不在家，没地方去。孩子一天没吃了，饿得像猫叫，想吃两个包子，你行行好啊，看在孩子的面上。我看了看，孩子病歪歪地伏在妈妈的肩上，拿大眼睛忽闪忽闪地看着我，那个眼光单纯无瑕。也许，还不知道她的妈妈在干啥吧。

再相信一次吧。于是，我又掏钱，这才想起来，口袋里没有多余的钱。钱是打的和盲人推拿的钱，我计划好的。但是，既然拿出来了，还是不好意思不给，给了她十元。

走出一段距离，回头一看，那个女人还在乞讨，何曾买什么包子！我的一颗善良的心，就这样一次次被践踏。

从沙洲宾馆走到兄弟盲人推拿，几乎有两公里，我咬咬牙走过去了，走得汗流浃背，也算是对自己的惩罚。晚上，我和爱人说起这件事。我说，你一定会笑话我的吧。妻子说："我为什么要笑话你，有时候我们做什么，并不在于它有没有价值，而在于它符合不符合我们的内心。当你在这件事上，获得了心灵的宁静，你就做对了，你只当你救助了一个真的孤苦带着孩子的母亲就好了。"我以为有道理，这可能也是我屡屡受骗，还潜意识里坚持的一个原因。

但今天，我们又面对着这样的难题。那只手高高地举着……

我敢确信他是骗子，选择这样的地点，这样的时间，面对这样单纯的学生，他不是骗子是什么？但如果我们不施舍，我们以往对学生的教育，比如同情、善良、真诚，那些算什么？但如果我们施舍了，学生都跑来施舍，那么，骗子就会得逞，就会再次利用我们的善良来欺骗我们，还要在背地里骂我们是傻瓜。我们不就是在引导学生愚昧？

就在我胡思乱想的时候，人流已经把我们冲出很远了，回头看看，没有一个学生施舍，也许孩子早就见怪不怪了。孩子施舍是一种错，但当孩子没有一个施舍，大咧咧地走过那个乞丐，是不是更是一种错呢？

当教育遭遇乞丐，我们该如何是好？也许还是先生做得决绝，在《野草·求乞者》中，先生写道："我不布施，我无布施心，我但居布施者之上，给与烦腻，疑心，憎恶。"

3

上马克思的《青年在选择职业时的考虑》，有一个活动是填写自己的人生感悟。在"你最喜欢的英雄"一栏中，几乎所有的学生都是空白。问起来，孩子们异口同声地回答——我们想不起来。

我的天，这一群孩子活在一个没有英雄的时代。那些曾经让我们感动，给我们温暖，让我们尊崇的，使我们热血沸腾的英雄们，已经离我们这个时代越来越远了。

所谓英雄，就是那些明知不可而为之的勇士，明知自己陷于生存困境依然要帮助他人的壮士，为了他人的幸福而置自己生命于不顾的烈士……但在现在，这样的人不是傻瓜是什么？英雄的寂寞不是死的寂寞，而是不被理解的中伤和冷漠。

长江学院的英雄们奋不顾身地救人，最后却被牵尸捞钱……中越自卫反击战中的烈士陵园，如今正在被捣毁，进行房地产开发……当金钱逐渐腐蚀了一切，当英雄主义成为笑料，不仅过去的英雄死不瞑目，今天的钢铁卫士也是寒心不已。

记得柏拉图曾经说，我是幸运的，我生在雅典，而不是其他地方；我是男人而不是女人，我是自由人而不是奴隶，但我最最幸运的是，我活在苏格拉底时代。我们今天呢？我们活在一个没有英雄的时代，我为这样的时代感到痛心。

[2]

想念老李家的一条狗

有一天，我和老李在一起吃饭。好像是因为一块骨头，老李说起了他们家的狗……

后来，我常常要忆起那条狗。我没有见过它，但并不影响我对它的好感。我甚至一度想养一条狗，体会庄子所说的万物齐一。我不止一次地对老李说，我想念你们家的狗了。有一天晚自习，我还特意到三班的随笔中去看小舟有没有给狗拍过相片。

老李家的狗，是型狗，高大，威武，挺拔，很酷。不过，这些都是我的想象。在我的想象中，它还应该是黄色的。我不知道自己为什么这么武断。也许在我们的记忆里，童年总有那么一条大黄狗吧，摇摇晃晃地跟在我们屁股后面。谁家有了刚生的宝宝，一旦孩子弄脏了，老太太们总要扯着嗓子喊：“狗子噢来！狗子噢来！”于是，那些狗便一起跑过来，跑得黄尘滚滚，面红耳赤。

沈从文的《边城》中，翠翠身边不也有这么一条狗？后来，慈爱的爷爷走了，挚爱的情人走了，只有大黄狗陪伴着她。树叶青了又黄，黄了又青，日子就像溪水一样清澈地流过，那个人也许明天回来，也许永远不回来。但，大黄狗却永远在身边，善良地守候。

有一天，我朋友开玩笑，说我累得像一条狗。我一下子想起了西方某哲学家的一句话，他说："一条狗，会怕他的主人要打它。狗很害怕，但是它不会怕它的主人明天打它。"我就说："不对。我比狗还要累。从哲学上来说，狗很怕累，但是狗没有对明天还累的恐惧，而我有。"朋友哈哈大笑。

因了这一层相似，我更加关心起这条素未谋面的狗来。

它的脸应该是细长的，眼睛是丹凤眼，低垂着，很和善。它根本没有因为获得了一种狗的身份，就开始狂吠，就开始咬人的裤脚，就做狗腿子，就吓唬人。总之，它与我们想象中的恶狗，大相径庭。

我的这些猜想，都来源于这条狗的几件逸事。

有一天，老李在饭馆吃饭，给狗准备了几块骨头。用一个盒子装起来，带回了家。狗老远就嗅到了，看见了，跳起很高，接着围绕着这一盒骨头，狗竟然跳起了舞，前腿弯曲，获得一种势能，然后高高跃起，从这边跳到那边，再从那边跳回来，就像日本的相扑运动员。尽管有一些笨拙、难看，但保不准比某些明星演得好看多了。最后，狗才美美地吃起来，吃一会儿回一次头，朝老李谄媚地笑一笑。狗不会说话，只好把感激写在脸上，向人套一点近乎。

这个场景，在我的心里画下一个美丽的印迹。我想起了我们的先民，一旦获得猎物，也常常在篝火旁，围绕着猎物，载歌载舞，欢庆丰收，对生活充满了感恩之心。回到现在，我们还有这样的场景吗？可悲的是，我们很多优良的传统，只能保留在狗的身上。

想想看，我们的孩子们似乎有些阴冷，也许是苦难磨粗了他们的触觉，他们对一切幸福也近乎麻木。他们不再敏感，失去了清澈的眼睛和润泽的心灵，也没有多少感恩之心。他们对一切的到来，只是观望，无论如何，都是波澜不惊。既然一切都是人为设定的，他们似乎也把自己当成了一个局外人，这也许是我们教育最大的失败。

让我特别感动的是，这条狗，对人还有着天然的亲近。每天老李回家，它都要早早迎出来，而且站起来，把头伸到老李的怀里来，它需要人的抚摸和宠爱。尽管它知道老李虎着脸，很威严。可是对爱的渴求，使得它有点奋不顾身。也许它也用狗狡猾的心思猜到，老李的心里也是蛮喜欢它的。谁知道呢。

久而久之，狗竟然能够以足音辨人。有人从楼梯上走上来，如果不是它等候的人，它似乎有一些懊恼，吼两声，表示不满，又或许是骂人；如果是自家的人回来了，它就嗯嗯嗯地哼，高兴得在地上直打滚。

有时候，老李累了，躺在沙发上，狗很想亲近他，也模拟着老李，把后面的两条腿放在沙发下，整个身体躺在沙发上，拿前面的两条腿做枕头，歪着脑袋，假装睡觉。老李大怒，握起拳头，假装要揍他，狗吓得屁滚尿流，一个鲤鱼打挺，跳起来，落荒而逃。然后，远远地歪着脑袋，看着老李睡觉，打鼾。一有风吹草动，它就要赶过去平息，似乎是一个旧式大家庭的管家，尽心尽职。

狗其实是通人性的，有时简直让人心酸。

这只狗一开始来的时候，常常耐不住寂寞，拼命要和老李家人一道出去。几次挨打之后，它就老实了。但另一个问题来了，你以为它是狗，就没有感情了吗？有一天，说不定，狗也和我们一样站在上帝的面前，说，我们是平等的。

老李一家人上班的上班，上学的上学，就把狗关在家里，狗感到极度寂寞。在各个房间里跑来跑去，然后，把全家人的拖鞋都收拾到一起，它就睡在那些拖鞋上，因为那些鞋有主人熟悉的气息和味道，能够让狗感到温暖和踏实。这就是老李家的狗。

这条狗，让我感动，而一切感动无非是一种唤醒。有时候我也在自问，我们有没有失去一条狗的淳朴，对家人有一种刻骨铭心的痴情和疼爱，哪怕不是一种付出，只是一种寻求爱护的信任。但这种爱和信任近乎偏执，也许，一切爱的偏执都是美好的。因为常见而忘却，因为稀缺而美好。

[3]

没有情怀的教育机智是滑稽戏

有一次评讲学生的作文，我让一个学生朗诵她的大作。一开始，她扭扭捏捏，再三推托，但最终还是同意了。谁知道她朗诵到一半，突然有一个女生小声说："文章是抄的！"

我的脑袋一炸，她也明显迟疑了一下，磕磕巴巴的，但还是挣扎着往下朗读，下面的声音越来越嘈杂……在这危急关头，我灵机一动："同学们，安静下来。感谢某某给我们推荐了这篇好文章，还声情并茂地为我们诵读，我们应该好好品味。"教室里安静下来，质疑声没有了，渐渐地我们都被带入美文中，享受了一次文学的盛宴……

看到小姑娘从小兔般受惊的神情再到如释重负，我似乎明白了一些什么。课后我没敢去找她，就让这件事过去吧。但在心里，我隐约认为我对这件事处置得漂亮，每每想起，自我陶醉。

直至不久前一次聚会，该女生偷偷笑着告诉我，当初她朗读的那篇文章根本不是抄来的，而是她的原创。

我惊讶极了，结结巴巴地问："为什么，为什么会这样呢？"

她告诉我，那个说她抄袭的女生，一直妒忌她的成绩，到了后期，简直不能听她说话，她一说话，那个女生就要发疯。

"那你当初为什么不申辩，为什么事后也没有告诉我。我还是不明所以。"

她说："我的确受了很大的委屈，但我还是选择了承受下，我不能把您的一片好心糟蹋了。与其让您失信于学生，不如让自己承担一个小偷的罪名，尽管这个罪名一度让我辗转反侧。"

一刹那，我惊呆了，眼睛也湿润了，嗓子发干。多么好的孩子，多么善良的孩子，为了老师的面子，宁肯自己背上疑似抄袭的骂名而不顾；而我，却把自己一次拙劣的表演当作了一次成功的挽救，还念念不忘，以为是自己的教育智慧拯救了一只迷途的羔羊。

由此我想到，在我的教育生涯中，像这样自鸣得意的蠢事不知道还有多少，也不知道伤害过多少孩子的心灵。

回头再慢慢反思这个案例。

首先，当我说出“感谢她给我们推荐了这篇文章”时，一切都不可逆转了。因为“推荐”的语义极其丰富，至少有五层含义。第一层，我认定这篇文章不是她写的。第二层，这篇文章不属于抄袭，而是推荐。第三层，她推荐的这篇文章是一篇好文章。第四层，她给我们推荐了一篇好文章，我们应该感谢她。第五层，以后有类似的好文章，鼓励其他同学多多推荐。

那么，究竟是什么使得当初我认为的“神来之笔”，从“精彩极了”到“糟糕透了”？原因很简单，我没有想到教育的复杂性，我只想到要给她找台阶下，没考虑事实的多样性。我们不妨做这样的假设：

假如抄袭的事实成立，我说成是推荐，作为临场反应，虽不失为机智之举，但仍然欠缺人文关怀，违背了教育应有的价值追求。在别的同学眼里，我是很好地维护了她，我也确实成功地为她解了围；但在她眼里，当同学们质疑她的时候，我缺乏对她的基本信任，事实上与其他同学站在同一立场，不假思索地认定她是抄袭，而且没有给她辩解的机会，对她一棍子打死。一个学生，一旦认定老师对自己不再信任，这个打击是致命的，很可能这个孩子从此一蹶不振，破罐子破摔。

假如抄袭的事实不成立，或者是学生检举有误，或者是她有所借鉴，并不属于真正的抄袭，那问题就更大了。我自作聪明的一个小小举动，实质上成了“诬陷者”的帮凶，不仅助长了栽赃的恶劣风气，而且对她构成了精神虐杀。她会认为自己是众矢之的，是可耻的小偷，是舞弊分子。心理的重负可想而知，严重者甚至会酿成大祸。

更重要的错误还有两处。在事情发生之前，尽管学生再三推辞，不愿意朗读自己的作品，但我为了评讲效果，执意让她朗读，对她不够尊重，也不够民主。更可怕的是，事情发生后，我又没有深入了解，查明事情真相，仅仅凭着课堂上“她苍白的小脸，胆怯的样子”，我就直接判处她犯了“抄袭罪”，只是出于保护她，给了她一个“缓期执行”，才没有深入追究。如果她抄袭了，我这是纵容和袒护，没有起到真正的教育作用；如果她没有抄袭，我这是滥杀无辜，制造冤假错案!

还有，就算她抄袭了，正常情况下，别的同学也不大可能向老师检举。那么，那个孩子为什么检举？她们之间出现了什么问题？这种检举该不该提倡？属不属于告密文化的一部分？老师对这种检举的态度是什么？这些我都没有深入思考，那个时候，我还是太年轻了。

事实上，我错过了一次极好的教育机会。

比如，当时，我可以告诉同学们，我听到他们的议论了，但还是请他们安静下来，欣赏这篇优美的文章。在她朗读完之后，我会带着同学分析这篇文章的美妙之处，感谢她让我们欣赏了一篇优美的习作。

然后，我才回应同学们的疑惑。

首先，演员走红毯，常常会“撞衫”，文学作品也是如此，也有巧合。因此作品末尾常常有一句话——如有雷同，纯属巧合。这一方面是怕人家寻衅问罪，一方面也怕英雄所见略同。

其次，就是借鉴。借鉴有什么关系呢？借鉴有什么不好呢？

创作从借鉴开始。巴金借鉴《红楼梦》创作了《家》，鲁迅借鉴屠格涅夫《干活的人和双手白净的人》创作了《药》，还是鲁迅，甚至直接借鉴俄罗斯的同名小说，创作了《狂人日记》……可以说，没有借鉴就没有创作，借鉴是同学们走上创作的一条康庄大道。

最后就是抄袭，旗帜鲜明地说，我反对抄袭！但界定抄袭和借鉴很难。比如郭敬明的《幻城》究竟有没有抄袭《圣传》？《梦里花落知多少》究竟有没有抄袭庄羽的《圈里圈外》？这都是仁者见仁，智者见智的。

总之，有句话我一定要说，作为老师，我了解她，相信她，我对她投信任票。

[4]

美女教师为何竞争富豪太太

据《重庆商报》报道：本月 16 日，重庆国际会展中心附近一会所，展开了一场“特殊的海选”，选的不是明日之星，而是未来的富豪太太。据了解，重庆报名的美女达 510 人，现场参加的有 232 人，其中老师最多，占总人数的 20%。

大富豪上商学院泡妞，以及现在的海选征婚，本不是什么新鲜事。只要愿意烧钱，你情我愿，你侬我侬，由着他们去就好了，我等无需围观，姑且一笑了之。

其实，大家也都知道，真正的海选，很少是真正的征婚，不过是富豪猎艳、包二奶、寻找刺激的一种手段。有的海选更成为商家炒作的噱头，其目的是吸引眼球，增加曝光，宣传会所，如此而已。但饶是如此，还是有很多纤纤美女教师，奋不顾身地冲上前去，颇有富豪们向我开炮的勇敢决绝。

美女教师扎堆追富豪，在这样的语境下，身为教师的我们，还是颇为尴尬的。

曾经有一位很有名的成都朋友，常常被人问起：重庆女子好，还是成都女子好？朋友是学地理的，他的分析让人拍案叫绝。他说，重庆的女子身材好，前凸后翘，丰乳肥臀，因为重庆是山城，女子们就算是逛街，也把身材练出来了；成都女子则是皮肤好，因为成都是盆地，常年云雾缭绕，女孩子被滋润得娇嫩欲滴，梨花一枝春带雨。第二，重庆女孩子都比较火辣，急躁，因为生活在山城之中，走一会儿路就要停，不能长时间拍拖，所以喜欢干脆——我要你要我；还因为是山城，靠山却吃不了山，因此普遍缺乏安全感，喜欢依赖。而成都是盆地，常年多云，悠闲，有的是时间谈情说爱；更重要的是，成都有都江堰，旱涝保收，因此成都女子特别有安全感，也更具有独立性。

当然，这只是一个插曲，但是不是也能说明一些问题。也许在别的地方，未必有这么多的美女教师火辣辣地冲上前去。但是，这件事毕竟发生了，偶然的小事发生了，就是历史的必然，还是很有研究的必要。

那么，究竟是什么原因，使得我们教师不管不顾，去追求所谓的幸福生活呢？

第一是自信。

据说，曾经有一个有胸无脑的大美女向丑男萧伯纳求婚。美女说：哇，如果我们结婚了，我们的孩子能有你的大脑和我的相貌，该是多么美的一件事啊。萧伯纳拒绝道：假如我们的孩子，拥有你的大脑和我的相貌呢？美女目瞪口呆。

这个世界上，美女不少，但有文化的美女就不多了；又是美女，又有文化，而且还能教育好下一代的美女就少之又少了。物以稀为贵，这正是美女教师的优势所在。

有人预言，我们是从"资本"社会，发展到"知本"社会，再堕落到"姿本"社会的。也就是说，原先，资产是本钱，后来，知识是本钱，现在，则是姿色是本钱。而美女教师，拥有"知本"和"姿本"的双重优势，又能给将来的小富豪以更好的教育，难怪她们有信心赢得富豪心，最好能进入大观园，做宝二奶奶。

成都实验外国语学校的校长肖明华的教育理念是：让成功人士的子女更成功。如果应聘的美女教师能够打出这个招牌，我相信会有更大的眼球效应。

第二是自卑。

对重庆的美女们而言，并不是富豪的魅力有多大，而是"富"的魅力大，"豪"的魅力大，"富"意味着钱多，"豪"意味着给钱爽快。

教师实在穷怕了。我们很少体味过"穷"对一个人心灵的摧残和伤害。莫言之所以获得诺贝尔奖，一个很重要的原因，就是"穷"和"饿"是全世界的普遍现象，是普世真理，一下子就切入人心，掏中了别人家的心窝子。

曾经看过一个死刑犯的最后告白："如果我有钱，哪怕我能够低贱地活下去，我也愿意做一个好人。"简·爱则说："你以为我穷，就没有自尊，没有爱了吗？如果我有钱，我就会让你离不开我，就像我离不开你一样。"

教师也是穷怕了，富没长良心，穷却生了奸计。仅仅是穷也就罢了，做教师又特别累，孩子是独生子女，新一代的教师也是独生子女，这哪里是教师教育孩子啊，这是小皇帝和小皇帝的PK啊。又穷又累的教师，夹着尾巴做人，戴着面具教书，领着学生做无用功，教那些自己也不相信的东西，又没有职业成就感，渐渐地就会人格分裂。

于是，极端滑稽的一幕发生了，一边教育学生“爱情是神圣的、婚姻不能用金钱来衡量”，一边拿出了吃奶的力气，抛胸露臀争取某个大富豪的色眼青睐，好抓紧青春睡到有钱人的床上去。一边教育学生严肃考场纪律，抄袭可耻，一边又在职称考试中大抄特抄，并津津乐道自己抄袭手段的高明。这就是现在的教师。

整个社会一切向钱看，过去是“有钱能使鬼推磨”，现在是“有钱能使磨推鬼”。当全民功利的时候，我们如何能让老师清贫自守，甘于奉献?

第三是自弃。

于漪老师说，教师是光着屁股坐花轿。全社会给了教师很多帽子，一顶顶数下来，简直让人口干舌燥；一顶顶戴起来，简直让人直不起腰，抬不起头。但教师真正获得的尊重却太少了，从臭老九到教书匠，整个社会何曾从内心真正关心过教师？教师何曾获得过真正的人格尊严？

而且，应试教育推波助澜，教师考核层出不穷。一方面是学生不断自我觉醒，对僵化的教学体系不满，一方面是教育考试坚持不动摇，拼死也要顽强固守。老师夹在其中，是风箱里的老鼠，里外不是人，明知不可，但又不得不为之，久而久之，就是人格分裂和无奈。我的一个朋友最终离开教师岗位了，原因是他产生了一个严重的错觉：每当站上了讲台，他就感觉自己成了一个小丑，上蹿下跳，还无人喝彩。

当一切都让人无语的时候，就是老师想解脱的时候了。于是，美女教师们选择了自弃。

头脑优秀的人早就不玩教育了，他们一开始就把教育排除在外。现在有了这样的好机会，身材优秀、脸蛋优秀的美女教师，当然不肯放过，她们趋之若鹜，如过江之鲫，春潮汹涌。也许，这是她们最后的稻草，但愿这些富豪们，能够放下身段，拥抱这些稻草人。

只是，这些美女教师们，经历了海选的繁华之后，她们还有心思教书吗？或者成为富豪的太太之后，在富二代上好学之后，她们还能坚守三尺讲坛吗？

更要命的是，当教师们都开始拜金，当知识分子都开始喧嚣，我们的孩子，我们的社会该何去何从？

[5]

我们的教育缺什么

我们的教育多年来，一直饱受诟病，像一个受气的小媳妇，两面不讨好，而且每过几年，就要经历一次痛苦的涅槃，然后必无选择地轮回。那么，我们的教育到底缺什么，这是每一个有良知的教育工作者，无法回避的一个话题。

一、缺哲学支撑

在课程设置上，几十年来，我们没有严格意义上的哲学课，我们的教育失去了哲学关怀和支撑。不能设想，没有哲学课对教育意味着什么。毋庸置疑，在人类的教育体系中，哲学是最基本的母体和最伟大的模本。它引导人们怎样认识世界，解读人生，认识自我；更重要的是扶助我们跟历史上的文化精神和文化财富沟通和谅解，接纳和吸收。教育从来都是与哲学的发展紧密相连的。或者说，教育以哲学为背景，以哲学作为方法论，同时，哲学又次第引导教育走向成熟与科学化，并进而使教育形成独特民族文化背景中的具有共性与个性兼容的教育。哲学和教育互相补充，相得益彰。哲学追求的是对永恒的理解，它要完成的是对信仰的铸就。因此，哲学的价值只有在人的精神建设中才能实现，而人类精神文明也只有在哲学的关怀下才能得到最集中的体现。

然而，反思我们的教育，看上去蔚为大观，一个浪潮接着一个浪潮，今天学这个，明天学那个……只要看到一个新的东西就好像发现了一个新大陆，然后慌不择路，趋之若鹜。这些都说明中国的教育存在极大的亟需修补的空间。然而用什么来修补，国人又甚是茫然。我们常常是头痛医头，脚痛医脚，就事论事，我们所有的教育补救都是治标而不是治本。

究其原因，除了教育的短视之外，更重要是由于哲学背景的缺失和紊乱，导致我们教育选择的摇摆不定和莫衷一是。无数次教育浪潮，冲击着缺少哲学关怀的教育意识，并且深刻地提示我们：一种根植于民族文化之中的哲学，应该占据着引导教育及其他相关门类的重要地位，主宰或者左右着教育在一种哪怕是相对宽泛的河道里前进。

没有哲学课对我们的精神生活甚至对我们民族的文化想象力和文化发展，都有致命的伤害。没有哲学，我们缺少对外部文化和整个世界的基本认知和理解。我们的精神资源严重匮乏，很多宝贵的文化财富，无法转化为我们内在的精神血脉。因为我们没有一个基本的价值判断作为枢纽将它转化过来，我们因此对世界缺乏一种基本认知，完全被一种自我封闭的小农意识形态所窒息。更为可怕的是失去了哲学支撑，势必隔断我们民族和整个世界的精神联系，并且极有可能矮化和侏儒化我们民族的精神品格，切断我们和博大精深的传统文化与丰富多彩的世界文化的脐带，我们必将会在极度贫乏中精神老去，我们的民族就会重新坠入灾难的深渊。

二、缺梦想牵引

记得俄国文学史上的多余人形象——奥勃洛摩夫，一辈子都在睡觉，连做梦的时候，都梦见自己在睡觉。当时觉得可笑，现在却感到可悲。因为我们很多学生现在连做梦都不会了！他们完全失去了自己，成了应试的奴隶，考试的工具！

其实最完美的教育就是鼓励学生做梦，然后帮助学生实现自己的梦想；而最重要的教育过程无非就是帮助学生“认识你自己”，然后“成长为你自己”的过程。一个伟大的建筑师，对我们的教育不无启发。他在几栋新楼之间，撒满青草。然后，在人们踩出的大大小小的路上，修建起大大小小的路。教育者的作用，也无非就是在空地里种上草，然后等待夏天的降临，让孩子们自己的脚，印在草地上，踩出人生的痕迹，这，就是属于他自己的，也就是最好的道路。

然而，我们的教育口号却是：让学生成为“国家的栋梁”。成为栋梁当然不是一件坏事，但如果逼迫青草、玫瑰、桃李充满这样的幻想，却未尝不是一种悲剧。

世界是丰富多彩的，孩子的梦幻也是五颜六色的，我们为什么不张扬学生的个性，让梦想牵引孩子发展呢？让青草长成青草，并进而覆盖大地；让玫瑰长成玫瑰，并进而带来芬芳；让橡树长成橡树，并成为实际意义上的栋梁。这有什么不好呢？

一个人的精神是要有一点底子的，这个精神的底子应该是浪漫主义和理想主义的。周作人说：“人生的季节是不能颠倒的，青年时代应该是做梦的季节。”鲁迅虽然运交华盖，却也不愿“把自己的痛苦传染给那些正做着好梦的青年”。别林斯基更是说：“年轻的时候应该追求虚幻的东西，不能过早地把人培养成太现实的人，要敢于做梦。”在成熟之后，美梦破灭，在破灭中升华，这样才能达到永恒的精神和谐。因此，中学教育应当提倡理想主义和浪漫主义的亮色，有了更多的亮色，在遇到沉重的黑暗时，才不至于走向毁灭。青少年时期，一定要为真善美的梦想追求打下底子，否则，这种教育是以后任何时期的教育所无法补偿的。

然而，我们现在的学生过于懂得现实，过早地面对世俗丑恶，过早地学会世故，这是很可怕的事。由于缺少一种信念，一种追求，一种终极关怀；缺少一种精神的砥柱，我们的学生会因为缺少内在的骨骼支撑，在现实前行中猝然跌倒。

三、缺智慧浇灌。

1884 年，英国哲学家斯宾塞发表文章《什么知识最有价值》，他认为：“最有价值的知识是科学，因为它直接关系到我们的自我保存。”这个命题具有极大的美丽性和蛊惑性，几乎引领了一个时代的科学教育和技术创新。

然而，衡量一种教育任务，不仅要用社会的尺度，看它能否为社会培养有用的人才，更要用人生的尺度，看它是拓展还是缩减了受教育者的人生可能性。

可是，我们现代教育追求的却是与智慧无关的知识，一个显而易见的道理遭到了漠视，那就是知识并不等于智慧。教育的真正目的不是培养有学问的人，而是造就能干的人。它使人通过认识自己，趋向那绝对的善。为此，人类要不断爱护智慧，追求智慧。因为智慧能照料人的心魂，实现人的心灵转向。但是对知识的狂热追求以至淹没了对智慧的渴望，教师辛苦工作，只是让学生学习大量的考试之后很快就遗忘的知识，学生努力学习并不是为了换取自身的最佳发展，而是为了得到他人看重的考试成绩。可以说我们现在所有的知识堆积和技巧训练，都与智慧无关。但由于教育政治化和工具化的压迫，由于社会的评价机制和考试机制的制约，我们所有的人都对教育的弊端，集体无意识，并且自觉地维护。这不仅是学生的悲哀，也是教师的悲哀，更是我们教育的悲哀。

理想的智慧教育，应该是一种有灵魂的教育。它意味着一棵树摇动另一棵树，一朵云推动另一朵云，一个灵魂唤醒另一个灵魂。它意味着追求无限广阔的精神生活，追求人类永恒的终极价值，智慧、美好、公正、自由、希望和爱，以及建立与此有关的信仰。真正的教育理应成为负载人类精神终极关怀的有信仰的教育，它的使命是给予并且塑造学生的终极价值，使它们成为有灵魂有信仰的人，而不是热爱学习和具有特长的准职业者。

四、缺教育情怀

我这话并非空穴来风，我最基本的一个判断是：现在最有思想、最有学问、最有才华的人都不当教师了。而在中国现代史上，几乎所有的大家都曾经屹立在讲台上，给我们输送着最完整、最丰富、最鲜活、最有生长力的精神食粮。当然，我不怀疑现在中国有很多教育大师，但我怀疑这些大师有多少人具有真正的教育情怀。所谓教育情怀，应该是一种痴迷，一种疯狂的热爱，一种执着，一种虽九死其犹未悔的执着精神。每个真正的教育者都要有这种姿态，这种品格，这种人文情怀。教育绝对不是饭碗，不是差事，甚至也不是职业，而应该是一项伟大事业，抑或是一种虔诚的宗教，因此，教育需要梦想家和诗人来经营，需要信徒和殉道者来朝圣；需要肉体的投入，灵魂的参与，精神生命的支撑。教育需要乌托邦，需要田园牧歌式的价值追求，教育需要抗争疏远自然、脱离生活和缺乏诗意的种种弊端，如此才能引领儿童回归田园，融入生活，激活其野性思维和原始生命力量。为此必得有人将自己摆放在献身乌托邦的祭坛上。

因此，你选择了在黑板前的站立，你就选择了一种永恒的姿势，一种使命，一种宗教狂热，一种默默无闻光明磊落的情怀。

在生活中，可能每个人都认为自己是一个出色的教育家，实际上这种认识是肤浅的，因为教育本身就是一个魔鬼，每个有资格教育别人的人，一辈子都要和它作战。

[6]

忽略高尚也是一种犯罪

前几天看到媒体爆炒泰拳挑战中国武术，言之凿凿，说泰拳五大天王“神目杀”、“鬼见膝”、“魔术锥”、“拳灭风”、“屠龙肘”组团向中国武术界发出挑战，要灭了少林，踏平武当。新浪、搜狐、雅虎，国内几乎所有的媒体都报道了此事。连我也是义愤填膺，摩拳擦掌的，中国武术竟然沦落到这个地步。如果李小龙还在，一定要把这帮洋鬼子打得满地找牙。

但紧接着就有消息，说峨眉派掌门人汪键很不爽，毅然挺身而出，接受挑战，并且慷慨陈词：“忍无可忍，便无须再忍！”峨眉派要以中国功夫让泰拳王明白一件事，中国武术绝不是小菜一碟，而是武术的老祖宗，现在老祖宗火了。接着就有专家分析，名家点评，双方对垒的态势，一目了然，呼之欲出。结论就是：峨眉很强大，泰拳很凶狠。

正当我们拭目以待，翘首以盼，今天《广州日报》却突然告诉我们，这一切都是造谣。原来这场比赛是年前就定下来的，所谓的五大天王根本就是子虚乌有，什么泰拳要挑战中国，砸烂释永信的秃头，都是信口胡编，反正吹牛是不上税的，尽管吹好了。消息传到泰国，泰国也是一片哗然。

泰拳事件，无非是借助民族主义上演的一场“秀”。

这就是中国某些媒体的德行，他们简直从来就没有干过一件正事。大事做不来，小事又不做，那就只有做歪事，做丑事。假如能够把歪事做正，把丑事做美那也不容易，但却毫无例外地把歪事做倒了，把丑事做臭了，最后连自己也臭不可闻，恶俗透顶。

比如他们发挥愚公移山的精神，跟踪追击，报道王菲生孩子，结果被李亚鹏骂得狗血喷头；他们又不遗余力地长途奔袭，跨海报道刘德华奔丧，似乎他们自己死了爹，弄得刘德华快要崩溃；至于什么成龙大哥吃火锅，晚上穿得少，在北京大街上搓耳朵，英雄气全无什么的……总之，不把你大牙酸掉，他们是决不肯罢休的。

在我看来，中国的某些媒体早就被吓破胆了，现在又荷尔蒙发作，愣是假充男人，以为粗俗就是一种阳刚，简直就是滑天下之大稽。除了对恶俗的关注，媒体似乎对腥味和臭味极其敏锐，追腥逐臭。于是，隐私一个个被揭发，花边一个个被爆炒，恶德一个个被张扬。可惜都是事后的诸葛，打死老虎。

在一片虚假繁荣之中，媒体自以为这回终于男人了，硬起来了。但是这种对恶俗的穷凶极恶的报道，不是一种对正义丧失的愤怒，不是一种对腐朽衰败的唾弃，也不是对落水狗的一种暴打，而是含着一种窥视，一种惊叹，一种艳羡，一种小人，一种欢喜，一种假装憎恶的复杂情感……长此以往，媒体的倾向和品味，使得社会整天浸染在染缸里，对恶俗司空见惯，对丑恶的容忍度逐渐提高，并最终促成了社会道德的集体滑落。

记得有一次，一个朋友从乌克兰归来，心情沉重。她告诉我，在乌克兰一个最贫穷的地方，她却感觉到自己的贫穷和苍白。

乌克兰大街上的那些行人，尽管衣衫褴褛，但举止文雅，高贵，纯洁，干净，阳光，单纯得像乌克兰的天。邻里之间互相帮助，友爱，信赖，依靠……孩子们勇敢、热诚、自信、真诚、善良……他们就算再穷，也要捧着书阅读经典，野营，篝火，谈人生，谈理想，谈未来。那是苏霍姆林斯基的故乡，一种精神的高标竖立在那里，灼得人的灵魂发烫。

正因为这一点，朋友感觉到我们教学的失败。我们从来没有给孩子这样的一个环境和场所，让他们感觉到做一个高尚的人的快乐，一种高贵动力的美丽支撑。

这段话对我有很大的震撼，南京的彭宇案，媒体推波助澜，添油加醋，穷追猛打，终于起到了广告效应，从此没有一个人敢轻易扶老太太了。

最近媒体对重庆长江学院大学生救人的报道，又是黑白颠倒，贤愚不分。我敢确信，假如全中国的人都看到了报道，我们中国从此再也没有敢下水救人的人了。某些人的伤天害理的行为当然会被惩治，但媒体的责任却很难被轻饶。

总是盯着臭鸡蛋的，只能表明自己是苍蝇。

其实，我们社会上也有可歌可泣、震撼人心的故事在。但这时候的媒体，却做睁眼瞎，要不就蜻蜓点水，不愿弘扬。因为这样的新闻点不够准，不够辣，难以吸引眼球，难以制造轰动效应。鲁迅说，我们有埋头苦干的人，有拼命硬干的人，我们有这样的脊梁在。但却没有人愿意去报道。

几年前，重庆那个打工的男人，在故障的电梯里，把呼吸让给他人，“让女人先呼吸”的高尚美德，难道不值得宣扬？为什么不挖掘？为什么不跟踪报道？为什么不引导一种社会的集体反思？为什么不兴起一种尊重农民工的热潮？

还有 1999 年 11 月 24 日的“大舜”客轮特大海难。312 人坠海，只有 22 人获救。据幸存者王海平（男，42 岁，江苏汇鸿国际集团土产进出口股份有限公司司机）介绍，那一刻他终生难忘：所有的男同志都贴着墙站着，让妇女和小孩先下去，没有人抢楼梯。有一个女乘客拉自己丈夫的手，要他也下去。丈夫挥了挥手说：“你先下去。”

这和当年的泰坦尼克号一样悲壮，他们都是真正的男人！但这些死去的个体沉睡了，没有被唤醒，他们成了一个群体的符号 290。他们是男人、是女人，是丈夫，也是妻子，是儿子，也是父亲，是女儿，也是母亲，我们的媒体没有从这个层面来理解，他们的死亡之前的选择被忽视了，他们的精神没有被宣扬，没有被发掘，没有被尊重，因为媒体们有更重要的事要干。

百年前的“泰坦尼克”灾难，之所以触目惊心，是因为《泰坦尼克号》，让我们触摸到了那些长眠于深海底的“个体”，他们风华正茂，丰姿绰约，肆意地美丽，肆意地爱恋……人们找到情景的同时也找到了这一个个“个体”……如此一来，海难就不再只是一座空洞的被时空隔断的巨大陵墓，悲剧就不再是简单的新闻形式，人们被震撼的不再是简陋的死亡结局，而是死亡的细节。这样一来，你便无意中完成了一次与他人的亲密接触，一次真实严峻的时光撞击，一次珍贵的生命相拥，灵魂重叠。

有了这“一个个”令人唏嘘不已、刻骨铭心的同类的死，“泰坦尼克”巨大的悲剧价值终于实现，人们才真正记住了它。

可是我们有什么？我们的媒体和社会又做了什么？“亲戚或余悲，他人亦已歌。死去何所道，托体同山阿。”如此而已，如此而已。

面对国外媒体和社会对美德的呵护，我们的媒体简直就要羞愧死。

日本的涩谷车站有一个小狗的塑像。那只流浪的小狗叫小盔。后来被住在涩谷的一个教授收留了。于是，小狗每天都要送它的主人到车站赶车上班。有一天，教授在火车上突发心脏病去世了。但小盔不明白，依然苦苦等待着它的主人，直到深夜才离开。第二天一早它又来了，看着车来的方向，痴痴地守候……到第三年的时候，一个著名的雕塑家给小盔造了塑像。小盔每天就在塑像的阴影下等待，不论刮风下雨，不论严寒酷暑，日复一日，年复一年，小盔整整等了十年，一只小狗日渐苍老，终于，有一天，它死了。

在媒体的渲染和跟踪报道之下，小盔成了涩谷的名片，成了日本精神品格的一种象征。

小盔死的那一天，连太阳都失去了温度，整个涩谷泪流满面。日本，乃至知道小盔的整个世界，都感觉到一种莫大的伤心，为一只小狗的忠诚！

这就是媒体的道义所在，力量所在，价值所在，使命所在。在一个遥远的地方，怀着对日本刻骨仇恨的我，都感觉到了涩谷浓浓的温情，似乎一只小狗的忠诚，能够给我暗夜里的一点灯火，几多温情。

余光中在《猛虎和蔷薇》中这样说：“原来人性含有两面：其一如苍鹰，

如飞瀑，如怒马；其一如夜莺，如静池，如驯羊。”而古往今来关于人性本善和人性本恶的争论，至今也没有结论。每个人内心都有猛虎在嗅着蔷薇，每个人都既是天使，也是魔鬼。

而媒体的导向和激发是一种重要的方面，给心灵的田野种上了庄稼，就驱赶走了杂草，而一旦社会追腥逐臭，就会杂草丛生，群魔乱舞。

媒体如此，教育也是如此。

[7]

好老师都有一颗敏感的心

好老师都有一颗敏感的心。这个表述其实不一定准确。应该说，好老师对孩子都有一颗敏感的心，因为孩子很敏感，好老师总用敏感的心设想孩子，体贴孩子，久而久之，也就有了一颗敏感的心。

初中时，我有一个数学本，保留了很长时间；之所以保留很长时间，是因为一位数学教师。他已经很老很老了，满头白发，拖着脚，颤颤巍巍，声音低沉沙哑，简直就像一个病人。但他温和、慈祥、诲人不倦。可惜只教了我们一学期。

那时候，我数学极差，几乎到了病入膏肓的地步。我也像一个病人，无药可救，站在悬崖边，只要一撒手，就是粉身碎骨。

但我的数学本上却全是他打的红钩钩。

我亲眼看见他打钩，用一支蘸水笔，插在没有盖的墨水瓶中，饱蘸墨水，然后，使出很大的力气，唰，唰，唰，红钩排成一排，前后呼应，像一支整齐的队伍。

那些钩，笔墨浓烈、酣畅、饱满，鲜艳夺目，也让人赏心悦目，每当看到那些振奋人心的红钩钩，我就觉得自己还有救，尽管已经奄奄一息了。

老教师的教法很特别，可能是岁数大了，教不动了。教学基本上都是让我们自己看，以自学为主。作业也都是当堂完成，每天三道题。他坐在讲台前的椅子上，让我们过去，一个个面批。

我们都是用铅笔做，面批时，老先生也用铅笔，勾勾画画，直到我们听明白为止。然后，我们用墨水笔订正，再交给他。我们眼巴巴地看着他，直到他看完作业，摘下眼镜，擦一擦，再戴上，从眼镜上方对我们投过来满意的一笑，我们就知道过关了。然后，他就会蘸水，大笔一挥，红钩钩跃然纸上。我的本子上都是嘉许和赞美，化也化不开。

我非常珍惜这个本子，总是揣在书包里，也经常翻看，它是我的证明，也是我自尊的源泉。艰难的数学慢慢也不可怕了，为了不让自己有一个叉，我非常细心，非常认真，我用尽了自己所有的力气。我知道只要有一个叉，就不完美了。

后来，读到张瀚《松窗梦语》中的一则轶事，深有体会。张瀚初任御史前去参见都台长官王廷相，王廷相给张瀚讲了一个故事：一天他乘轿进城，刚好下大雨，一轿夫穿了双新鞋，一开始他小心翼翼地择地而行，后来一不小心，踩进了泥水中，之后，轿夫便“不复顾惜”了。王廷相说：“居身之道，亦犹是耳，倘一失足，将无所不至矣！”

那个时候，我之所以坚持不想出现一个叉，就是因为自己恍惚明白，一旦有了一个叉，那就跨出了完美与不完美的分界线。不完美的东西，就没有必要珍惜了。而你自己不珍惜，人家更不会去珍惜。

后来，老教师退休了，我让那个零错误的本子也退休了。完美的东西必须珍藏起来。

再后来，新教师来了，教学水平很高，超出老教师很多，我努力不想错，也曾经连续两周没有错，但总觉得新教师的钩没有力道，没有温度，轻飘飘的。

有一天，我终于错了，一个大大的叉！那个叉非常醒目，老师似乎是生气了，“叉”入木三分，划破了我的纸……

再后来，我的错越来越多，叉越来越多，但鬼才在乎它呢！任何东西，当你不在乎的时候，你确实是脆弱的，但同时你也是最强大的，你不在乎，它就对你不起任何作用。

我的数学慢慢恢复到了病入膏肓的时候，只是在睡梦中，我还安静地想起老师的红钩钩，给我的人生增添了无限光彩。

等到我做了老师之后，我才能慢慢审视这其中的奥秘。

首先，孩子是敏感的，脆弱的，任何时候，孩子都需要鼓励，赏识教育永远是教师的第一选择。赏识很可能不仅仅是增加孩子的自信，更重要的是增加孩子的安全感，没有安全感，就没有真正的教育。

其次，教与学，不是老师教，学生学，而是老师教学生学，甚至也不是老师教学生学，而只是老师教学生自学。无论如何，学生的学不打折扣。面对一个终身学习的时代，学生必须从现在开始就能够自学。

再次，面批是最有效的教育手段，因为耳提面命，耳濡目染，及时问答，这就有了一个场效应。这个效应不仅有助于知识上直线传递，更有情感上的和谐碰撞，是最高明的教学相长。

最后，如果说，教师教学水平是师德，那么，老师发自内心真诚的爱更是师德。道理很简单，因为老师所教的知识未来会过时，会一钱不值，但老师传递给我们的那一份温情，却注定能够温暖我们，成为我们生命最深处的信仰，而这，才是不会被忘记的，这才是真正的教育。

[8]

诚信办证及教育造假

很偶然看到街头的一则非法小广告——诚信办证。不由得哈哈大笑，这则小广告充满了黑色幽默，简直颠倒众生。办证本来就是造假，造假就是侵权，就是违法，就是犯罪，何来诚信之说？但人家打出诚信的承诺，又确乎系真心表白。他们理直气壮地对客户约定，会诚信办证，会诚实地信守自己的诺言，言行一致，办得快，办得好，绝不会偷工减料。也算是盗亦有道。

之所以关注这个笑料，倒不仅在于好笑，而在于笑过之后的思考。一个东西不断被强调，恰恰说明了这个东西的稀缺，连“办证”都要强调诚信，正好说明我们社会的诚信已经消失殆尽了。

古人云：“人而无信，不知其可也。”诚信，不仅是一种品行，更是一种责任。人无信而不立，商无信而不兴，国无信而不强。中国系文明古国，礼仪之邦，国人曾经把诚信看得比性命都重要。但曾几何时，诚信遭到我们的冷落，被我们弃之如敝屣。究其原因不外乎有以下几个方面。

第一，道德标准过高。儒家的道德洁癖趋向极致，人们费尽心思，也难以穷尽，更难以抵达。为了达到这样的标准，或者是疑似达到这个标准，只有靠说谎和造假来维持自己的道德虚荣。

第二，实用主义的驱使。中国人没有原始宗教，因而用实用的功利主义代替了宗教追求。“穷居闹市无人问，富在深山有远亲。”失去崇高与真理的指引，人们必然坠入世俗之中。为了更好地生存，利益的最大化成了人们前进的方向，诚信成了可有可无的东西。“人为财死，鸟为食亡。”

第三，皇权专制的流毒。

普天之下，莫非王土，率土之滨，莫非王臣。封建社会既然连所有的人都是皇家私有财产，遑论人所拥有的财富。皇帝或者上级的一句话就可以让你的合法财产充公。

财产的神圣感和庄严感得不到保护，人们就不会去创造财富，但财富的吸引力又可想而知，人们就千方百计地坑蒙拐骗，坑蒙拐骗最好的对象就是皇帝老儿。皇帝就是“老公”，公家的东西“不占白不占，占了也白占”，这就是历史的沿革。占有公家的东西，不会有道德罪恶感，甚至不会有道德歉疚，因为这些财产没有具体对象，无法使人产生敬畏之心。

第四，是社会风气的引导。

启蒙运动的先驱孟德斯鸠，对中国人诚信的考证非常有意思。他说：“中国每个商人都有三种秤，一种是买进用重秤，一种是卖出用轻秤，一种是准确的秤，这是和那些对他有戒备的人们交易时用的。”这种说法虽然夸张，但绝不是空穴来风。

孟德斯鸠认为，中国人之所以缺乏诚信，并非因为中国人是天生的骗子：“由于需要或者也由于气候性质的关系，中国人贪利之心是不可想象的，但法律并没有想去加以限制。一切用暴行获得的东西都是禁止的；一切用术数或狡诈取得的东西都是许可的。”由于中国人口众多，生产能力无法满足众多人口的需求，而朝廷对于危及统治的暴力行为又残酷镇压，人们不得已只有通过欺骗的方式生存下去。

历史上最讲诚信的人是霸王，可他连心爱的女人也霸不了，最后还别姬，把人头留在了乌江，为了上一个诚信培训班，霸王用脑袋交了学费。而厚黑学的鼻祖刘邦，则是典型的混混儿，非得找霸王分他家老爸的一碗肉汤，让霸王无计可施。

前事不忘，后事之师，也许就从那个时候开始，中国的诚信和侠义精神就开始消亡了。

2000 年山西繁峙矿难，媒体一开始只说几人受伤，秘密一直被捅，伤亡也一直增加，最后竟然是多达 200 多人死亡。为什么数字会如此起伏？媒体被金钱收买，刻意隐瞒、少报，和黑砖窑沆瀣一气，就是原因。作为社会喉舌，他们的道德底线在哪里？他们连最起码的诚信都没有做到，我们还怎么指望他们激浊扬清？

2003 年“非典”初期，广东省卫生厅的官员一开始也是避重就轻，大而化之，甚至对香港记者的穷追猛打大为光火，义正词严地给予驳斥，但后果大家有目共睹。

华南虎事件中，一开始有多少官员，从狭隘的地方利益着眼，指鹿为马，颠倒黑白，信口开河，言之凿凿。甚至到国家部门已经定性，还有不少人坚持已见，明眼人都能看出，他们无非是想借自己的愚蠢掩盖他们的利欲熏心。

三鹿奶粉事件，更是把造假推到高潮，我自赚我的钱，你们的死活与我何干？

还有蔡铭超，竞拍兽首成功之后又马上赖账，还荒唐地拿爱国来做挡箭牌。须知只要你竞拍，你就是承认了强盗的合法性，此后的赖账，只能是自取其辱，无非是给外国人增加了中国人不讲诚信的又一大例证。

鲁迅先生说过：“捣鬼有术，也有效，然而有限，所以以此成大事者，古来无有。”此言得之。

写到这里，偶然浏览到一则新闻：中国少年乒乓球队发生重大丑闻。报名参赛的二百五十九名选手中，查出九十人骨龄检测不合格，不合格率高达近三成五。有中国国球之称的乒乓球比赛，首次出现如此大规模的年龄造假现象，令国人震惊不已。

事实上，体育界的造假只是冰山一角。市场上的假冒名牌都是抢手货，没有人认为不正常；学界的论文很多都是抄来抄去，也是秃子头上的虱子——明摆着。最牛的市长一曝光，马上就发现几篇论文都是抄袭的。清华大学的高才生都抄抄抄，还有多少人的论文造假，不是昭然若揭了吗？今年重庆又爆出更改民族身份造假的丑闻，造假的竟然有三十多人。但我想，重庆今年如果不是状元造假导致穿帮，那么，这个假不知道还要造多久。

甚至连捐款也可以造假，善心也可以拿来作弊，这难免匪夷所思，你不做善事没关系，为什么还要伪装做善事？

据国家民政部日前透露，上月全国各界承诺捐赠款物达三十亿元人民币，但实际到账仅九亿元。一些企业开出空头支票沽名钓誉，事后却赖得一干二净，居然昂起头来，不知道脸上的污渍。前段时间，文化大师余秋雨的捐款风波，就引起广大网民的质疑，可以作为一个注脚。

更为严重的是，在中国造假甚至已经有了一个“体面”的名称，叫山寨。

由此，我又想起了我们的教育。我们的某些做法，让学生感到了教育的虚假和丑恶，让他们的心灵有了不能承受之重。

先来说说公开课，虚假、做作的公开课，已经引起了学生极大的愤怒。试想想，如果我们老师都失去了道德基础的“真”，道德本色的“美”，那么，我们还有什么资格指手画脚地对学生进行道德教育呢？连李镇西的学生也在信中公开提意见：“李老师，我觉得你上得最好的课是平时的课。平时的课自然，公开课做作；平时的课真实，公开课虚假。公开课我没按你的要求举手，其实并不是紧张，而是反感你弄虚作假……”

然而，更多的时候，我们教师为了自己一些可怜的私利，为了所谓的教学“完美”，无视学生的精神自由，并进而把学生沦为表演的工具，要知道，这样的虚假教育对学生道德诚信是多么大的伤害！

类似的反诚信教育还有很多。平常学校里纸屑飞舞，灰尘满天。当上级即将检查的时候，大广播响起来，各部门动起来，大扫除搞起来——分派到班，包干到户，热火朝天。检查的时候，学校里一尘不染，窗明几净，于是卫生学校的金字招牌挂起来了。最可怕的是我们都觉得没什么不对，然而就是在这种无意识中，我们教会了学生弄虚作假，我们丢弃了金子一样的诚信，学校是干净起来了，可是学生的心灵呢？

更为可气的是，想起了老家的一位老师，为了学生能够在应试中获取高分，竟然鼓励学生大胆作弊，甚至为学生设置了作弊的暗语：摸左耳朵选A，摸右耳朵选B，摸脸选C，摸头选D。当他介绍自己的经验之谈时，我只觉得不寒而栗，如此教育出来的学生，还有什么诚信可言呢？

其实我们的社会也不乏诚信之举，有些甚至震撼人心。

湖南某地一位六十多岁的老农带同乡去福建打工，老乡猝死了，老农决定把老乡的尸体送回家，便用塑料编织袋捆扎起来，千里背尸，到广州火车站要上车的时候被警察识穿了。

当记者采访他的时候，老农说：“当初是我把他带出来的，现在我要把他带回去。”没有豪言，没有壮语，只有最简单的一个道理，因为一个诺言，所以绝不放弃，哪怕千山万水，哪怕千里背尸。那些一贯冠冕堂皇、满口仁义道德的所谓知识精英，面对大字不识一箩的老农的壮举，不知道心里做何感想？

有些人把自己的不诚信归结为社会的影响，认为人是历史的人质，在一个不诚信的社会里，个体很难独善其身。霍尔姆斯的《不管怎样，还是应该》，给我们做出了很好的回答。

人们有时会缺乏理智，逻辑混乱，唯我独尊；但是不管怎样，还是应该去爱他们。

如果你勤勉向上，有人会指责你别有用心，牟取私利；但是不管怎样，还是应该勤勉向上。

如果你已功成名就，难免会招来虚假的朋友和真正的敌人；但是不管怎样，还是应该去力争成功。

诚实和坦率会使你易遭伤害；但是不管怎样，还是应该诚实坦率。

你今朝的善行，世人会在明晨淡忘；但是不管怎样，还是应该多做好事。

胸怀大志的伟人，往往失势于目光短浅的庸夫；但是不管怎样，还是应该胸怀大志。

人们虽然常常怜悯失意的弱者，却总是趋炎于得志的权势；但是不管怎样，还是应该去扶助某些弱者。

你多年建树的业绩，可能毁于一旦；但是不管怎样，还是应该去努力建树。

献出你的全部精华去造福于人类，可能会使你身陷困境；但是不管怎样，还是应该向人类献出你的精华。

[9]

施一公与张磊的人生选择

最近两则新闻的碰撞，火花四射，精彩绝伦。

一个是普林斯顿大学顶尖科学家施一公先生，慨然回国，报效国家，这个消息再次被爆炒；一个是中国青年企业家张磊，挺身而出，挥金如土，捐助耶鲁大学，这个消息不小心被披露。

美国普林斯顿大学科学家施一公，在美国已经生活了十八年（很像《敌营十八年》），突然婉拒美国 1000 万美金的科研资助，毅然辞去普林斯顿教职，全职回国，在美国引起轩然大波。1 月 6 日，充满傲慢和偏见的《纽约时报》专门著文反省和探讨。

施一公先生说："我觉得我欠中国一些东西。在美国，所有的事情或多或少都已经建立起来了，而在中国，无论我做什么，影响可能是上十倍的，甚至百倍。"这是施一公先生朴素的观点，祖国贫穷一点没有关系，个人的学术成就一定会降低也没有关系，能否为人类取得更大的成果也没有关系，重要的是给国内的后来者提供有价值的帮助，这才是最关键的。

与施一公一样归国的饶毅教授，更加直言不讳。甚至比施一公先生走得更远，更坚决。饶教授毅然放弃了美国国籍。当美国驻华大使馆问饶毅为何要放弃美国国籍时，饶毅写信回答道：“美国在911之后已经丧失了道德领导地位”，但是“美国人仍然沉迷于其国家和自身的伟大”。这是一个国家的堕落。

这些话语，剥开了美国道德高标的华丽外衣，露出了皮袍后面隐藏的大棒。近些年，美国打着普世价值的旗号，贩卖自己的大国殖民思想，抢占各国的能源，推销自己的价值观，培植自己的代言人。在世界各地挑起一个个争端，哪里有争端，哪里有动荡，哪里就有美国人的黑手和魔影。美国式的无间道，丑陋的双重道德标准，荒唐的双重价值规范，已经让全世界的人都讨厌美国的嘴脸。伊拉克人民的眼泪，阿富汗的战火纷飞，都揭示出美国的丑态百出。美国何曾关心过别国人民的生死？

美国不再是自由的天堂，正义的圣地。也许美国依然是天堂，但，只是某些人的天堂而已。正是基于这样的认识，施一公这样的顶尖科学家才开始返流，他们的回归带着同样的一个使命——撼动中国现有的科研文化。现任清华生命科学院院长的施一公先生，曾动情地表示：“过些年，我们会成功的。”多么希望国内的科研环境，不要让海归的精英失望。这是一个美籍华人的社会良知，也是我们这个社会的一点希望。

而这个场景之所以引起美国的恐慌和反省，可能是让他们联想起了上个世纪中国科学家的回国潮。这是伟大的钱学森带给美国人的阴影。当年由于钱学森的回国，中国导弹、原子弹的发射至少向前推进了20年。从第一颗原子弹爆炸到第一件核武器的形成，美国用了整整十三年，而中国只用了三年。

美国这个国家，对待人才的方式，很值得我们借鉴。人才就是硬道理。想想看，一个小小的中国留学生钱学森，并没有加入美国国籍，就能够参与美国最尖端机密的部门工作，这是一种什么样的胸襟？

许多犹太裔科学家就这样从欧洲赶到了美国。伟大的爱因斯坦如此，“氢弹之父”特勒也是如此。

最变态的是美国对人才的掠夺。1943年，诺曼底登陆之后，美国迅速以 1 个伞兵师、2 个装甲师加上第 6 集团军重兵出击，目的就是抢在任何国家之前，俘虏德国、意大利的优秀科学家，并劝服他们加入美国籍，为美国工作。

曾参加过纳粹党卫队的德国人布劳恩，被誉为 20 世纪最伟大的火箭专家。1942 年，德国成功发射世界上首枚能到达太空的 A-2 火箭。1944 年 9 月 7 日，德国使用他设计改良的 A-4 火箭空袭英国，震撼世界，这是人类历史上火箭和导弹的首次亮相。1945 年，布劳恩连同他的工作团队 126 名工程师一起被秘密输运到美国。

1955 年，布劳恩加入美国籍，然后领导设计了美国的朱庇特 -C 火箭，成功地发射了西方第一颗人造卫星“探索者 1 号”。1961 年，布劳恩成为美国总统的科学顾问，分管“阿波罗”登月工程，直接领导“土星”5 号火箭的研发设计，并用这一火箭运载阿波罗 11 号飞船，使人类第一次顺利登上月球。

了解到这些内幕，我们就可以知道《纽约时报》为什么要哀叹。人才的走向，就是科技的走向，就是金融中心的走向，就是繁荣和发达的走向，这才是他们的担心所在。

回头再来看张磊的捐款。据悉，耶鲁大学 2002 届毕业生张磊，向耶鲁大学捐款 888.8888 万美元，创耶鲁管理学院毕业生个人捐款纪录。一时间，张磊被推上了风口浪尖。

两则材料的对比，更加触目惊心。一则是施一公拒绝美国 1000 万美金的经费，慨然回国。一则是张磊把近 900 万美金，白花花的银子，捐给了美国人，帮助外国人发展，真是岂有此理！

张磊很快就回应了外界的质疑：“耶鲁管理学院改变了我的一生。我在这里学到了很多东西。我创建的高瓴资本管理有限公司，就是以横贯耶鲁管理学院的一条道路命名的。”

张磊的回应不可谓没道理。首先，张磊捐款来自个人劳动所得，无论怎么捐款，他人都无权干涉，也无可厚非。其次，受人滴水之恩，当以涌泉相报。那么，一个学子受恩于自己的母校，现在回馈母校、感恩母校、捐助母校，这不是人之常情吗？最后，我不认为这是张磊在炒作。相反，我觉得这是张磊真实意愿的表达，是张磊的真情流露。

因为尚在国内发展的张磊，这种炒作很可能会给他的生意带来负面影响，甚至是致命影响。2002 年才从耶鲁大学毕业的张磊，很快就积累起惊人的财富，这才是他捐赠耶鲁的缘由所在。

那么，张磊的捐款何以会引起这么大的轰动呢？

重要的问题有两个方面，其一是张磊不该捐助给外国人，肥水不流外人田，哪怕它是人类历史上知名的耶鲁，哪怕是张磊感谢他的母校。其二是张磊作为一个高考状元，国内应试教育的成功者，中国人民大学的硕士研究生。这样一个国内教育最成功的典范，现在却通过一次简单的捐款，向世人和世界宣布，中国几十年的教育，不如美国一两年 MBA 的影响。

不管怎么说，张磊的捐款是要不回来了，如果能要回来，难道你能放心把这些钱捐给国内的高校？

苏州市第一中学桂花厅

不要说基础教育的应试积弊难改，积重难返，高等教育也是沆瀣一气，一丘之貉。浮躁的学术氛围，层出不穷的学术腐败，加上现在真刀真枪的贪污，已经屡见不鲜了。我们的高校充斥着 4 万亿的巨额债务，不仅没有人愿意解决，反而争先恐后地背负债务……

让我们以最大的敬意对待施一公先生的归来，并以最大的宽容看待张磊先生的捐款。一种是正剧，一种是后现代的嘲讽剧，它们的上演，都有利于一个民族教育的更新。

第六章

思想是可爱的洪水猛兽

[1]

世界以痛吻我，我报之以歌

1

来苏州后，为了靠近学校，我租住在东大街。

房子是老房子，不太大，书占去了一部分空间，人就被挤到了角落。

儿子霸占了餐桌，想写字只能在床上。但这些都不是问题。问题是，每天晚上蟑螂横行，帮助妻儿打蟑螂，自然成了我的一大主业。

四处乱窜的蟑螂，或小如米粒，或大如指甲；有的漆黑如泥土，有的红色透明，油光可鉴；它们行踪诡秘，来无踪去无影……

奇怪的是，就算你打死它，只要你没有及时清洗战场。一会儿工夫，它们就会消失得无影无踪，所谓打不死的“小强”，真是名不虚传。

为了节省上班时间，我们办了一张佳安别院的卡，直接横穿这个小区，这样算下来，步行去学校，不到 10 分钟。

佳安别院旧了，老了，但过去应该是一个高档小区，园林式建筑，造型古朴，古色古香。每栋楼都有一个特别大的院子，名字很特别，比如叠翠、聚峰、梁园等等。

每天早上，我从那里经过，阳光从层层叠叠的绿叶中照下来，微风过处，光影晃动，如波光粼粼的池水。当然还有鸟叫，叫声中有一些安详，也有一些慵懒。

2

有一天，我看到一个小伙子，看样子 20 多岁，在帮小区里的人清洗汽车。

我对妻子说："这真是一个好点子啊，服务上门，专业到位。"

也许是被小伙子听到了，他抬起头，向我们善意地微笑。下一次经过的时候，小伙子居然主动和我打招呼。我简直受宠若惊，要知道，在世俗的眼里，他根本没必要向我问好。

我们步行，不开车，也不在这个小区，不会成为他潜在的主顾，但他仍然热情地问候我们，在或晴或阴的早晨，把一个普通人的善良和温暖传达给我们。

他骑着一个电瓶车，挂着一个红色的大桶，擦着一辆一辆名车，一遍又一遍。那些车他非常熟悉，但又非常陌生。有好几次我想问他，他擦车的水来自哪里，但终究没有问出口。

这个世界上有很多普通人，他们生活得憋屈、郁闷，但最要命的是，他们不改变自己，也不热爱自己的工作，而是无休无止地抱怨。一辈子过去了，他们还在抱怨，什么也没有改变。

但从这个小伙子身上，我看到了阳光、乐观、向上，看到了一种善良，一种浑厚，一种大气，一种精神，他没觉得做洗车工作有什么难堪，而是把这份工作当成了事业。行行出状元，任何事业做到极致，都是一种美学。

他不断改善工作方式，最后上小区服务，既节省了顾客的时间，也提高了自己的效益。当很多人还在睡梦中的时候，他已经完成了其他人一天都完成不了的工作。但更重要的是，他还把洗车偶尔的一锤子买卖，变成了一种长期性服务的契约。这份工作有了特定的对象，就有了温度，有了人情味，他给一份平凡的工作赋予了新的含义，实质上他改变了一种行业的规范。

每天经过他的身边，我们都互致问候。我不知道他的名字，他也不知道我是谁，也没必要知道。这是两个普通人之间的互相温暖，彼此照亮。这个世界太荒芜了，需要有一些光亮。

3

由此，我又想到了另外一个小伙子小单。

小单是一个房产中介，年龄更小，很瘦，一说话就脸红。

因为买房，我接触了很多中介，每个人都很亲热地叫我王哥，但他们都巴望我尽快出手。他们不断提醒我，房子快要涨价了，再不买就亏大了。

小单只和我看过两次房，但给我的印象极佳。

可能是和蟑螂待习惯了，我每看到一个好房子，都赞不绝口，把房东高兴得一愣一愣的。我恨不得小单赶紧帮我们定下来。

小伙子显得很不高兴，对我不理不睬。出来的时候，小单再三叮嘱我："王哥，您能不能不把自己真实的想法说出来啊，要不然，我没法帮您还价。"

有一天，我看中了一套房子，价位也差不多，我告诉他，可以签约了。但小单愣是不同意。原因很简单，房子的价格还有水分。这样的买卖促成了，不是他的光荣，而是耻辱。

我说："我怕这个房子卖了，我再也找不到这样的房子，这样的价位了。"小单没办法，只能给我打包票，说："那样的房子，至少在两年之内，我随时都可以帮你买到。"我这才将信将疑，听取了他的建议。

小单说，中介不仅仅是买卖房子的中间人，还是一种重要的服务性职业。任何一种职业都有自己的职业追求和精神。为了提升自己的专业水平，他学习了心理学、哲学和工程学，还有玄学中的风水。

每看一套房子，他都帮我理性分析，告诉我各种利弊，尤其是弊端，说得一清二楚。让房子找到最好的主人，让买卖双方最大公平交易，成了小单的最大追求。

还有一次，我们看到了一个有意向的房子，让他马上和房东谈，小单说，至少要过一段时间来谈，不给房东过高预期，否则房价理性不下来。我怎么说，他就是不答应。我甚至威胁他要换别的房子了，他也不为所动。

听小单说，他最得意的一笔生意是，一个房东，房价开得离谱，另外一个人却对这房子一见钟情，宁愿吃亏也要买下。小单坚决不答应，做通了买房者的思想，说他那个房价，这套房子卖不出。

于是，双方一直僵持，经过漫长的 3 个月时间的谈判，最终在房价市场稳定的情况下，以低于开价 30 万成交，买卖和中介三方都成了好朋友。

这是来自底层的良心，也是我们有勇气走向未来的光芒。这个世界是由普通人构成的，普通人可以成为沉默的大多数，但也可以选择做自己。

不论职业和身份，我们都可以在自己的领域中，做最好的自己。

世界报我以冷眼，我给世界以微笑。这些底层人带着泥土的气息，还有谦逊和卑微，但他们又是最真实、最高贵的，拥有最洁净的灵魂，他们都是我的兄弟姐妹。

4

作为教师，每当看到那些感叹教师工资待遇、自怨自艾的同行，我也想告诉他们，我们不要再抱怨了，我们只改变我们能够改变的东西。

在如此恶性的教育生态中，如果不想着做点什么，反而助纣为虐，只一味抱怨自己的物质待遇，这是对我们职业的侮辱，也是我们自降身份。

身为教师，我自然常常有绝望，但更多的时候，我激情满怀，我坚守自己的职业良知，开辟自己的知识领域，书写自己的生命传奇。

我始终相信，作为教师，我们可以改变世界。我始终认为，只要我们能够坚守我们的教育底线，做出不违背良心的选择，后世高尚的人们面对我们的骨灰，就会为我们洒下热泪。

[2]

思想是可爱的洪水猛兽

影响世界的不是银子，甚至也不是武力，而是思想。思想形成人的伟大，没有思想，人不过是脆弱的苇草。

巴尔扎克狂妄地说："拿破仑没有用剑做到的，我可以用笔做到。"使得鹅卵石臻于美丽的，不是锤的敲打，而是水的载歌载舞。拿破仑纵横世界，却遭遇滑铁卢，最终死在荒凉的太平洋小岛上；而巴尔扎克却以笔为旗，高高飘扬在全世界任何一个地方。

何为思想？

著名学者马一浮先生在《泰和宜山会语》中，曾给思想做过经典的阐释。“从闻见得来的知识不是思想，由自己体究，将各种知识融会贯通，成为一个体系，名为思想。”由此可见，外在所见所闻的知识，不是思想；未经内心省察体认的，不是思想；没有经过理性思辨而形成体系的，不是思想；不能圆融贯通，没有价值底座的，不是思想。

教育，照理应该是培养出独立思想、健全人格、丰富个性的人。其中，有思想是核心中的核心，关键之中的关键。然而，一个问题产生了，我们的教育，为什么出不了思想？

因为很多教育者本身就没有思想，自己没有的东西，如何给得了别人？思想没有逻辑的起点，学生从何出发？思想没有皈依，学生向何而走？久而久之，教育自然成了失去家园的漂泊者，无根也无土，无枝也无叶，无魂也无魄。

很多时候，教育，不是解放思想，而是禁锢思想；不是开放思想，而是统一思想；不是创造新思想，而是沿袭老思想。

看到 2012 年法国作文题，老实说，我很震惊。因为我不敢说我一定能够下笔，而且还能够写出个子丑寅卯来。这就是有思想的教育和没思想教育的差距。

法国文科作文题目是（在三个题目里选一个，下同）：

> 人在劳动时有何收获？
> 所有信仰都与理性相悖吗？
> 阐述斯宾诺莎《神学政治论》中的一段。

理科作文题目是：

> 没有国家我们会更自由吗？
> 我们有权探求真理吗？
> 阐述卢梭《爱弥尔》中的一段。

再看中国的作文题：

> 船主让漆工给船涂漆。漆工涂好船后，顺便将漏洞补好了。过了不久，船主给漆工送了一大笔钱。漆工说："工钱已给过了。"船主说："这是感谢补漏洞的钱。"漆工说："那是顺便补的。"船主说："当得知我的孩子们驾船出海，我就知道他们回不来了。现在他们却平安归来，所以我感谢你！"考生根据材料自拟题目，写800字作文。

比较东西方的作文题，法国都是开放性的，难度很大，必须阅读大量哲学原著，才能理解题目，进而提出自己的观点并进行论述。这些题目，恐怕国内的博士生，不借助于资料做起来，也会是一头雾水，不知所云。

再看中国的这道作文题，就没有逻辑。漆工为什么能把漏洞补上？船主为什么不早早地把漏洞补上？为什么不告诉孩子们船漏了？

西方的作文让人思考，他们首要的是需要观点，至于观点的正误，先不去考虑。然后再去论证和合理化，这就是在培养思想。胡适当年归来，也曾提出，我们要大胆假设，小心求证。但直至今天，我们的作文还是让人编造，揣摩道德家们的僵化思维，编造故事，来切题扣题点题，满足老先生们事先想好的揣在口袋里的审题思路。凌宗伟先生的爱人说得真好，中国老师和学生，最大的区别就是老师手里有答案，学生手里没有答案。此话简直是一语中的。

当默写成为一种主要的教学手段，这是教育的堕落。默写成了教育的主体，我们的教学必然还是记忆性的、灌输性的、移植性的生搬硬套。老师一布一报，学生一背一默。知识打包，一股脑儿就到学生头脑里去了，何其轻松也。但这些知识有没有消解，有没有融化，有没有与其他的知识产生关联，进而产生化学反应，就不是老师、也不是学生所考虑的了。关键是学生背下去了，如果还能竹筒倒豆子，能够原封不动地倒出来就太好了。

最要命的是，这种默写式的教学，还是极为有效的，甚至是高效的。这就是我们的评价制度、考试制度的问题。

当山寨成为一种文化，这是文化的堕落。但在中国为什么制假售假屡见不鲜?

一个很重要的原因，就是我们缺乏创新。我们最大的特点就是仿照、模拟、克隆、复制，这些与教育不无关系。默写毫厘不爽，仿写丝丝入扣，模拟惟妙惟肖，人家有江南 style，我们立马湖南 style，河南 style，航母 style。

我们不是天生的创造者，但我们是天才的模仿者。

2008 年，中国网络中最流行的词汇就是山寨。短短一年里，你会发现身边很多人用起了山寨手机，电视里正在播出山寨电视剧，剧场里最火爆的是山寨话剧，网上最红的是山寨明星，甚至当年的除夕，都有了一台正宗的山寨春晚……

当默写成为一种教学主要手段，当山寨成为一种流行的文化，我们的思想自然成了洪水猛兽，自然失去了和外部文化衔接的基因，因为我们没有一个适当的价值底座，来支撑一种杠杆，把西方的文化吸纳进来。同样的道理，我们也很难有一个适当的通道把我们的思想输送出去。

一切都如当年的王小波所言：思想凶猛，但我们爱思想，思想是可爱的洪水猛兽。

[3]

未妨惆怅是清狂

大忠是我的兄弟。我向来就这样想，这样说，但现在却有些踌躇了。大忠不是我平庸的兄弟，而是中学语文界一颗崛起的新星。他这些年高歌猛进，势如破竹，远远超出了我可怜的想象。

当年就读师专，大忠排行老七，我是他的三哥。

大忠的性格有两大特点：一是简单，二是粗犷。为了这两大个性，我们这些人，尤其是二哥和四弟，当年可没少为他操心。

先说大忠的“简单”。大忠曾喜欢一个女生，问我们能不能追，我们自然说能。谁知道他直接上前跟人家表白：你是煤炭的女儿，我是钢铁的儿子，我们可不可以在一起？女孩子被他吓得花容失色，连连退缩。以后见他就躲，心有余悸，自然好事难成。

再说大忠的“粗犷”。照理说，落花有意，流水无情，原本也是常态。我们宿舍的戴老大有两大名言：一是“有腿还怕没裤子穿啊”，二是“好大事啊，哪天不死人啊”。这两句话简直妙不可言。先正说人生的自信，青山不怕没柴；再反说人生的虚无，小事无足挂齿。可惜，大忠无论如何都听不进去。

每当月圆之夜，大忠常常一个人喝点小酒。醉醺醺的，在操场上狂奔，一圈又一圈。精疲力竭之时，再回到宿舍，血红着眼睛，对老二或者老四说，来，来，来，陪老七到操场聊聊天！老天，那个时候，万籁俱寂，正是睡梦时分。

如果要找大忠正研究的《水浒传》中的人物来类比，大忠应该与李逵极为相似。既简单纯朴，又粗犷豪迈，甚或粗糙和野蛮。只是这些粗糙和野蛮中，尚有着粗枝大叶的善良。

但是，让我们所有人万万没有想到的是，最为粗糙的老七，居然走上了学术之路，而且走得如此潇洒，如此漂亮。

先是耳闻大忠考上了研究生，彼时已经让我们极为震惊了。后又听说大忠考取了博士，紧接着，就是在核心期刊上看到大忠考证方面的文章不断出现，每每让我们惊掉下巴，他的学问在读博期间已经展露无遗。正当我们重新打量大忠，觉得他应该会在大学里做一名知名教授，让自己的学术更上一层楼时，却又听说他去了浙江桐乡高级中学，并且立志要在中学里干一番事业。

我的天！这是何苦来着？当初考研、读博，不就是为了离开应试教育的泥淖、火坑？怎么好了伤疤忘了痛，居然又有主动跳进火坑的道理？

但这就是大忠，这就是我的兄弟，中学语文界少见的一个另类。但从私心里，我是希望大忠回来的，中学语文需要有学理精神，尤其是有研究精神的理想主义者来参与，这才有砸碎重建的希望。

果然，短短五年的时间，大忠不仅站稳了中学的课堂，而且把中学课堂推向了一个更高的境界。不仅在中学语文的核心期刊上频频发声，而且在《水浒传》研究上屡有斩获，其皇皇42万字的《水浒论议》出版，更是引起了学术界的高度关注。

如今大忠担任浙江传媒学院的客座教授、浙江水浒研究会的常务理事、浙江师范大学语文学科硕士论文的答辩专家，理想主义者非但没有褪色，反而把理想主义大旗插在了一条贯通中学与大学的教学与研究的康庄大道上。

如今，大忠又推出了《文本深度解读撷粹》，六十余篇文章通读下来，极为震惊。其对中学文本的深度解读，达到了很高的境界，既有很深的学理研究，又不乏感性和温情。譬如在《金岳霖先生》中，大忠撷取了四个细节："这一堂课，金先生一直没有笑容。""我觉得它很好玩。""小说和哲学没有关系。""对不起，我这里有个小动物。"然后带着学生，深入辨析了金岳霖先生的心理和性格，使得一个活生生立体的金先生跃然纸上，再把金先生植根在西南联大深厚的土壤中，进而探究西南联大的精神。这样的阅读和处理，非大手笔而不能为。

回头再想，大忠何以会短短时间，取得这么大成绩？

这是一个偶然，但也是一个必然。

大忠是简单的，但也是深刻的。因为简单，所以心无城府，心无挂碍，认准一个目标，任凭红尘滚滚，熙熙攘攘，我自岿然不动。眼里只有教学和研究，一生只做一件事，一生做好一件事，一生做绝一件事，故而简单反而成就了深刻。

大忠是粗犷的，但也是激情的。教育工作是一个让人灵魂容易结茧的工作。很多人早早患上了职业倦怠症，他们把教学当成了一种苦役，做一天和尚撞一天钟，在机械的周而复始中，一年又一年，一天又一天地熬着，一寸一寸地挪动着，挪向可怜的退休工资。

大忠则不然，他是粗犷的，又是豪迈的，浑身有使不完的劲。这种劲头加上对教育的热爱，形成了大忠一以贯之的激情满怀。

在暨阳湖的游船上，大忠曾经和我比拼背诵我们初中曾学过的课文，那些没有要求背诵的课文，我们至今如数家珍。

有人说，语文老师要有精气神，要精神抖擞，气壮山河，神采飞扬，大忠就有这些神韵。作为语文老师，我们根本不是为了燃烧自己，而是为了照亮世界。

成功的确需要机遇，但从来不是偶然。价值理性加专注思想，工具理性加激情精神，形成今日之大忠。

但革命尚未成功，尘埃也未落定，前方或许更加开阔而迷人，未来是充满魔鬼式欢乐的未知世界。那里，所有人都能安静读书，只有风在说话。

兄弟，你大胆地往前走，莫回头，通天的大道九千九百九十九。

[4]

背叛抵制生命之轻

毫无疑问，《生命不能承受之轻》是米兰·昆德拉最伟大的作品，也是昆德拉最让人难以理解的作品。因为难以理解，所以充满魔力。

我在这篇小说中读出越来越多的字眼是背叛。藏在米兰·昆德拉背后的深刻意念也许就是背叛。

"轻"与"重"，"媚俗"与"反媚俗"是昆德拉在作品中所展开的两个最主要的辩证命题：因反对"媚俗"而追求生命之"轻"，因逃避"沉重"而陷入"媚俗"，这两个命题互为题解，又无法互解，形成了一个"两解而又无解的悖论"。而这一切悖论，又恰到好处地被"背叛"这个主题所牵引。

小说家为什么要选择背叛？

在《小说的艺术》中，米兰·昆德拉这样说："小说考察的不是现实，而是存在；存在不是既成的东西，它是人类可能性的领域，是人可能成为的一切，是人可能做的一切。"

小说家通过对现实的不断颠覆和背叛来追求无限的可能性。背叛的反义词就是合群。一旦合群就是媚俗；一旦媚俗，就会庸常；一旦庸常，就会司空见惯；一旦司空见惯，就会成为现实的常态。而昆德拉是要破解现实的常态，探寻事实的另一种方式，人生的另一种可能。然后，在两极的对照中，让我们感觉到迷惑和震撼。

先看托马斯的背叛。

托马斯是一个外科医生，因为婚姻失败，既渴望拥有女人又不断背叛女人。他从不留情妇在自己家过夜，也不在情妇家留宿。提起裤子就不认账，这就是托马斯的“性友谊”。但女招待特雷莎的到来，却使得托马斯背叛了自己的“性友谊”。

“七年前，在特雷莎居住的城市的医院里偶然发现了一起疑难的脑膜炎，请了托马斯所在科的主任急诊，但是偶然托马斯的科主任患了坐骨神经痛病，于是派托马斯代替他到这家外省医院。城里有五家旅馆，可是托马斯又偶然在特雷莎打工的那家下榻，还偶然进了旅馆的酒吧，特雷莎又偶然当班，又偶然为托马斯所在的那桌客人提供服务。”

正是“六个偶然”，使得托马斯和特雷莎睡到了一起，不断地做爱。而托马斯和特雷莎的结婚则是一个必然。必然也是对偶然的一种背叛。特雷莎在托马斯家过夜了，因为她在发烧。托马斯突然发现，跟一个女人做爱和跟一个女人睡觉，是两种截然不同的感情，爱情并不是通过做爱的欲望体现的，而是通过和她共眠的欲望而体现出来的。于是，他娶了特蕾莎为妻。

拥有众多情人的托马斯，永远活在追逐中。他用外科医生精确的目光，寻找每一个女人百万分之一的区别，并解剖女人的灵魂深处。如小说家一样，托马斯也在探究女人肉体的无限可能性。

那么，以不忠背叛爱情的托马斯到底爱不爱特雷莎？

他一定是爱的。作为特雷莎的丈夫，托马斯潜藏着一份对妻子深沉而真挚的怜爱。对于托马斯来说，特雷莎是个被人放在涂了树脂的篮子里的孩子，顺着河水漂来，好让他在床榻之岸收留她。尽管这只是个偶然，但托马斯觉得自己天然要承担对特雷莎的责任。

然而，深陷围城的托马斯又感觉到苦闷与沉重。这种苦闷和沉重压得他喘不过气来，于是，他只能继续寻欢作乐。当特雷莎再也难以忍受托马斯的放荡而离开他时，托马斯突然体验到了卸掉包袱的短暂轻松。而仅仅两天后，他又承受不了孤独和思念，重新回到特雷莎身边，回到沉重而美丽的爱。

尽管托马斯始终都在放纵的性欲冲动中寻找自由的“轻”，但他疼惜着特雷莎的痛苦，他的身体中有一个爱的区域是任何人都无法占据的，只属于特雷莎。在行将衰老之时，托马斯终于追随着特雷莎来到平静的乡村，他终于找到了幸福的感觉，然而一切转瞬消失……

人生到底应该选择什么？是重还是轻？事实上，托马斯也确无答案。一旦选择了重，就会逃离重。一旦选择了轻，又无法承受生命之轻。

再看特雷莎的背叛。

特雷莎是一个童年有阴影的孩子。她的母亲是一个粗俗的变态狂，她喜欢赤身裸体地在屋子里走动，不允许女儿洗澡关上灯，鼓励丈夫窥视女儿洗澡，津津乐道地给别人讲述自己的性爱细节……总之，她是一个寡廉鲜耻的无灵论者。

但是特雷莎却是灵与肉最完美的结合者。

为了捍卫“灵”的清洁，特雷莎背叛了自己的母亲，选择了出走。在和托马斯的爱情之中，一直生存在灵与肉世界中的特雷莎对托马斯的爱，始终被内心的疯狂的妒忌和逃避的念头所困扰。她拼命压抑肉体使肉体服从灵魂。有两个情节需要引起关注。一个是特雷莎和托马斯的老情人萨比娜的互拍裸体，这是她对托马斯情人的赤裸裸的窥视。还有一次是特雷莎被动地偷情，这唯一的一次偷情，则是她对托马斯偷情感受的体验。这个可怜的女人，唯一的一次背叛托马斯，竟然是为了托马斯。

特雷莎的第二种背叛方式，就是梦境。梦想是愿望的曲折实现形式，也是对现实最大的背叛。在特雷莎的梦里，托马斯和别的女人一起，而她独自在等待中枯萎。她哭着对托马斯说：在梦里她不能睡，她在等他从别的女人身边回来，她又瘦又憔悴，眼睛变成了黑洞。她住在坟墓里，等着托马斯用石头敲打。但是，托马斯看到了她的憔悴，让她好好休息，实质上就是自己重新寻欢作乐，他明明知道她睡不着，下一个月到来，她会更加憔悴……

托马斯再没听过比这更令人心碎的话了，“她做着残忍的梦，他却不能叫醒她”。

自从在托马斯的头发上嗅到女人下体的味道，特雷莎看他时就会流露出不可承受的悲哀。当托马斯追问她的神色时，她带着悲哀，却没有攻击的意思，几乎温柔地说：“去把你的头发洗干净！”……

特雷莎开始了对爱的逃离。从布拉格到苏黎世，从苏黎世逃回布拉格，又从城市躲到乡村，最终特雷莎发现她已经无路可退了，而托马斯始终都跟随着她，从知名的外科医生到玻璃清洗工又到卡车司机。她觉得自己在用一生的逃避，考验着托马斯对她的爱。她甚至觉得自己毁了托马斯的一生，而托马斯却告诉她，乡村的平静生活是他一生中最幸福的日子……

特雷莎的一生都被沉重的爱所困扰，忠诚与逃避，她始终没有脱离生命中艰难的“重”，而托马斯的一生始终都在轻浮的性欲中寻找自由的“轻”。

因为爱，因为同情，因为习惯，托马斯和特雷莎走到一起，他们意识到在一起是快乐的，是折磨与悲凉里的快乐，彼此是生命中甜美的负担，是轻与重的不断搅拌。

最后是萨比娜与弗兰茨的背叛。

如果说，托马斯和特雷莎之间是轻与重、灵与肉的对立。那么，萨比娜与弗兰茨则是媚俗和反媚俗、忠诚与背叛的对立。

弗兰茨是理想主义者，本质上是一个善良之人，有着致命的浪漫与联想力。他认为若没有忠诚，人生就会分散成成千上万个转瞬即逝的印迹。但当情人萨比娜成了他精神上的导师，一向守旧的弗兰茨，最终也选择背叛家庭。弗兰茨热衷于社会所标举的事物与观念，最终不免走向“媚俗”。在那个特定的年代里，他的追逐似乎也有了政治的价值——但这只是一种巧合。在这个追逐中，他意外地甚至是有些讽刺意味地死亡了，而料理他后事的正是他嫌恶的妻子。

萨比娜则激赏背叛。所谓背叛，就是脱离自己的位置，就是摆脱原位投向未知。萨比娜背叛的对象是“媚俗”。她背叛的不仅仅是政权、秩序、观念，而且几乎是一切价值观。特立独行是萨比娜的旗帜，一种极端与绝对的自由才是萨比娜追寻的家园，为此，她迷上了背叛。她不断地探寻未知的领域，在背叛中挣脱人生的牢笼，在背叛中实现自己生命的渴望，在背叛中追求着自由。

她的这种追求和背叛是极端的，甚至背叛本身已成为她的“追求”，结果她的一生成了无休止的背叛的一生，每一次背叛离最初的背叛越来越远。因而萨比娜的生命最终也因为虚无而走向虚空。

那么，生命的意义究竟是什么呢？正如米兰·昆德拉所说：“人永远都无法知道自己该要什么，因为人只能活一次，既不能拿它跟前世相比，也不能在来生加以修正。”

无论是谁，不管你是伟人还是小丑，都无法逃避这一个残酷的事实。生命只有一次，不管如何，都不可能重复，也不可能重新开始。这就意味着，我们的意义只是在经历一个过程，经历一个唯一的过程而已，没有任何其他选择。无论生命是轻，还是重，无论是媚俗，还是反媚俗的背叛，都只是人生的一种。这是人生的悲剧，也是生而为人必然要承受的生命之轻。

[5]

成为教师的全部意义

每一个教育工作者，在自己的整个职业生涯中，可能都要追问自己一个问题：成为一名教师，究竟意味着什么？

教师，意味着一项伟大的事业，还是一种谋生的手段？意味着社会的一种道德绑架，还是内心一种高远追求？我们的奉献精神，究竟是职业使然，还是使命使然？

也许，每个教师对这些问题最初都会有清晰的答案，但在岁月长河的淘洗中，往日的理想逐渐被掩埋、被裁剪、被丢弃，以致不少人浑浑噩噩，随波逐流。

毋庸置疑，教师这个职业今天正面临着空前的危机。

这个危机，不是来自政府对教育投入不足，也不仅是社会对教师行业的极度苛求，甚至也不是来源于应试教育，而是来自我们自身。

很多教师，正在日渐放弃对于知识的追求，正在逐渐失去自己的独立人格，失去自己的声音和态度，进而丧失了主动迎接和拥抱挑战的能力。表面上看，他们放弃了知识，实质上是放弃了追求知识的热情。而一旦失去了这种热情，教师生命无疑已经结束了。维特根斯坦曾经大胆预言："罗素退步了，因为罗素没有疑问了。"伟大如罗素，没有追求知识的热情照样会退步，更何况我们？

在物质高度发达的今天，不少教师被虚无、贪婪、世俗所控制，教师职业成了谋生不得不做但又懒得去做的一件事。教师，没有成为他们的一项伟大事业，因为缺少职业精神，也很难被他们当成一种真正的职业，教师只是他们无法推卸的一种负担。正是因为这种原因，他们将自身与教学分离，将教学与生活分离，将自己与学生分离，甚至与"自我"分离，因而听不到自己的声音，产生不了教育的敏感，失去了对教育的敬畏之心，职业倦怠感随之而来。然后，做一天和尚撞一天钟。

幸运的是当我面临着人生痛苦的时候，我遇见了很多人生的导师。

首先是我的兄弟干国祥和铁皮鼓。三杯两盏淡酒之后，干干随口说道："一切阅读史都是误读史。"我不由得浑身激灵，恍然大悟，灵感飞来。我的文本解读从此放开手脚，大胆假设，小心求证，一路走来，何其壮也！

干干说："一切野史都是正史。"我又脑洞大开，从此，不再囿于事实真相，而是努力追求事理真相，追求存在背后的价值理性，我似乎获得了火眼金睛，一切都是新的，一切妖魔鬼怪都不复存在。两岸猿声啼不住，轻舟已过万重山。

当我满足于自己构建的所谓体系时，干干目光如炬："当你拥有一把锤子的时候，你所看到的只能全部是小钉子。"

去弊就是遮蔽，一项特出技能会遮蔽无数种可能。"无"是最大的"有"，"无"中才能生"有"，维纳斯的断臂，《蒙娜丽莎的微笑》失窃之后那一堵空白的墙，就是最大的例证。

我羞愧无言，从此不以自己的一把小锤子为傲，而是不断学习新的武器，我希望拥有古龙所说的七种兵器。这样任何时候，我都能兵来将挡，水来土掩。而且能够把杯子清空，不存一切前见，某些时候，前见就是偏见，这样我就能客观看待一切，不偏激，不中庸。

现在，当我做出人生最重大选择的时候，我又困惑于名利待遇、安逸稳定、他人眼光、内心虚荣，灵魂中的“小我”又出现了，患得患失，首鼠两端。

这个时候，我生命中的又一个重要他人出现了。

声音不高，话语很轻，但却当头棒喝，让我拨开迷雾，猛然惊醒！

生命究竟为了什么？教育究竟为了什么？

作为老师，如果我们自身境界上不去，自身失去了一种独特的个性，失去了一种理想主义，那么，我们还何谈提升学生的思想和境界？

你没有的东西，你给不了别人；你没有出发，你就不会到达。

为什么感慨自己的辛劳无人知晓？为什么觉得自己所做没有获得回报？为什么那么在乎付出有没有领导看到？有没有群众看到？看不到就感到委屈，这有意思吗？我们究竟为什么而活？

有些人太幼稚了，总是长不大，我们为什么做事？我们不是为了那颗小红星，那都是骗小孩子的东西。我们做一件事，仅仅因为这件事，发自自己的内心，我应该去做，必须去做，我就要去做。我去做，只是为了我的心，心灵的安宁和平和，心灵的丰富和自足，而不是别人的眼光和评价，更不是金钱和位置。做这件事本身就是目的，外在的一切不过是意外的奖赏。

人在做，天在看！

振聋发聩！惊心动魄！

我被彻底点醒了，能够安静于校园一隅，能够有一个属于自己的教室，能够给我一个班，我就心满意足了。周国平说，如果有自己的一个园子，在这个园子挥汗如雨，不为任何东西，仅仅因为自己喜欢，这样的人是幸福的。

我希望自己能够有一个属于自己的园子，让我坚守职业本分，寻求真理，发现真相，与学生共同探究知识的伟大魅力，沉醉不知归路。

我知道，生命不是为了燃烧，而是为了照亮，照亮自己，也照亮他人。

我希望自己不是为了取悦他人，而是为了绽放自己。对自己负责就是对他人的道德，我以自身的成就来成就学生和他人。

我希望自己能够以笔为旗，践行尊重、民主、平等的普世价值，把文化的教养、社会的担当、自由的灵魂深深扎根于学生心灵的土壤，人间遍种自由花。

我希望自己能够全身心地拥抱学生，拥抱世界直至拥抱自我。在这种拥抱中，我能够不断认识自己，更新自己，完成师生之间的互相崇拜。

我希望自己能将心灵之杯不断地倒空，又不断地将它注满。与学生相遇，然后，互相编织最美好的生命，人的教育没有终点，只有远方。尽管远在远方的风比远方更远。

这是成为一名教师的全部意义。

我们必将发现，成为一名好教师，我们不只是在致青春，更是在致终将消逝的往日时光，向青春和我们奋斗的光辉岁月致敬。

教师这个职业不需要太多的回报，真正的回报来自工作本身，来自教育故事的积淀，来自知识带给我们的那种“朝闻道，夕死可矣”的满足与高峰体验，来自与学生心灵相通之后自我的完整与充实。

教师一旦真正将生命投入教育教学事业中，与无数学生的生命互相编织，那么便可以在生命终结时微笑着说：我这一生，看到过绝美的风景，后世人们面对我们的骨灰，必将洒下高尚的热泪！

[6]

痴情的男人和浪漫的女人

历史上，有两个人物，历尽岁月的风尘，依然明艳夺目，熠熠生辉。

一个是痴情的男人——钱镠，钱王深情款款，顾盼神飞。举世混浊，也许再也找不到这样一个绝版的男人。一个是浪漫的女人——王氏，王氏胡搅蛮缠，个性张扬。四海之大，恐怕再也找不到这样柔情的一个女人。

先看钱镠，这个夹缝中的钱王，留给历史只有九个字，但足以让历史花容失色。九个字艳绝千古——陌上花开，可缓缓归矣。

钱王原配夫人戴氏王妃，是横溪郎碧村的农家女儿。嫁给钱镠之后，没少受罪，跟随先生南征北战，唇焦口燥，终于打下天下，成为一国之母。

戴氏王妃不仅美艳，而且绝顶贤惠。每年戴氏都要回家省亲，一去就是好多天。身为国母，戴氏并不喜欢宫中奢华，反而特别留恋乡村田园。这本身就是一种美。

戴氏回乡，要翻过一道山岭，越过一条溪河，非常不容易。多情的钱镠，为了戴氏省亲安全，更为了戴妃回家方便，就专门拨出银子，派人前去铺石修路，路旁边还加设栏杆。后来这座山岭就改名为“栏杆岭”了。

这一年，戴妃又回家去了。钱镠思念娇妻，等了一天又一天，心急如焚，可是，妻子就是没回来。这一天，钱王走出宫门，却见凤凰山脚，西湖堤岸，已是桃红柳绿，万紫千红。眼前情景更加激起钱王的相思之情，可惜钱王不会唱歌：“你知不知道思念一个人的滋味，就像喝了一杯冰冷的水，然后，一点，一点地流成眼泪……”

回到宫中，钱王提笔写下历史上最煽情的一封情书：“陌上花开，可缓缓归矣。”这九个字，珠圆玉润，平实温馨，让戴妃珠泪滚滚而落。

好事者把这个故事编成《陌上花》，在民间广为传唱，一时传为佳话。

历史无情，无数的皇皇巨著，政绩大典，可能都抵挡不了这九个字的温度。中国历史从此又多了一个情种，中国女人从此又多了一个念想，一种奢望。有梦想总是好的，至少说明有这样一个好男人曾经在梦里存活过，鲜艳过。

钱镠，这位与王朝一样短命的吴越国王，凭什么占据历史的一角。江山如何，政治如何，才情如何，一切的一切又能如何？只消这一番对爱妃的体贴，对春色的温柔，就足以让钱镠不朽。

缓缓归，缓缓归。多么柔情的一句话，游移在历史典籍中，艳称千古。只是再柔情，再体贴的话，怎敌它晚来风急。一世浮名，可以换来低斟浅唱，却敌不了强弓硬弩，逃不过国破家亡。

从此，陌上花开依旧，只是钱镠烟逝，爱妃不再。痴情的男人走了，美丽的爱情传说留了下来。

很多年后，伟大的文豪苏轼，面对陌上花开，依然止不住清泪横流，一口气写了三首《陌上花》：

“陌上花开蝴蝶飞，江山犹是昔人非”，“若为留得堂堂在，且更从教缓缓归”……诗人一咏三叹，一吟双泪流。

陌上花，从此香艳起来，开在历史的车辙中，栉风沐雨，浸透着美丽与沧桑。

历史上最浪漫的女人自然是王氏了，这个娇滴滴的女人，却连名字也没有留下，这是历史的不公。虽然名字没有留下，但并不影响这个女人的香艳、湿润、蚀骨和风情万种。

王氏的丈夫名叫王戎。这是一个让历史嫉妒的男人，普天下的男人恨不得都改名叫王戎。就因为王戎太幸福了，有这么一个美丽的风情的撩人的女人。

古时候，有一个字的演化很有味道，不能不说，这就是“卿”。“卿”原来是官位名，比如“九卿”，后来“卿”成为男子的美称，比如，张学良就表字汉卿。再后来，“卿”又成为皇帝对大臣的称呼，小时候听评书，常常听到皇帝说：“老爱卿，何罪之有？”最后，“卿”又突然成为女子美称。所以然者何？

据说，王氏常称王戎为“卿”。王戎曰：“妇人称自己的丈夫为‘卿’，从礼节来看好像不太好吧，以后不能这样叫了。”王氏，这个较弱的小女子，竟然发表了一段惊世骇俗的言论，可以为世界女权主义的绝对先驱。一个成语，一段佳话，一首传奇就这样诞生了。王氏说：“亲卿爱卿，是以卿卿。我不卿卿，谁复卿卿？”这就是卿卿我我的来历。

呜呼，多么美好的情感，多么生动的成语！

[7]

儒家和道家

1

儒道是中国文化的两座高峰。道家是阴性文化，儒家是阳性文化。阴阳两座高峰，双峰并峙，此消彼长，共同鼓捣出中华文化之精神，之魂魄。

2

道家是自然，其意在求仙，是个人之逍遥；儒家是担当，是天命，乃社会之责任。

3

儒家，学而优则仕，志在庙堂之高；道家，江海寄余生，旨在江湖之远。

4

儒家入世，道不同不相为谋，故需避人；道家出世，躲进小楼成一统，故需避世。

5

儒家何以避人？举世混浊我独清，世人皆醉我独醒；道家何以避世？举世混浊，何处有清净之土？世人皆醉，何处有清醒之人？

6

儒家入世，知其不可而为之，故求仕途。道家出世，独上青天揽明月，故求归隐。儒与道并峙，实为仕与隐纠缠。

7

入世不如避世，避世不如出世。

8

道家出世归隐，无欲无求，无牵无挂，任他明月下西楼；儒家入世劳心，担当使命，充当社会之良心。

9

道家和儒家缺一不可。无道家，则不浪漫，无儒家，则不发展。儒家是现实主义，脚踏实地；道家是浪漫主义，仰望星空。

10

儒家是人学：讲做人，讲人与人之关系，讲人与人之相处。道家是天学：讲道法自然，自然而然，以至于天人合一。

11

儒家，是有我之境。“泪眼问花花不语，乱红飞过秋千去。”道家，是无我之境。“寒波淡淡起，白鸟悠悠下。”

12

儒家有待，故愁苦；道家无待，故逍遥。

13

儒家，是为学，为学日益，修身、齐家、治国、平天下，推而广之；道家，是为道，为道日损，损之又损，以至于无为。

14

儒家，入乎其内，故有生气；道家，出乎其外，故有高致。

15

儒家，游学，修身养性，为人生之追求，以道德为最高境界。道家，游心，乘虚御风，为审美之追求，以大道为最高境界。

[8]

阮籍的三次痛哭

钟书先生有言：“两种风流吾最爱，六朝人物晚唐诗。”

晚唐诗歌，臻于化境，字字珠玑，固是绝顶之作；而六朝人物，因其放浪形骸，意出尘外，亦是有趣至极。

六朝人物，何以如此与众不同，独标一格？这是很值得研究的一个命题。

六朝，一个政局不稳的时代，也是历代被杀文人最多的一个时代。乱世之下，文人自保的方法有二：一是在争权夺利的漩涡中，不断踩着别人的肩膀，步步登高，取得掌控局势的有利位置；二是抛弃一切俗世名利，隐遁山林之间，万钟与我何加焉，做个自由自在的隐士。

但尽管做了隐士，这些士人内心的苦闷，想来也不会减少。士与隐的矛盾，没有一天，不纠缠着他们敏感的心。于是，礼法不拘，天王老子不顾，生冷不忌，软硬不吃，天马行空，奇谈怪论，也就不足为怪了。《世说新语》简直是贵族文人超脱世俗之外清谈悬论的一个范本，供社会阅读收藏，唏嘘不已，感叹不止。那么，何妨选择阮籍，走入他的心灵世界，看看这些风流人物的内心天地。

王勃诗云："孟尝高洁，空余报国之情；阮籍猖狂，岂效穷途之哭？"历史上，哭得最厉害的有两个男人：一个是刘备，哭着哭着，把江山哭来了。一个是阮籍，哭着，哭着，把命哭没了。

《晋书·阮籍传》记载了阮籍的三次大哭，分别如下：

其一，性至孝，母终，正与人围棋，对者求止，籍留与决赌。既而饮酒二斗，举声一号，吐血数升。及将葬，食一蒸肫，饮二斗酒，然后临诀，直言穷矣，举声一号，因又吐血数升，毁瘠骨立，殆致灭性。

其二，兵家女有才色，未嫁而死。籍不识其父兄，径往哭之，尽哀而还。其外坦荡而内淳至，皆此类也。

其三，时率意独驾，不由径路，车迹所穷，辄恸哭而反。

很多人以为阮籍之哭，实乃放浪形骸，猖狂耿介，超出世人想象，实乃怪诞无比。其实，阮籍之哭，不是写意，而是写实。虽在意料之外，更在情理之中。阮籍是诗人，这三次大哭，实质是三个意象，背后大有千秋，隐喻和象征的意味极浓。

第一是哭母。

阮籍是孝子，但是阮母年老而终，高歌《大人先生传》的阮籍，不至于哭得如此之凶。阮籍之哭，既是哭母，哭亲情，哭阴阳两隔，哭"子欲养而亲不待”，也在哭群丑，哭乱世，哭昏君，哭壮志难酬，哭明珠投暗，哭“大道如青天，我独不得出”。因为忠孝乃儒家之至宝，父母在，不远游，当克勤克俭，奉养至亲以为孝，待到孝道已尽，就要移孝为忠以为本。但天下之大，明君在哪里？试看今日之域中，竟是谁家之天下？

母亲一死，生命的根本不在，意义全无，孝无可孝，忠无可忠，这才是阮籍最大的痛苦所在。时无英雄，使竖子成名！阮籍之哭，悲从中来，撕裂心扉，激荡起后世的文人志士，泪飞顿作倾盆雨。

但阮籍大哭之前，又是下棋，又是吃肉，如此作践礼法，又是所谓何来？我以为并非性格使然，乃是使性赌气耳。

跟谁赌气？当然跟当局赌气，跟司马氏赌气。尔等窃国弑君，“忠”字荡然无存，就要以孝道治天下，哄骗世人，欺天下无人与？

但吾等偏偏不孝，偏偏不伦，偏偏反礼法。做得最绝的是孔子20代后裔孔融。孔门子孙，竟然不守孝道。甚至说出：“父之于子，当有何亲？论其本意，实为情欲发耳。子之于母，亦复奚为？譬如物寄瓶中，出则离矣。”此等言论，离经叛道，惊世骇俗，想来也不会是孔融的本意，不过是用来撕毁统治者的假面具，反戈一击的手段罢了。阮籍亦如是。

第二次哭，是阮籍哭美女。

兵家的女儿才华绝顶，貌若天仙，但还没出嫁就死了。阮籍不认识她的父兄，却莫名其妙前往哭丧，把心中的哀伤哭尽之后，才自个儿返回家。余秋雨在《遥远的绝响》中这样评价：“阮籍不会装假，毫无表演意识，他那天的滂沱泪雨全是真诚的。这眼泪，不是为亲情而洒，不是为冤案而流，只是献给一具美好而又速逝的生命。荒唐在于此，高贵也在于此。有了阮籍那一天的哭声，中国数千年来其他许多死去活来的哭声就显得太具体、太实在、也太自私了。

“终于有一个真正的男子汉像模像样地哭过了，没有其他任何理由，只为美丽，只为青春，只为异性，只为生命，哭得抽象又哭得淋漓尽致。依我看，男人之哭，至此尽矣。”

余秋雨不愧是才子，遗憾的是才子最喜欢玩弄文字，但却糊涂透顶，不明白文字既是阐释，又是遮蔽。

那么，阮籍究竟为什么要哭兵家的女孩子？假如兵家的女孩子没有才华，不是那么美貌，而且已经嫁人了，阮籍还会不会这样哭得惊天动地，目迷五色？也就是说兵家的女孩子吸引阮籍去哭，有两个必要条件：第一是女孩子才貌双全；第二是女孩子未嫁而亡。

母亲去世了，阮籍先是下棋，喝酒，吃肉……然后，才想起来要哭。那么，一个素不相识的女孩子，阮籍却长驱直入，哭得如此伤心，何也？

道理还是很显豁。兵家女孩子只是一个道具，一个对象，一个寄托，阮籍无非“借他人之酒杯，浇自己之块垒”。兵家女子，有才有貌，却红颜薄命，没有慧眼识珠的郎君相中，便魂归离恨天，何其可惜！自己德才兼备，一片丹心，却找不到明君，报国无门，蹉跎老去，何其可悲！阮籍是为兵家女子而哀，但更是为自己而哭。

古语有云：“忠臣不事二主，烈女不嫁二夫。”“士为知己者死，女为悦己者容。”两个地方都把“士”和“女”比对，不能不令我们深思。中国的礼教主张“君为臣纲，父为子纲，夫为妻纲”，君与臣之间，君有生杀予夺的大权，皇帝金口玉言，臣子可以被任用，可以被贬谪，可以被斩首。男子与女子之间，选择权在男子那里，男人欢喜谁就是谁，女子可以被宠爱，可以被冷落，可以被抛弃。

在封建的伦理中，女人和士人有太多的相似之处。女子描眉涂粉，修饰容貌，楚楚可人，就是为了得到男人永远的宠爱；士人发奋读书，修养才德，怀瑾握瑜，也是为了得到君主的重用。女人学好女红，练习好礼仪，打扮得娇艳艳，只为嫁一个好男人，绿水常绕着青山转。士人，学而优则仕，修身齐家，就是为了最后能够“治国平天下”。女人花的美丽，一辈子只为一个男人开放；士人才志的出售，也只卖给皇帝老儿一家，别无分店。

这就是为什么卞和失去了两条腿，还要执着地献玉。卞和哪里是献玉，他是要把自己的才华贡献给帝王家而已。难怪千古文人们都在卞和的惊天一哭中，写下“满纸荒唐言”，流下“一把辛酸泪”。文人们一旦不被选择，不被重用，报国无门，学无所用，或者骤然失宠，流放他乡，成为迁客骚人，他们人生的支柱就会轰然坍塌。

但面对皇权的威严，他们又不敢公然反对。还有读书人的那股子酸劲，男子汉的那点自尊心，都不允许男人直抒胸臆。于是，士人的目光开始急切地寻找，或许在同病相怜中，士人们突然发现，“女子”是一个很好的文学意象，最有利于表达自己的内心。那种在帝王和男人们的无上权威下，产生的那种永恒的无力感，使得失落的士人与薄命的女人形成同构。这就是阮籍借助兵家女子放声痛哭的缘由。

千古以来，失意文人正是因为读懂了阮籍，所以，每每吟咏阮籍名句，感慨系之，清泪满面。

阮籍的第三哭，意象清楚，一目了然。

山道之穷，无路可走，自然隐喻仕途之穷，命途之穷，人生至此，已经山穷水尽，无力回天了。于是，悲从中来，号啕痛哭，撕心裂肺。草木为之含悲，风云因而失色。

阮籍不是方孝孺，冷酷到底——死即死耳，诏不代草！阮籍不是王维，沉浸佛理——行到水穷处，坐看云起时。阮籍也不是李白，仰天大笑——安能摧眉折腰事权贵，使我不得开心颜。阮籍更不是唐寅，嬉笑怒骂——世人笑我太疯癫，我笑世人看不穿。生于儒学世家的阮籍，如何能够看得穿？人生的大错，就此铸成，人生的悲剧，无可避免。

酩酊大醉，能够逃脱儿女亲家，却逃不了违心劝进。一篇《劝进书》，文采斐然，一时洛阳纸贵。司马昭登基之路，舆论阔然清朗，顺理成章，阮籍从此死了。身之察察，受物之汶汶；皓皓之白，蒙世之温蠖。《劝进书》是阮籍永远洗刷不了的污点。

阮籍之哭，是不是也在为自己的无能为力而哭？为自己最终的失节而哭？为普天下文人孱弱的命运而哭？我们都不知晓，只知道劝进之后，不到数月，阮籍就寂寂而终。阮籍终于不必哭了，其他的文人，又开始在阮籍的故事中，流自己的眼泪。

[9]

一个长吻的寓言

可爱的中国留学生江海松，深情一吻，一次性瘫痪了美国纽瓦克机场。1600 人被困机场长达 6 个小时，所有旅客重新安检，大量航班被迫晚点，由此造成的直接经济损失超过 1 亿美元。大情圣江海松，将会面临非法侵入罪的指控和 500 美元罚金。

难怪美国一些议员，义愤填膺，感觉对江海松的处罚太轻了。确实，这一次，连我们自己也过意不去。

江海松的香吻其实是一个寓言，深刻地揭示出东西方文化的差异。比如，我们把龙凤当成宝贝，看成是吉祥的象征，而在西方，龙凤是凶恶的预兆。很多西方人对中国的恶感，就来自我们是龙的传人。

岂止是东西方文化之间有差异，就算是联盟国之间，也有很大不同。比如德国人和法国人在临死前，法国人的愿望是想喝一杯最好的香槟酒，德国人最大愿望则是——想再做一次报告。德国人狂热地喜欢演讲。

从江海松身上来看，表现出东西方文化的差异在于：

第一是感性和理性的关系。

中国人重感性，西方人偏理性。作为博士生的江海松，不可能不知道他行为的危害性。但他“明知山有虎，偏向虎山行”，就是想通过理性的失控，来表达对女友的真挚感情。在他眼里，自己冒的险越大，在女友的眼里得分就越高。因此，勇敢地越过隔离区，向自己的爱漂移，这是最浪漫的事。江海松的这个吻，可谓人类历史上最昂贵的吻了，亿金一吻。

第二是义与利的关系。

西方人重利轻义，东方人重义轻利或义利兼顾。如果说“义”代表一种伦理的人生态度，“利”则代表一种功利的人生态度。

此次江海松先生“舍生取吻”，罚掉区区 500 美元根本不算什么。要知道，历史上那个痴情的尾生，和女朋友约好了在桥底下见面，为了坚守信义，就算洪波涌起，也绝不离开，结果被活活淹死，喂了王八。这是以自己的生命为代价，中国人痴在这里，也傻在这里。

西方人从功利的角度出发，很少会做这样的选择。当年美国人欣克里拼命追求好莱坞女星朱迪·福斯特，为了引起朱迪的注意，欣克里不惜刺杀美国总统里根。刺杀失败后，美国法院从美国式思维出发，最终认同了欣克里家族所提供的医学证明，即欣克里有间歇性的神经异常，否则他不会那样做。这从反面说明了西方式的功利选择。

第三是情和法的关系。

中国是陆上文明，而西方是海上文明。中国长期农业社会和小农经济造成了我们的民族心理。一方水土一方人，这种心理很大程度上强调落叶归根，强调乡土情结，带有很深厚的情感。而西方文明是海上文明，充满着变动和不安，因为没有固定，没有根系，情的因素极其淡薄。

《孟子》中说，如果舜的父亲杀人犯法，舜作为国君，应该怎么办？执法，有亏孝道；不执法，亏于王法。两全之策，舜于是抛弃国君的位置，“箧父逃于江海之间”。

这就是中国的传统，人情大于王法。在这种环境里浸染出来的人，比如江海松，也会不把法律当回事。不就是经过一个隔离区么？不就是违反了机场的纪律么，又不是杀人、放火？殊不知他的罪行，某种程度上要比上述犯罪的危害还要大得多。江海松的脑子里除了他的女友，没有社会，没有更多的人群。除了可怜的知识，他一无所有。

江海松吻完之后就回家了，直到五天后被捕，他正在球场上打球，他早把这件事丢到了九霄云外。可见他对法律的漠视到了什么程度。

[10]

人类的两大绽放时

有时候，不由得瞎想，我们今天的人，两条腿，两只手，直立行走，自诩为万物灵长，这种狂妄自大的生物究竟是怎么来的？是什么使得我们经历漫长的冰河时期成为今天这样的家伙？又是什么形成了我们今天的心智？

对这个问题的思考，非常有意思，也非常有意义。

想来想去，人类意识绽放的两大时刻，肯定有过这样两个场景。

第一个场景。

有一天，这一天肯定是很久很久之前，也许是一万年之前。地球上进化出了一种植物，非常脆弱，也非常美丽，它很难绽放，却容易飘零，重要的是，它散发着魔鬼一样的香气。它，没有名字，但我们今天叫它——花朵。

有一天，在一个关键的临界点上。这样的临界点非常重要，造化弄人，人类的群星闪耀，但书写历史的往往不是伟大人物，而是关键人物。一个微不足道的小人物，在某一个临界点上，一旦被历史所选择，他就成了关键人物，然后，他开始书写人类的传奇。

这一天，就有这样的一个关键人物。在飞土逐肉的过程中，他突然发现了一朵花，腿立马就软了，心立刻就醉了，他为之着迷，心旌摇荡，不能自已。这个人朦胧地意识到，这个脆弱的物种，含苞欲放，散发着迷人的芳香，让他感觉到内在的悸动，这种悸动穿越了灵魂，让他不仅有外形的愉悦，还有内心的芬芳。于是，他开始对一朵花微笑。

这是整个人类历史上最伟大的一次蜕变。人类第一次如此珍视、如此欣赏物种，而这个物种饥不可食，寒不可衣。也就是说，人类第一次为一个没有实用价值而且与生存无关的东西微笑，甚至落泪。什么也不为，就因为它让我们动心，因为它无与伦比的美。

人类首度体会到“美”，这是标杆性的事件，人因此与所有的物种区别开来。

佛陀也不例外，据说他曾经在一次默示中，拈花不语，只是凝视着它。一位名叫大迦叶的僧人，若有所悟地开始微笑。佛陀直接选中了大迦叶作为自己的传人。佛陀是智慧的，大迦叶的微笑，是一种心领神会，这种意会就是开悟。这个微笑，后来就成了禅宗的起源。

看出花朵的美丽，能够唤醒人类去正视自己最深处的美丽。说明人类不仅可以是实用的，物质的，功利的，也还是审美的。

第二个场景，更加有趣。

很多年之前，有一个原始人打猎，他梦见自己射杀了一头猎豹。族人非常兴奋，举行了盛大的篝火庆典。我们曾有过这样的传统。古人们获得了猎物，常常点起篝火，然后绕着英雄，夸张地跳起舞，感谢上苍给自己的赐予。

英雄在载歌载舞之中，感受到来自黑暗之中很多女人的灼灼眼光。欢庆过后，英雄挑选了一个最漂亮的女子，步入森林，宽衣解带。正在销魂蚀骨的关键时刻，男人突然惊醒过来，不过是一个梦，男人躺在草地上，一个人，形单影只。

男人懊悔不已，怅然若失，于是，开始追问：刚才的一切，是真的呢，还是虚幻的呢？如果是真的，现在这一切去了哪里？如果是虚幻的，那么自己刚才那种真实的感受，又来自哪里？

就在这样的胡思乱想中，人类的伟大时刻诞生了，男人猛然意识到自己有两个存在，一个是肉体的存在，一个是精神的存在。肉体躺在地上，但还有一个灵魂，离开了自己的肉体，射杀了一个猎豹，享受了女人火热的温情。

把肉体和灵魂区别开，认识到人既是物质的存在，也是精神的存在，这是人类发展史上的壮丽一页。

之所以想起了人类的两大绽放时，是因为如同花朵一样，我们都曾经绽放过，但早已经飘零。我们匍匐在实用的功利主义之下，沉醉不知归路；我们只在乎自己的一具臭皮囊，何曾在乎过自己的心灵？

春天已经走了，不可能再来，人类的花朵熄灭了，而且不可能重新开放。这是我们今天最深的痛苦和悲哀。

第七章

没有人是一座孤岛

[1]

教育要注重无用之教

在诺贝尔奖晚宴致辞中，莫言说了一句意味深长的话：“文学和科学相比较，的确没有什么用处，但是文学最大的用处，也许就是它没有用处。”

教育也是如此。

执着于有用还是无用，不过是一种偏见，对人生没有丝毫价值。有用和无用都是相对的。在他有用，在我可能就无用；此时无用，彼时或许有大用。饥渴之人，有用的是一杯水；饥饿之人，有用的是一碗饭；伤心之人，一个无言的眼神和一个紧紧的拥抱，或许就是无价之宝。

庄子和惠施关于“无用”曾有过一次经典辩论。惠施对庄子说：“你所有的言论都是无用的。”庄子说：“懂得无用的人，才可以同他谈有用。譬如地，不能不说是既广且大，人所用的只是立足之地而已。但是，如果把立足之地以外的地方都挖掘直到黄泉，那么人的立足之地还有用处吗？”惠施说：“无用。”庄子说：“那么无用的用处也就很清楚了。”

没有无用之物，有用之物也就失去了依存之所。

某重点大学的一名大学生，有一天愤愤不平地对他的辅导员说，大学四年期间，我所学的东西，都是无用的。辅导员只问了他一个问题。如果没有这四年，你能否独立完成一篇高质量的本科毕业论文？学生哑口无言。皮之不存，毛将焉附？

很多时候，看似无用的东西，但在你追求它的过程中，你所获得的思维锻炼，以及由感性到理性的认知过程，甚至你所走过的弯路，你的绝望和痛苦，都成为我们人生的必修课。

当下教育最大的危害，就是不在乎那些无用的东西，以为给孩子无用之物是浪费孩子生命。殊不知恰恰是这些无用之物，滋养了孩子的心灵，丰富了孩子的生命，能够给孩子的未来奠基。

没有一种人生不需要旁逸斜出！

没有一种人生不需要摇曳生姿！

也没有一种人生不需要悬念迭出！

我们却妄图设计好人生的每一步，精确无比，高效吓人。但设计好的路径，就算没有一丝一毫的差错，这样一览无余的人生，还有什么意思呢？

在成人看来，童年太幼稚了，是无用的。为了不输在起跑线上，我们把孩子的童年变成了压缩饼干，一口就吞了，使得孩子五彩的童年变成无彩童年。当孩子穿梭于各种培训班的时候，往往缺失了和父母家人的相处。要知道，所有的技能都是为人服务的，从小缺失了对亲情的感受，未来是不可能有大成就的，因为人性是一切的基础。

看看现在的小孩子，小小年纪不知道捉迷藏，不知道过家家，不知道掏蜜蜂，不知道光滑的石井栏、高大的皂荚树和紫红的桑葚；没有了百草园，孩子们就只有三味书屋，整天在兴趣班、特长班和考级中穿梭，结果就是单调乏味。很多孩子就像小老头一样，一个个背着硕大的书包，暮气沉沉，还没真正入学，就已经产生了上学恐惧症，每天都做噩梦。

学校学习期间，我们又按照考试的分值，人为地把一些课程分为主科、副科和无用科。比如体育、美术和艺术课，因为不计算在考试成绩之中，就被划分为无用的科目。无用的学科当然不受重视，常常被挤压，被忽视，被取消，于是，除了考试，除了分数，我们的孩子脸色苍白，心灵贫瘠，有知识没见识，有见识没胆识，成了有文化的文盲。

卢梭说："误用光阴比虚掷光阴损失更大，教育错了的儿童比未受教育的儿童离智慧更远。"在我看来，有文化的文盲比无文化的文盲更加可怕，无文化的文盲，还有对知识的渴求，至少还有一副好身板。有文化的文盲，则永远失去了对真理的兴趣，一个个像豆芽菜一样，病恹恹的，烂泥扶不上墙，不过是新一代的东亚病夫！

西方学者早就指出："自然界不跳跃。"意即自然界所形成的整体是完整而没有空隙的，其中的任何一样东西，都是不可缺少的。这种连续性与整体性，就是"不跳跃"，亦即没有任何东西是全然无用的。

人类历史上最伟大的进步，不是蒸汽机的发明，也不是工业革命的爆发，而是从第一个人发现一朵花的美丽开始。花朵既不能充饥，也不能御寒，但人的灵魂第一次被它穿越，这是对实用主义的摆脱，是心甘情愿地对美低头，这是人类智慧觉醒的第一步。

什么是教育？当你把学校教给你的东西都忘掉之后，剩下来的才是教育。学校教给你的东西，很多都是有用的。但唯有剔除这些有用的东西之后，在我们求索“有用”东西的过程中，我们的坚持、执着、勇敢和爱……这些貌似无用的品质，乃是我们走向未来的核心品格和关键能力。

美术和音乐，真的没有用吗？当一个人沉浸到艺术之中时，他的生命是完整的、和谐的、圆润的，自然也会忘记现实的“有用”性，忘记社会上功利主义的不能承受之轻，也就是在这个时候，我们的教育才真正发生。

爱因斯坦正是沉浸在小提琴的艺术氛围中，才获得了巨大的灵感和想象力，而想象力是一切创造的伟大源泉。我们甚至可以说，没有小提琴就没有伟大的爱因斯坦。物理学大师海森堡则认为，物理世界的“真”和“美”是统一的，科学的最高境界，是一种美的境界，没有“无用”的美，就没有“有用”的真。

还有我们的钱学森之问，我们为什么诞生不了大师？原因当然有很多，但最重要的一点就是，我们太浮躁，太功利了。我们目光短浅，直奔主题，我们坐不了冷板凳，忍受不了寂寞和孤独的噬咬。

可是，上帝只宠爱沉浸在伟大真理中的人，而讨厌沉浸在名利之中的人。

有人问逻辑学之父金岳霖，为什么喜欢枯燥的哲学。金老回答说，因为它好玩。一切创造都因为你发自内心地认为它好玩，好玩是学习的生死密码。

当我们的孩子觉得学习一点也不好玩的时候，我们的教育就已经死了，而且还永远不可能还魂，不可能死灰复燃。因为无趣、不好玩是灵魂的死，无法医治。

可是，我们觉得还不够，除了有用之外，我们又增加了一条——有用的东西，还必须高效学习。所谓高效，就是机械化，快速吸纳，当堂消化。连老黄牛都知道囫囵吞下去的东西，要吐出来反复咀嚼，才能获得营养。我们却不懂得，或许也不想管，继续丧心病狂地填塞，管他春夏与秋冬。最后，我们所有的孩子都得了厌食症，尽管吃得很多，但全都营养不良，形销骨立。

很多年前，胡适曾经说过：“中国人治学之弊：一是苟且求快，二是不重文科，三是只重技术。导致这三者的原因，就是中国人急于速成，只要结果，不要过程。而最终带来的恶果，就是学界呈现两大特点：一是没有自尊，没有思想当然没有自尊；二是没有文明输入的能力，因为技术只是文明之果，没有栽培，哪能输入。”

无用之用乃是大用，这是每一个有良知的教育工作者必须要面对的问题。

[2]

没有人是一座孤岛

2013年夏天，我去美国友好学校实地考察。

首站是洛杉矶，在迪士尼乐园发生的一件小事，真正榨出了我皮袍下的“小”来，让我意识到自己还是一个土鳖。

迪士尼乐园是世界上的第一座游乐场，举世闻名，但实际上已经很老化了，比芜湖的方特欢乐世界都差了很大一截。

中午在迪士尼吃饭，因为游客太多了，餐厅就在露天。洛杉矶热辣辣的太阳伞下，是一张张桌子，零散分布。我好不容易等到了座位，导游帮我买了一瓶饮料、两个汉堡，我狼吞虎咽，一会儿就吃完了。桌子上留下一些纸盒和餐巾，我心里揣度了一下要不要把垃圾清理掉，在美国我代表的可是国家形象啊。四周看了看，没有发现垃圾桶，只好作罢。考虑到人很多，吃完之后，我赶紧把座位让出来，撤到树底下去了。

露天餐厅的旁边是一个演出广场，几个未来的钢铁战士从飞船里出来，与怪物交战，孩子们参与进去。每个人都发了一个斗篷，挥舞着武器，由未来战士一一指导，然后，跟着战士们一起去战斗，保卫地球……这种互动参与式的演出，非常受孩子们欢迎，在家长的欢呼之下，孩子们玩得很嗨。

正看得入迷，突然一个矮矮的、看上去像是印度人的男人，用非常不标准的英语大声对我叽叽咕咕，我听不懂，就想去找导游，那个人以为我要逃走，居然拉住我。我非常尴尬，不知道哪里出了错。一会儿导游过来了，翻译过来，原来是这个男人看到我没有清理桌面的垃圾，于是赶过来伸张正义。

因为理亏，没办法，我只能回去清理桌子，我把自己制造的垃圾弄得干干净净，就准备走了。那家伙还是不让我走，比画来比画去，这次我弄明白了，他让我必须把整个桌面都弄干净。真是岂有此理！也许是受到了冒犯，也许是受到了羞辱，我的抵触情绪也来了。不是我制造的垃圾，凭什么让我来清理？我没有这个义务，也没有这个责任。

导游过来了，告诉我，按照他说的去做。我只得愤愤不平地把整个桌面清理干净了，那个美国人不知道从哪里弄来一个袋子，让我把垃圾装进去，然后，领着我到一个远远的地方，放进了垃圾桶。可能是怕烈日下垃圾发出气味，所以垃圾桶被人移到了很远的地方。这是整个事件的导火索。

我以为这一切都是为了给这个美国人提供一个座位，要不然他也不会这样上心。谁知道回去之后，那家伙还是坐在原来的地方看演出，原来他只是路见不平而已。我有点低落，有点屈辱，一种道德素质低下的情绪使我难过。看到我难过的样子，导游很严肃地告诉我，这不是美国人欺负我，这是美国人的规则意识。每个人都有义务为下一个人创造最美好的环境，与这个环境是不是我们弄脏的没有任何关系，这个观念叫作“下一个意识”。

“下一个意识”，看起来是纯粹的利他主义，但所有的人都利他了，最终也就会“利己”。我为人人，人人为我，慢慢地，我就想通了。没有人是一座孤岛，每个人既是“上一个”，也是“下一个”。当我用餐的时候，我就是上一个人的“下一个人”。当我把整个美好干净的桌面再交给我的“下一个”时，实质上我的“上一个”也把一块整洁干净的桌面交给了我。

这是一个完整的契约关系，如果有一个链条破坏了，其他人有可能就会照猫画虎，于是，多米诺骨牌倒了，整个契约被彻底破坏，恶性循环就这样产生了。

其实，“下一个意识”我们并不陌生，儒家最核心的思想是“己所不欲，勿施于人”。老子也说：“老吾老以及人之老，幼吾幼以及人之幼。”推己及人，中国人早就用同理心来对待“下一个”。

曾经有一个老人在商场闲逛，一个气度不凡的女士，给她打开门，搀扶着她在商场里转悠了很长时间，女士微笑温顺，不厌其烦，老人极为感动。分别的时候，老人再三感谢，女士报以一笑：“我有一个像您一般大的母亲，我希望我不在她身边的时候，也有一个人这样照顾她。”如此而已，爱可以这样传递，也可以这样升华。

为“下一个”着想的善意，也许起初不是为了回到自己身上，但经历很久很久，当初的那些善，经历了很多的转折和升华，终究还是会回到自己身上。反之，做坏事也是会回到自己身上的，这就是我们说的因果报应。

有一个高超的猎人，射术高超，火候拿捏得极好，他射一只大雁，不至于要了那只大雁的命，但又能把箭矢射在大雁的屁股上，只等着来年看那只大雁还回不回来。很多年，那只大雁一直没有来。

猎人后来娶妻生子，生了一个大胖小子，百般疼爱。有一天，胖小子在外面玩耍，忽然听到长空中大雁的叫声，一只屁股上插着箭矢的大雁从远方飞来。小家伙抬头仰望，突然箭矢从高空中掉落，贯脑而过，小胖子当场毙命……

如今，我们正从农耕时代的“熟人社会”转型为一个现代社会的“陌生人社会”，培养“下一个意识”，不断建立起规则，并能把规则和我们的人情世界相结合，对我们的社会公民整体素质的提升意义重大。

[3]

月光下的校园树

已经很晚了，我一个人在校园里走。

白天的喧嚣，这个时候，归于寂静；校园沉睡了，连星空也变得空旷，恍惚，并且迷糊。路灯三三两两，像起床晚了的人，睡眼，反而惺忪。月亮，特别大，特别白，仿佛用了夸张的修辞，清辉满溢出来，整个校园都被淹没了。人走在校园里，像河底的鱼，而那些树，也该就是水草了吧。

忘记了有多久，我没有凝视过月亮了。我们都成了人质，被社会裹挟着，无能为力，不由自主。忘记了自己当初是一无所有地来，终究也会一无所有地走。不知道现在，还有没有一个人，在中秋之外的某一个夜晚，安静地停下来，望月怀远，借月抒怀？

今天，也是机缘巧合，有这么一个值班的机会，让我突然间安宁下来，与久违的月亮，来一次零距离的对话。

走得太快了，家园就会越来越远，灵魂被搁置了，心灵就会枯萎。自从亚当和夏娃被逐出伊甸园，我们就没有找到过回家的路。我们都是罪人，而且没办法救赎。那么，月亮是照耀我们回家的灯吗？也许是，也许不是，但至少它能洗去我们的风尘，让我们的心灵短暂地湿润，灵魂重新迸发出绿色。

人生代代无穷已，江月年年望相似。多美的句子啊，多深沉的感喟。

古往今来，如果没有月亮，那不是太恐怖了？屈原、李白、杜甫、苏轼、张九龄等等，几乎所有的文人，他们的光彩不是都要打折？月亮是中国文化的命根子，没有了它，游子怎么思念故土、亲人、爱人？没有了月亮，爱情如何酝酿，如何在波光艳影中传递得百折千回？没有了月亮，文化如何依附，情感怎样寄托，心灵能够皈依到哪里去啊？

你问我爱你有多深，我爱你有几分，你去看一看，你去想一想，月亮代表我的心。

可是，我们现在忘记了月亮，把它一个人孤零零地扔在天上，没有了花前，自然就少了月下。我们现在是“花钱”，是“药下”。当家园废弃，当灵魂枯萎，我们的双脚就会踏踏实实地走向虚无之途。

于是，又想起了月光下的树。眼前的这一株，我过来的时候，它还没有儿子高，但现在，它早就超过姚明了。在微风中招摇，似乎还有一点香味，一点点地播散，像电影中的慢镜头。

校园里的树，总是会有特定的意义。

王栋生老师说，他到任何一所学校，不看别的，就看有没有老树，老树是学校最忠实的传统，也是最美好的文化。

在老家的时候，有一年，学校要大量种树。作为班主任，我努力把这个任务争取到了。所有的人都大惑不解，我却觉得拣了一个大便宜。

我和全班的学生都去种树，挖坑、培土、浇水，一棵棵树就这样栽好了。我对他们说，每一棵树都能实现一个愿望，你们今天也种下了自己的心愿，只要你们常常浇水，悉心照顾，每棵树都能长成参天的大树，人也是如此。最重要的是，你们在母校留下了最宝贵的东西，它们在那里自在地成长，肆意地坦荡，我们可以放弃，但树绝不会。还有，孩子们，我想为你们感到骄傲，有一天你们高飞了，走向天涯海角，我会对后来的学生说:“这就是某某植的树。那些树高高站在那里，它们就是路标，就是榜样！”

那一届学生后来考得很好。最可贵的是，他们在校园留下了印记，不是死的印记，是生命的葱茏。离开校园的时候，孩子们充满了感情，依依不舍，还都与自己的树告别。

我想，将来有一天，他们回来了，也会有自己的树可以抚摸和依靠。只有生命的相互交织，才能走向生命的互相驯养，彼此就成了生命中的独一无二。

后来读到帕夫雷什学校里的一个美好传统。我佩服极了。苏霍姆林斯基把树的作用，发挥到了极致。帕夫雷什学校要求：每个一年级的学生在他上学后的头一个春天，要在家里为母亲、为父亲、为奶奶、为爷爷各栽一棵苹果树和葡萄树，并且日后由他照管。几年之后，树便可以结果。孩子们要把第一颗苹果和同一个春天栽下的葡萄树所结的第一茬葡萄献给母亲、父亲、奶奶、爷爷吃。苏霍姆林斯基说，这是培养人道精神的一个好手段。但我以为这岂止是培养人道精神的好手段，这个活动简直包含了所有生命的密码和教育的含义。

当孩子种下了第一棵树，这是不是一个生命的起点？犹如孩子开始了人生第一课。

当孩子一天天地成长，树也一天天长高。成长需要浇水，施肥，也需要捉虫子，抗击风雨，学习、人生何尝不是如此？挫折、失败、单调，无时无刻不在缠绕着我们。

当孩子摘到第一颗果子的时候，这也是人生的收获。在这个收获中，孩子学会了耐心，学会了耕耘，也学会了等待。生命需要等待，等待是人生最大的智慧。树和孩子成了彼此的密码。

很多俄罗斯人都喜欢给孩子种树。孩子出生了，就给孩子种一棵树，等孩子将来老了，朽了，走了，就葬在这棵树下。据说，这样可以带来好运。

伟大的托尔斯泰死后，就葬在那样的树下，那是世界上最美的坟墓。中国的居里夫人——吴健雄女士，也是葬在她父亲亲手种植的紫薇树下。生命在这里归于沉寂，也归于虚无的永久。

庄子说，天地有大美而不言。孩子在陪着小树长大的过程中，有没有亲近自然，并从自然的奥秘中获得启迪？那简直是一定的。当孩子把自己获得的第一颗苹果和葡萄，献给自己的长辈，孩子完成了一个高贵的洗礼。这种感恩之心，会永远烙在他们的心灵深处，成为他们美好思想的一块基石。

我在想：如果我们的校园里，到处都是学生手栽的树，每棵树上都挂着一个小牌子，写着学生的名字……那些树，葱郁着，茂盛着，生长着，当走出去的孩子们回来，看到这些树，想到过去的时光，该会是怎样一番样子呢？甚至这些孩子们的孩子，将来也在校园里读书，看到他们父母亲手种植的树，在那里远远地看着他，又会是什么感觉呢？

生命就这样传承，流淌。有一天，我们都会老的，但很多的树庇护着校园，文化就这样撒播。我们的校园是不是更有生活的情味，并且弥漫着动人的味道？

[4]

《中国好声音》给教育的五大启示

向来鄙视娱乐节目的我，一下子却被《中国好声音》俘获了，而且心甘情愿，充满着明晃晃的快乐。

一档选秀节目，何以能够异军突起，一开播就雄霸收视榜头名，赢得大众的青睐？峨冠博带者、引车卖浆者无不伸长脖子，翘首以待。最神奇的是，无论赞誉者还是毁誉者，都不可避免地沦为《中国好声音》的收视者。看《中国好声音》，就像男人抽烟，有瘾，明知道有害（夜深，影响睡眠），还乐此不疲。

之所以极端关注《中国好声音》，还因为我从中得出了教育的不少启示。

一、除了声音，我们一无所知

《中国好声音》的导师在评价学员时，完全背对着演唱者，不但不知道演唱者姓甚名谁，更不论演唱者的外表、神情，只能凭现场的歌声做出判断。

盲评至关重要。因为评选的是“中国好声音”，好声音只需要耳朵，其他的感官只能是摆设。为什么要背对学员？因为人毕竟是人，是人就有人的局限性。面对面的评价，无论如何，都会不由自主地受到一些外在因素干扰，神仙也不例外。要命的是，就算你没有受到干扰，观众打死也不相信。

印象最深的是台湾的张玉霞，她是一位街头盲人歌手，光看外表，与歌手简直是风马牛不相及。但在舞台之上，当她人歌合一，邓丽君的天籁乍然出现，全场鼎沸，熠熠生辉。四个导师齐刷刷转身，她以绝对的唱功震撼全场。

我在想，这么多年，张玉霞究竟在哪呢？天才的她，竟如此磨灭，不能不说是相貌惹的祸。那么，作为教师，我们在评价学生的时候，有没有以貌取人，以分数取人。尽管没有盲评的机会，但我们能不能尽可能地闭上自己定式的眼睛，发展性地看待一个学生？

孩子，你的过去，我一概不知。我只看你的现在，用我的眼睛，更多的是用我的心灵，用上帝赐予我的大脑，对你进行纯粹的审视，绝不戴上有色眼镜。不论学生的形象、身份、背景、家族；好看的，难看的；成绩好的，成绩差的，我们都应一视同仁。开奔驰、宝马、奥迪，骑着自行车、穿戴着雨披，在我们的眼里，他们都是你们的父亲和母亲，没有附加的任何色彩，都是平等的。

如果我们坚守了这样的认知，我们不仅守住了教师的人格尊严，也真正教会了学生怎样做人。否则，我们不仅伤害了那些弱势的孩子，冷漠地践踏了一颗颗敏感的心；同时，我们也伤害了那些自己高看一眼的人，因为我们也没有让他获得一种公正，要知道，没有公正的青睐也是一种伤害。

二、没有激情，我们还剩下什么

我其实对音乐一窍不通，但是，又很喜欢看音乐。为什么说是看呢？因为那些演奏者的肢体语言，丰富陶醉的面部表情，以及甩动的长发，歇斯底里的冲动，总让我热血沸腾。这似乎是一个悖论。

生命是需要激情的，在那一刻，我成了一种易燃易爆品，一点火，就会焚身。

看《中国好声音》，我就沉醉在激情燃烧中。

先是导师的“张牙舞爪”。向来表情不多的学院派刘欢，也是欢歌笑语，有几次还哽咽流泪。男人的泪水，尤其老男人的泪水，更为动人。哈林不用说，摇滚王子，没有一刻安静，煽情如火，总想一次嗨个够。那英，这个风风火火的女人，高中时曾经找男生单挑的女人，把一个女人的真性情全活出来了，嬉笑怒骂，豪爽无比，常常作势按钮，却又是在调情；偶尔吃惊，偶尔流泪，偶尔还冲上场去争抢戏份，简直是一个不折不扣的混世魔女。杨坤，绝对粗犷的杨坤，却原来是感性男人。他常常眯着小眼睛，跟着哼，跺着脚，摇头摆尾，醉在其中，又常常热泪狂飙。那又有什么关系呢？男人哭吧不是罪。我从心底里理解这个男人，一个唱《无所谓》的男人，恰恰是一个最有所谓的男人。一个曾经从最底层唱出来的歌手，自然更容易被草根打动，因为他们都曾经活在汪峰的《春天里》。“如果有一天，我老无所依，请把我留在那时光里；如果有一天，我悄然离去，请把我埋在春天里。”

选手也是如此，充满激情，充满能量。肆意招摇，肆意美丽，肆意绽放，把激情释放到底。

我常常感叹，那些艺术的人啊，总是能够永葆激情，是不是真理对他们有所承诺？而作为教师，为什么职业倦怠感来得那么早，那么强烈？我们究竟该如何持久保持更新自己的教育激情，从貌似重复的工作中找到生命的支点，工作的乐趣？

有人说，自信产生激情，需要产生激情，真情产生激情。那么，身为教师，是不是我们的自信遭受打击，需要屡遭抑制，真情一天天被稀释？

无论如何，我们都和未来的希望绑在一起，我们可以改变世界，也可以灰暗世界。所以，作为教师，我们只能拥有激情，永葆激情，我们别无选择。

阿米尔说：“没有激情，人只不过是一种潜在的力量。”激情和表情就是美。一张不带激情、不善表情的脸就是缺陷，任它涂脂抹粉，你吹我捧，都是呆若木鸡，味同嚼蜡。

罗素说，三种单纯然而极其强烈的激情支配着我的一生：对爱情的渴望，对知识的向往，对人类苦难痛彻肺腑的怜悯。在这样的状态生活注定是孤独的，无尽的孤独，也是一种近于绝望的孤独，但如果有一双眼睛与我一同哭泣，那么，我就将获得激情，生命就值得我为之受苦。

三、尺码相同的人，会惠及彼此

成功需要团队，在西天取经的路上，少不了孙悟空，但也少不了沙和尚和猪八戒。没有沙和尚，旅途遥遥，让人望而生叹，谁来挑着重担？没有了孙悟空，谁来逢山开路，遇水架桥，上天入地，斩妖除魔？没有了猪八戒，就没有了好色贪吃的故事，没有了色彩，一路上就会枯燥无味，烦闷至死。没有了唐僧，就没有了领导，没有了价值观，那更是万万不可的。

因此有人把这四个人界定为一个人，他们自然尺码相同。

猪八戒代表着本我，所以好色贪吃，充满着本能的欲望；沙和尚代表着我们的肉身，所以呆板刻板，无情无欲。孙悟空代表着自我，自我总是在叛逆中成长，但需要一个方向，既要用金箍棒砸烂一个世界，也需要用一个紧箍咒来限制权力。而唐僧代表着超我，这是做人的最高境界，最高境界的就是师傅，就是佛。

我们再回到导师团队中来。也是四个人，刘欢，流行音乐的教父；那英，流行音乐的天后；这两个人一男一女，一阴一阳，极为匹配。哈林，摇滚歌手，这个角色的定位，必须是全民偶像，尤其要为青年人喜爱，哈林又是台湾歌手，这是意外的奖赏。杨坤的定位是必须选秀出身，打上励志的烙印。

起初准备用王菲代替那英，李宇春代替杨坤。如果是这个团队，那就够呛。我是王菲的拥趸，但是王菲比较细腻，清高，很难调动现场气氛；李宇春太年轻了，镇不住台面，而且是小姑娘，很难与另外三个人形成互动，互相拆台，插科打诨。

那么，教师队伍，更需要团队建设。过去是权力领导，制度领导，现在是价值观领导，愿景领导。总之，得有一个和谐的黏合剂把大家聚合在一起。

团队同心同德，同舟共济，就能同创辉煌。反之，团队同床异梦，同室操戈，就会同归于尽。

四、幽默是生命中的盐

在《中国好声音》的舞台上，艺术家不再是可望而不可即的大仙，而是我们的邻家大叔、大姐和兄弟。放下身段的导师，插科打诨，争风吃醋，颠倒众生，让人忍俊不禁。

不会说话的杨坤，竟然成了最大的看点，来源于他的“真诚的狡猾”，这种风格可以归纳为杨氏幽默。比如，他那句极其真诚的告白“我今年有32场全国个唱演唱会，请你做嘉宾，你跟了我，你就红了”，还有反差极大的那句“我的小心脏动了一下”都成了网络热词，受到观众的追捧。

那英调侃哈林，台湾有点远。哈林马上反驳，音乐是没有距离的。杨坤为选手流下了眼泪，又赶紧澄清：我流的眼泪不是给你看的，是流给我自己的。那英说，知道什么叫鳄鱼的泪吗？杨坤的小心脏立马承受不了。一旦有人选择刘欢，哈林马上就会说："又是欢哥家长会的。"调侃刘欢是老年杀手。哈林还乱掰："没关系，艺人嘛，就是要异于常人。"

幽默不是滑稽，而是活泼泼的智慧，来自心灵最深处自信的感悟。互掐不是打架，而是一种别样的沟通。因为一旦选手选择了导师之后，大家立马一笑泯恩仇。

从来都语无伦次的杨坤，忽然滋生了生命的感悟："作为一个歌手，歌唱得好并不是唯一，更关键是有一个平台，让人去了解你是一个什么样的人。之前我一直认为唱歌是生命，忽略了自我表达，现在终于可以有这样的一个平台，可以去自由地表达，这样挺好的。"

没有什么东西，能够抵抗成长的魅力，杨坤在节目中成长了，我们也是。

五、真诚让我们走到世界的尽头

《中国好声音》的走红，并不只是因为那些动听的歌声，还因为歌声背后的一个个人。这就有了盲听之后的故事。

逻辑的链条断裂了，生命的热血，喷涌而出。有人说，世界不是由原子组成的，而是由故事组成的。一个人没有故事，就好像一个人没有灵魂。但是，所有的都要真诚。没有任何东西能够打倒我，唯一能够打倒我的，就是真诚。

那个美甲店老板黄勇，为了妻子一个小小的愿望，20多年一直在奔跑，人渐渐老了，但理想依然年轻。因为妻子喜欢美甲，黄勇就开了一个美甲店。我一次次被他的真诚感动，也一直注意到后台黄勇的妻子，眼睛里的脉脉深情。当黄勇被淘汰的时候，一刹那间，我竟然有窒息的感觉。他的歌唱得太用心了，以至有点过，少了一种孤独和空间感。但我知道他的努力，我恰恰被他这一点所吸引。

还有刘欢。当一名选手说，自己现在演出很少，租房子，没有钱，很困难，咬着牙支撑。刘欢真诚地告诉他："技巧是次要的，生命的阅历，甚至苦难，都会增加生命的厚度和认识。有一天，你会发现，一切都不一样了。祝福你。”我被刘欢这一段肺腑之言所感动。这是生命中最真的体验。艺术不是凭空而来，一定得在汗水里泡过，在盐水里蒸过，在血水里煮过。

五大巨星，忐忑地等待学员的挑选，求贤若渴，爱才如命。导师和学员权利对等，互相尊重。坚硬如水的那英走上舞台，与齐雯共同演绎《白天不懂夜的黑》；粗犷感性的杨坤遭遇粉丝，和月一起高歌《里约热内卢》。那一刻，我们既感受到了音乐之美，也体味到真诚之美。刘欢激动得脱帽欢呼，那英气场夺人，杨坤泪洒当场，哈林拍烂了椅子……这就是真性情。

作为教师，在知识面前，在真理面前，在学生面前，我们时时刻刻都要真诚，赤裸裸地面对一切。没有任何矫饰，选择真诚，就是选择一种人生。

[5]

绝不培养告密者

在学生的作文中，看到一篇《间谍之哀》，让我唏嘘不已。我再次在内心警醒自己：绝不培养告密者，而且还要对学生进行一次必要的教育——告密可耻。孩子的原文是这样的：

间谍之哀

初中时，我曾经做过一个“间谍”，不要不相信，我真的是老师亲自任命的“间谍”。我的目标是上课说话、自修课搅乱喧哗的同学，然后，把他们的“罪行”记下来，一一呈报给班主任。

班主任那天偷偷任命我的时候，我竟然还没有完全明白过来，就糊里糊涂地答应了，等回到座位才明白是怎么回事。哎，也只有硬着头皮干了。

第一天晚自修，同学们真的很“配合”，我很顺利地开始了我的工作，不忍心之余，我还是睁只眼，闭只眼的，看着他们一张一闭的嘴，真想冲上去告诉他们我的“光荣”使命，让他们小心提防。

以后的事情更加困难了，班主任还要我把小纸条亲自交过去，那我不得不频繁进出办公室，这可不像我的风格，所以，还是不要交好了。没想到班主任竟然亲自来向我要，我只好大庭广众之下硬着头皮交了出去，当然会引起学生怀疑了。不过，因为我的根基好，颇受同学们信任，所以也就混过去了。接下来的几次虽然我都勉强蒙混过关，但心里总不是滋味。

至今都不能忘记这个可怕的回忆，如果能回到从前，我绝对会毫不考虑地拒绝，并且认为这个做法本身就是一个错误，很可能会使得当“间谍”的人被孤立，并且不好有好朋友。在这里，我严厉指责班主任的做法，因为这是对我和同学们所犯下的错。

我能在这篇文章中看到学生的挣扎，看到一种愧疚，看到她告密之后内心中的失衡。多纯洁的孩子啊，是我们老师陷她于不义，并给她心理深深的折磨。如果我们今天孜孜不倦地培养告密者，难保我们有一天不会成为告密的对象。

就算是告密文化的拥护者武则天，对告密者的人格也是蔑视的。公元692年，武则天为了表示虔心礼佛，心血来潮，下令禁屠。右拾遗张德因为喜得贵子，违禁杀了一只羊，做成肉饼子，宴请同僚。前来赴宴的杜肃偷偷藏了一个肉饼子，当天晚上就屁滚尿流地摸入皇宫，去告发。没想到，第二天武则天却在朝会上当众揭露杜肃，将告密信交给张德看，还对他说：以后请客，最好先看清人头，不要把好酒好菜拿去喂了背后咬人的狗。众目睽睽之下，告密者杜肃当众挨了一记耳光，从此抬不起头来，再也没脸见人。战争只能由战争来消灭，出卖也只能由出卖来遏制。杜肃从此被钉在告密的耻辱柱上，成了卑劣无耻的代名词。

《北京青年报》曾经报道，为了严肃班级纪律，哈尔滨市香坊区轴承厂子弟中学某班的老师竟然想出了一个刺激学生举报的“高招”：重金奖励举报者，凡举报一名违反班级纪律的同学，被举报者罚款5元，举报者提成3元，留下2元做班费。在金钱的刺激下，该班举报者骤然增多，很多同学因为举报而发了一笔小财。

在美国影片《闻香识女人》里，导演马丁·布雷斯特讲了这样一个校园故事。学生查理无意间目睹了几个学生准备戏弄校长的过程，校长逼他说出谁是恶作剧的主谋，否则他将被开除学籍。影片的结尾将这个故事推向了高潮。查理的朋友史法兰，在学校对着一群伪善的校方官员，发表了一场义正词严的演讲，谴责校方正在毁灭这个孩子纯真的灵魂，坚持查理有理由拒绝校长的询问，他认为在紧要关头出卖同学与良心，是懦夫所为。史法兰这个脏话连篇的演讲，博得众人暴雨般的掌声，挽救了查理被校方开除的命运。

这就是两种不同的文化。当朋友是被用来出卖的，这个集体和世界还有一丝一毫的脉脉温情吗？

可能不少班主任认为，安插“间谍”，并非是培养学生告密，只是及时找出违纪学生，好帮助他们，同时，可以更有效地管理班级，防患未然。但我仍然不能苟同。

其一，作为教师如果失去了对学生的信任，对学生进行“有罪推定”，像周厉王一样培养告密者，使得道路以目，那就根本谈不上对学生的任何教育。其二，老是用挑剔的目光寻找“丑恶”，告密者的阴暗心态会不会扭曲他们的性格？其三，会使学生失去应有的信任，彼此提防，互相猜疑，人心惶惶。

如果是我，我会培养学生做阳光天使，让他们专门记录班级里的友爱和光明，让他们寻找美，发现美，创造美。然后，我会经常性地表扬这些散失在我们生活中的美好，使这些美好在阳光下溢彩流光，也使美好的创造者获得道德上的满足感和愉悦感。我会鼓励所有的孩子都来种花，而不是挑刺。我以为，这种无痕教育，才是纠偏纠误的最好方式。

美国作家海伦·姆罗斯拉曾写过《珍贵的评语》一文，文中描述了这样一个故事：一段时间以来，班上学生一直闹着别扭、相互抵触。一天，老师让同学们把其他同学的名字写在纸上，想一想每个同学的最大优点，填在名字后面，然后交给老师。老师归纳整理，用一句话概括学生们给每个同学所写的优点，再将评语分发到每个学生手中。多年以后，一个叫马克的人战死在越南战场。清点遗物的时候，从马克身上找到一只皮夹。皮夹里有一张破旧的、多次用胶条纸贴补过的练习本纸，这正是老师当年写的评语。前来参加葬礼的马克的同学也都一直保存着这样的评语，有的夹在结婚相册里，有的放在写字台最上面的抽屉里，更多的是像马克一样随身携带。

学会发现别人的美好吧，唤醒每个人内心中的向真、向善、向美的强烈愿望，在他们的内心种下友爱和保护的种子，照亮他们的心灵，使得他们在风雨中彼此温暖。

[6]

我若为医

听朋友说，现在有一种舆论，说社会上有三种人是毒蛇：警察是黑蛇，医生是白蛇，教师是眼镜蛇。猛然听到，心头不由得一阵苦涩，没想到我们辛辛苦苦地培养人才，却被看成是猛兽毒蛇，真是可悲啊！然而，忽然间我也就涌上这么一个念头，假如眼镜蛇变成了白蛇，假如教师变成了医生，那未尝不是我们学生的大幸，教师的大幸，教育的大幸，也许困扰中国近百年的教育问题，说不定可以一揽子得到解决呢！

假如教师变成了医生，对，救死扶伤的医生！那么，我们的学生就该是病人，就是我们的患者，师生关系也就变成了医患关系。对学生而言，这真是天大的幸事！

当我们用医生的眼光去看待学生身上种种曾让我们不堪忍受的所谓“劣迹”时，我们是不是会平静些，理智些，平和些，关切些？没有一个医生会对前来就诊的患者埋怨：你怎么得了这种病？你怎么可以得这种病？可是教学中，我们常常埋怨孩子：怎么这么不听话、坐不住、没耳性、粗枝大叶？甚至责备孩子愚笨、懒惰、游手好闲！我们求全责备，义愤填膺，恨不得把学生一棍子打死！

另外，医生即便是面对垂危的病人，也还是会积极地治疗，虽然他很清楚病人最终会走到生命尽头。可我们老师却常常对一个人生画卷刚刚展开的孩子轻率地下结论，判定孩子没有前途，然后冷漠地放弃。纵然有时候还是语重心长地鼓励他一下，但也是口不应心，只是出自教师的惯性。

假如教师变成了医生，对，救死扶伤的医生！那么，我们师生关系也就变成了医患关系。学生的知识缺失就成了一种病，一种很要命的病！照理，学生的知识补救就成了求医问药，试问，哪个学生不是趋之若鹜，慌不择路？我可以想见，我的学生，不，我的患者！是如何真心地、虔诚地、赔着笑脸地、死心塌地地、面如白纸地为自己的病奔波。对他们而言，知识可以不要，精神可以不要，素质可以不要，风度可以不要，一切形而上的东西都可以不要，但性命不能不要！这时候的"学习"成了他们的第一需要，成了他们生命中最大的政治。

为了寻找自己的病兆，他们自我搜求、反复验证得病的症状，把病症的第一手材料提供给我们，他们眼里满是企求的光，我们成了他们的希望。他们主动和我们互动，认真地听着我们的每一个讲解，反复地询问有哪些禁忌，这时候，他们眼里没有上帝，只有我们这些"白蛇"。

而我们只需耐心地帮他们号脉，诊断病因，然后，对症下药，然后，万事大吉！他们不怕病去如抽丝的时间考验，不怕良药苦口的肉体折磨，也不怕病因公布的精神蹂躏，为了能够"活"下去，他们乖得像个孙子。

可是，想到这里，我非但高兴不起来，反而，忧从中来。我们教师，面对学生不要学的这种窘境，常常急火攻心，以至于慌不择路，是多么可怜、可笑、可悲啊！好死不如赖活着，是我们传统的古训，中国人是多么善于忽视自己的精神锻造，又是多么在乎自己的这一具臭皮囊啊！

在很多人的眼里，所谓的生活，就是"生"下来，"活"下去，如此而已。

[7]

珍惜“失落的一角”

谢尔·希尔弗斯坦的绘本《失落的一角》，可能是我看过最短的一本书，但也是我看过最长的一本书。

故事的主人公是一个缺了一角的圆，他觉得自己不再完美，很不开心，于是唱着歌去寻找那失落的一角。在寻找的旅途之中，狂风吹袭着他，大雨浇灌着他，大雪掩埋过他……经历了千辛万苦，但他一直没有停止寻找。他痛苦过，也快乐过。一路上，有时他闻闻花的香，有时和小虫子说说话，太阳曾经抚摸过他，蝴蝶曾经亲吻过他。有一次，他掉进坑里，好多次不合适的角，还把他的嘴巴磨得鲜血直流。可他依然没有放弃。有一天，他终于找到了那失落的一角！他成了一个完美无缺的圆，他咕噜噜地滚动，他的生命飞快地滚动，他再也不能唱歌了，再也嗅不到花香和蝴蝶了，更要命的是，他失去了寻找的冲动……最后，他勇敢地丢弃了那一角，从容地离开……

这就是《失落的一角》。很多时候，我们一辈子都在寻找自己所缺失的东西，我们迷恋圆满，追求完美，但我们常常忘记了圆满的真正内涵，圆就是零，零就是空，就是一无所有。

人生的确像一个圆，从起点出发，最终回到终点，生死归一。每个人都在追求完美，但真正的完美并不存在，或者说，完美就是死亡。人们更惬意于追寻圆满的过程，品尝着这个过程中产生的苦乐酸甜。《百年孤独》中，那个织毛衣的女人，每当织得快好了就把它拆掉，重新再来。一旦毛衣真正织好了，她就要死去。唐诗过后是宋词，宋词过后是元曲，元曲鼎盛是小说，原因都一样。每一样东西都在完美中沦陷和死去。

懂得了这个道理，我们再看两个伟大人物的一生，就更加唏嘘不已。

这两个失落一角的人，一个是叔本华，一个是卡夫卡。我不知道命运究竟是钟情于他们，还是深深地陷害他们，把他们钉在十字架上，在鲜血淋漓之后，获得不朽的碑铭，成为我们精神的救世主。

一代哲学大师叔本华“失落的一角”是——母亲的爱。

叔本华的父亲脾气不好，但与叔本华感情笃厚。也许是源于作家妻子的风流而郁郁寡欢，叔本华的父亲染上了抑郁症，在叔本华 17 岁那年，事业有成的父亲跳水自杀。而这个时候叔本华的母亲，却在魏玛家中的沙龙中高谈阔论，座上宾就有德国伟大作家歌德等文化名流。

叔本华一向以狂妄著称，但最不买账的就是他的母亲。这个 19 世纪末期德国文坛的畅销书作家，这个出入文化沙龙的交际花女人，从来就不相信儿子会成为名人。因为她不相信一家会出现两个天才。

父亲死后，两个人彻底决裂，母亲把叔本华赶出家门，叔本华也不示弱，说：“夫人，我非常乐意。”临走前他还对母亲断言：“你的小说将来会躺在地下室里无人问津，而我的哲学将大行其道，你在历史上将因我而被人记住。”母亲从此不理睬叔本华，对他加以打击、限制、讽刺和挖苦，在她去世前长达 30 多年里，他们没有再见一面。

但叔本华的母亲没有忘记给儿子写信：你那永无休止的谬论，对愚蠢世界和人类不幸的悲叹，给了我难眠之夜和难受的梦……我的每一个不愉快的时刻都是你造成的。她还写道，我不会向你隐瞒事实：只要你保持原状，我就不愿靠近你，即使牺牲一切也在所不惜……使我厌恶的不是你的内心，而是你的外在表现，你的观念、你的批评、你的习惯。一言以蔽之，我们对外在世界毫无共识。

不被母亲接纳，仇恨母亲和被母亲仇恨导致叔本华强烈的内疚感、罪恶感和愤怒感，这个“失落的一角”，直接导致了叔本华的悲观主义哲学的诞生。他终身蔑视女性，没有结婚。在《论女性》中，他写道：男人的才智只有被性冲动遮蔽时，才会把矮小、窄肩、宽臀、短腿的性别称为妇女。

叔本华注定是一个悲剧，尽管他最终在历史上赢得了盛名，使得自己的母亲因为自己被记住，但那又怎么样呢？无数的日子里，一个孤独的天才，究竟如何度过失去父亲，尤其是失去母爱的一个个漫漫长夜？

人生的意义是什么？人活着究竟要做什么？世上为什么有那么多苦难，苦难的根源又在哪里？在深深的思索中，叔本华尝试着得出结论，世间不幸、痛苦、荒谬与矛盾的理由，不过是盲目的意志；而意志展示给世界的内容，不过是一种表象。于是，30 岁的叔本华写下了不朽的巨著——《作为意志和表象的世界》。只不过这本巨著究竟是通往救赎之道，还是通往生命中的奈何桥，只有天知道。

一代文学巨匠卡夫卡“失落的一角”则是——父亲的专横。

卡夫卡的父亲是一个经营时尚用品的老板，只是他的思想一点也不时尚，反而非常刻板。他白手起家，精明强悍，说一不二；而卡夫卡却生性懦弱，畏首畏尾。蛮横无比的父亲，因为事业上的巨大成功，获得了盲目的自信，他不懂教育，只会用命令、呵斥、怒骂和体罚来教育卡夫卡，使得卡夫卡彻底失去了自尊心。他的独特性受到了父亲“最后的审判”，他的童年成为无法挽回的一场噩梦。

这个横暴的人，动不动“在商号里咆哮、咒骂和发怒”，骂患肺病的工人“活该不得好死”，甚至把职工称为“拿薪的敌人”，潜意识里，他是不是也把儿子当成了一个“带薪的敌人”？

卡夫卡一生都匍匐在“强大父亲的阴影下”生活，以致他感到“在自己的家里比一个陌生人还要陌生”。

可以说，卡夫卡与父亲的战斗一直打了一辈子，战场形势一边倒，卡夫卡不堪一击，被打得落花流水，他一生的幸福完全被父亲的粗暴给摧毁了。

37 岁那一年，痛定思痛的卡夫卡写了 3 万多字的《致父亲》，开始了对父亲的反击，这个独特的蓝本，震惊了全世界。在信中卡夫卡指出：“您雕刻家的手与我这块料之间是那样的格格不入”，从而导致“我在您面前丧失了自信心，换来的只是无穷尽的负疚感”。还有，“我对一个姑娘做出的决定，对你来说就等于零”。

我甚至认为，唯有读通《致父亲》，才能完整地了解卡夫卡。卡夫卡的作品，不管是想象性的，还是记叙性的，都是生命的燃烧，都是刻骨铭心生存困境的剖白，但毫无例外，每部作品的背后，似乎都有一片巨大的阴影，那个就是他的父亲。

在另一封信中，卡夫卡还说：“我从小就被父亲战胜了，现在只是出于好胜心而离不开战场。年复一年，始终如此，尽管我不断地被战胜。”是的，多年之后，我们在这样的陈述中，完全可以感受到来自卡夫卡的伤痛，还会被他的痛苦所灼伤。

卡夫卡曾说过这样的话:“我想象着父亲伸展身躯斜躺在世界地图上……我只能住在你未涵盖的区域或你够不到的地方。但在我看来，这些空间在你庞然的身躯下已经所剩无几了……”父亲的淫威对卡夫卡的一生造成了深远的影响，卡夫卡终身未婚，心灵凋敝，风雨飘摇。

这封长信，卡夫卡委托母亲转交，但母亲害怕一场新的战斗又将打响，并未传达这封信。这也成了永久的遗憾，我们不知道卡夫卡的父亲看到了之后，究竟有何反应。但无论如何，这并不影响这“失落的一角”对卡夫卡的人生塑造。

一个苛刻暴戾的父亲，何以收获了一个异乎寻常的天才?一种糟糕透顶的教育，何以诞生了一个最伟大的教育传奇?而很多伟大教育家的教育，却几乎是一败涂地。

两个伟大的天才，一个哲学的巨人，一个文学的巨匠;一个失落了母亲，一个失落了父亲;两个人都终身未娶，孤身一人。他们的人生都是缺失的，更是不圆满的。但两个人最终都登上了人生的顶峰，或者在生前，或者在死后。

我们无法得知，在这走向神坛的过程中，这“失落的一角”对他们影响的比重究竟有多大。但毫无疑问，没有这“失落的一角”，他们绝不会是现在这样的人。

只是，隔着历史的烟云，我不知道，如果人生能够重来，叔本华和卡夫卡会不会如那个“圆”，把找到的那一角勇敢地丢开，继续他们生命的颠簸，把每一个人生的坎坷都映照得灿烂?

[8]

昙花和老师

周四担任优质课的评委，听了三节精彩的课，晚上喝酒。在领导的威逼利诱之下，喝了不少红酒。我怀疑中国有不少“鸡的屁”（GDP），就来自酒。这个社会已经没有文化了，但酒文化除外。

头痛得难受，我就拼命喝水，妄图稀释这些红酒。但红酒很顽强，稀释不了，倒是我自己被稀释了，内在的感觉就是意识越来越浅，外在的表现就是不断上厕所。宝哥哥对林妹妹说，我就是死了，魂也要一天来你这里 120 遭。我估计我上厕所的次数，也不比宝哥哥少。最后一次，晕晕乎乎的，我拖着脚，到了厕所，怎么也找不到便池。我急了，就冲出来，准备找酒家算账，奸商啊，节省，也没有这样的。但刚一出来就发现，旁边还有一个厕所……

想起了高中的时候，陈平有一次去我家玩。一路上，我们很兴奋。那个时候的交通工具还是三轮车。一下车，我们就顺着车的方向，往家走。走着走着，街老是走不到头。更奇怪的是，街道两边的建筑物也变了，开城中学原来是在我右手，现在是在左手了。亚细亚商场本来在右手，也跑到左边了。

我对陈平说，我怎么觉得家乡的变化那么大啊，建筑物都换到反面去了。直到走出街道，才恍然大悟。我们走错了，回到三轮车的停靠点，这才发现，原来车子停下来的时候，司机就调转车头了。而我们顺着车头的方向走，自然走错了。

这件事我从来就没有说过，但在我心里，一直是一个谜。我不知道这个荒唐的错误究竟是什么原因，是好友来家的兴奋，还是三轮车的颠簸，还是某种未知的因素？总之，就是非常荒谬，非常笨。

今天估计又是一例。喝酒的人，真的是傻子。人的清醒多么重要啊，为什么要买醉呢？

吃完饭，东生说，去他办公室看昙花。脑子里一震，昙花，昙花，昙花一现，我要看的。

东生是老朋友了，有名士风度。既是运动健将，又是文章大手笔，更是上课的行家里手。后来，东生迷上了摄影，各种镜头如数家珍，还曾经给我发过几张照片，只可惜我对摄影没有研究，明珠暗投了。东生还跟我说，他最大的愿望就是做一个花农，这个愿望估计是很难实现了。

到了九点半钟，东生传来话说，昙花开了！赶紧去看，一进办公室，远远看见，一大朵硕大的花，垂挂在叶子上。昙花简直有碗口大，有三层，外面的花瓣很尖细，也较少，越往里面越宽大，最里面的花瓣有十几片之多，中间就是蕊。花蕊简直让人心疼。触须非常多，密密麻麻，触须上高高举着一些蕊，每一个触须和蕊，就像一个纤细的螳螂。靠近去嗅，一股异香散发开来，让人神清气爽。

元洪兄说，这种香是能治鼻炎的。元洪兄本来就是老鼻炎患者，我相信他的话。

旁边有女孩说，已经开了三朵了。每天晚上九点半钟准时开放，然后，在最美的时候凋谢。

还有一个女孩说，为了这最美丽的一刻，东生已经等候了三年，整整呵护了昙花三年。

东生则告诉我，昙花不是开在叶子上。那个根本不是叶子，而是茎。往下面看，果然是茎。从树根处长出来，茎慢慢地扭曲，最后似乎就成了叶子的形状。

博学的东生又补充说，严格地说，这个茎，叫变态茎。

从根出发，不断地生长，不断地变态，最后，竟然开出世界上最美的花。世界上还有这么奇妙的事吗？我的心一震。恍若五雷轰顶，酒，一下子就醒了。

默默地等待三年，不断地生长，以至于变态、扭曲，用尽了所有的力气，就为了在三年后某个晚上，盛开世界上最美丽的一朵花，然后，昙花一现……

这，这，这不就是老师的命运？难道不是吗？

我们默默地接受一大堆学生，把他们搬回来，认真地浇水、施肥、捉虫、耕耘，每晚都要战斗到九点半。

三年，有多少风，有多少雨，有多少长夜的嗟叹，有多少不为人知的酸苦。有多少老师眼睛花了，腰杆驼了，头发稀了，脑筋笨了，脚步慢了。我们都成了变态茎，肌黄面瘦，苟延残喘，老态龙钟。

但上帝是公平的，三年之后的某一天，在我们肉体精疲力竭之后，在我们的心灵极限来临之时，在我们变态茎的生命最后的绵延之上，一朵硕大的花，突然间就绽放了，开得热烈而羞涩，洒脱而细腻，芳香而含蓄，在它最熟悉的一个时间段，晚上九点半……

可惜这种美丽是在暗夜如水之中，更多的人都熟睡了，人们记住的只是“昙花一现”这个语词，而不大可能去认识昙花。

很快，昙花就在刹那间凋谢，垂下了它的头，挂在变态茎上，像一个夭折的葫芦……

“老师常记挂，学生一笑过。”高考的烟花散过，当我们不断沉浸在美丽的绽放和疼痛之中，亲爱的，还有谁在乎你曾经的变态和开放？还有谁记得高考的辉煌和血脉贲张？人群早已经走远，而且永不再回，剩给我们的，只有满地的孤单，和空荡荡满袖的秋风。

新的昙花已经搬回，为了三年后，一个晚上夺目的美丽，和生命的刹那间被照亮，我将理解现在的黑暗，和漫长的无法言说的孤独。

[9]

语言的魅力

上周末，参加青岛格兰德学校通慧教育思想论证会，见到了很多慕名已久的名家。比如小语界德高望重的于永正老先生，先生 72 岁高龄，依然保持一颗童心，朗读倍儿棒，让人好生羡慕；成都师范大学的教授陈大伟，陈先生第一个提出课堂观察说，我以为和王荣生教授提出课堂教学内容选择说一样重要；还有天津师范大学教授、天津基础教育教科所所长王敏勤先生，王先生学问精湛，为人谦和大度，平易近人。

此外，还有山东教育报刊社总编辑陶继新先生、山东教育战略研究室主任陈培瑞先生、山东省教研室英语教研员陈元宝先生、山东省首届齐鲁名校长李升勇先生。

陶先生曾邀请我赴山东参加第四届名家人文高端论坛暨名师课堂研讨会，彼此是比较熟悉的了。陶老师的学术和做人，堪为典范。最让我敬佩的是，他每天早上风雨无阻坚持登山，晚上坚持睡板床，冬天坚持让自己保持寒冷，尤其是坚持背诵经典，从《论语》《道德经》，到《学记》《礼记》《人间词话》等，永葆青年人的热情和活力，所有这些，都让我深受教益。老一代学人身上的那种精神气质，我们总是在感叹，却又无从学起。

陈元宝老师曾经担任驻美大使的秘书，外交官转行从事外语教研，一样深入浅出，举重若轻，而且有一种大局观。李升勇校长则是全国著名的课程改革校长，在课程改革上走在全国前列。

此次活动极为愉快，而这一切，都源于一个人——山东教育战略研究室主任陈培瑞先生。老先生哪里有官员的架子，整个一个相声演员。语言机智，说学逗唱，极富表演才能，晚上一个段子接着一个段子，把所有的人笑得前仰后合。高手在民间，陈老先生的表演，个人感觉，不逊赵本山，超越郭德纲，甩开周立波。

比如，有一次，老先生上班路上，看到一个村姑卖豆浆。那个村姑长得很周正，周正就是周周正正的意思，周周正正就是好看。于是乎老先生就去买豆浆了。

村姑是河南人，讲话的语调拐弯，这一拐弯就把老先生给拐进去了。村姑说："哥，喝杯豆浆，暖暖身子。"老先生一仰脖子，二话没说，喝了一杯。一杯豆浆 5 角钱。村姑又说："哥，再喝一杯，再暖暖，省得找了。"老先生又喝了第二杯。就这样，一共喝了 9 杯，豆浆直接到嗓子眼了。谁知道，村姑还有办法，又说："亲哥，再喝最后一杯，就不让你喝了。"于是，第 10 杯又下去了。最后，老先生是扶着墙离开的，到处找厕所。他最后总结说，河南的姑娘太厉害了，喝豆浆都要人命！

全场欢声雷动。

我总结老先生的段子特点，都是源于生活，亲身经历，又善于总结，善于表演，自嘲自讽，故而活灵活现，格外生动有趣。

比如他嘲讽官员。有一次，单位准备给省里几个厅长送礼物。那个时候最补的算是王八了。于是买了三只王八。按照级别，最大的王八送给一把手李厅长，第二大的送给二把手王厅长，最小的送给张厅长。用绳子好好地捆好了，准备晚上送。可是王八不干啊，到晚上都挣脱了绳子，逃掉了。

大家晚上送礼，可来了一看，坏了，三个王八都跑了。于是，大家就打着手电，在院子里找。一会儿，一个小伙子喊：李厅长找到了，找到了，在洞里。一个小姑娘又叫：王厅长躲在沙发底下……用棍子把它捅出来……

全场笑倒。

老先生说，不要笑。我如写出来，就是新时代的官场现形记。

第二则，某日，某重要领导来单位视察。一把手安排下属单位最漂亮的一个美女来献花。领导来了，场面隆重而盛大。美女手捧鲜花，扭着身体上去献花。由于心情激动，一不小心，一屁股坐到了地上，满屁股都是灰。美女站起来，满脸绯红，道歉说：不好意思啊，我给领导的脸上抹灰了！

大家一时哑然，转而疯狂大笑。

老先生说，不要笑，不要笑。领导，不仅是王八，还有是王八蛋的。

老先生曾经和领导一起下基层。基层的书记、镇长都是大老粗。有一天，乡里书记弄了满桌子的草鸡蛋、王八、乌龟等等土特产招待领导。席间，书记指着桌子上的菜说：领导们，都不是什么好东西，都是些乌龟王八蛋，大家都动手，把它们干掉。于是，男人们哈哈大笑，女人们花枝乱颤，客厅中充满着快活的空气。

……

我在高三，已经很久没有这么快乐了，于是，草草记下来，一笑。

[10]

问世间情为何物

《女儿情》，还记得生命里的这一首歌吗？

印象中这首歌是好朋友陈平的保留曲目，而伴奏照例是咸树的专利，他用口琴独奏这个旋律，简直是美轮美奂（原谅我错用这个成语，没有办法，只有用这个成语，才能表达我对咸树演奏这个曲子的敬意）。那个时候，很多潮湿的日子里，我只要一到咸树租住的小木屋，就对他说，来，给我吹奏一曲。于是，《女儿情》美妙的旋律，常常就这样弥散在月光里。那个时候，小家伙咸树正在暗恋。

很多年之后，我突然造访咸树的村居，吃他家树上的桃子，地里的西瓜，水里的菱角。晚上，我们俩划着船，一直划到湖心，月亮就躺在湖中，我一下子又想起这首歌，可惜没有口琴，我们就随意唱起来。湖面上银色的波光动荡，我们热泪盈眶。那些青春年少，那些年少轻狂，都已随风而去，但却在一瞬间复活。

鸳鸯双栖蝶双飞
满园春色惹人醉
悄悄问圣僧，女儿美不美，女儿美不美

说什么王权富贵
怕什么戒律清规
只愿天长地久
与我意中人儿紧相随
爱恋你，爱恋你
愿今生常相随常相随……

“说什么王权富贵，怕什么戒律清规。”那种对权势的鄙薄，对世俗的嘲弄，那种快意恩仇的情感，那种坦荡清洁的人生，在妖魔鬼怪的《西游记》中，可谓出乎其类，拔乎其萃。

女儿国，是唐僧的一道坎，唯有战胜儿女情长的男人，才能真正把自己归还于宗教。唐僧显然被女儿国国王的柔情打动，你看他每一个眼神，每一个矫揉造作，都是慌乱指数为十的爱情。他总是要低着头，用念经来抵制世俗的极乐。

御花园。鸳鸯戏水，茂林修竹，阳光斑驳，清流直下。活色生香的女王，含情脉脉，吹气如兰。

“御弟哥哥，今日身体可好些了吗？”一句简单的问候，就把柔情深种。

“御弟哥哥，你看那鸳鸯戏水，双栖双飞，何等快乐！”似乎触景生情，却又大有深意。“似这般姹紫嫣红开遍，都付与断井残垣。”造化如此弄人！

“御弟哥哥，不去取经行不行？”这里有乞求，有撒娇，还有含蓄的期待，伴随着眉眼盈盈处。

“为什么世间还有像我们这样的孤男寡女，不能成双成对？为什么御弟哥哥甘愿守孤灯伴古佛，单宿单飞呢？”略带哀怨的质问，却又柔情弥漫。因为理解，所以慈悲。

凡心大乱的唐僧，也只能用普度众生的理想来搪塞姣花照水的那一个尤物。女王幽怨地说：“既然御弟哥哥有如此情怀，那么眼前就有你要挽救的芸芸众生呀！”这个反问何其机智，何其有力。

沈从文说，美丽是愁人的。唐僧无言以对，无言以对只得顾左右而言他。

晚上，应邀去王宫欣赏国宝，却进入了女王的寝宫。红纱帐里，女王轻如梦呓：“御弟哥哥，那就请观赏国宝吧！”唐僧大惊失色，进退两难。伤心欲绝的女王柔声相问：“难道，在御弟哥哥眼里，我还算不得国宝吗？”终于，多情的女王，坦白胸臆，愿以一国之王，托付终身，与心爱之人双栖双飞，只做鸳鸯不羡仙。奈何唐僧却说自己“尘念已绝，四大皆空”，但又不免心神大乱，大汗淋漓。

很多年之后，我还是认为，《西游记》中唐僧的刻板让人生厌，但女儿国中的唐僧却最为可爱。那种笨拙的掩饰，让人心酸。那应该是唐僧最华美的一刻，也是最悲壮的一刻。最美的男人不是在功成名就的辉煌时刻，而是在肝肠寸断的伤心之时。

妩媚的女王一语中的："你说四大皆空，却紧闭双眼；要是你睁眼看看我，我不信你两眼空空。"唐僧却一味闭着眼，念经，念经。

"哥哥，难道你真的不喜欢我吗？"天地人间，有谁能阻止这哀怨的美丽心灵？

沉默，还是沉默。该如何回答？又如何回答？还能怎么回答？

"来世若有缘分……"唐僧语音未落，女王却柔声打断："我只想今生，不想来世，今生今世，我们俩是有缘分的！"好一个至情的女王。最可笑的是很多人说来生，今生都把握不住，还有什么资格说来生？

此情可待成追忆，只是当时已惘然。

接过文牒，也接过那一双泪眼和深情，耳边是那声深情的呼唤："御弟哥哥！"因为发自肺腑，所以催人泪下。唐僧勒住马缰，却不忍回首，好一个停顿，莫道男儿心如铁，君不见满山红叶，尽是离人眼中血。

纵马而去，把一生交给取经之道，拯救千万俗人于水火。此去，自然有妖魔鬼怪，但却再也没有爱情。

人世几回伤往事，山形依旧枕寒流。

在央视《艺术人生》中，朱军问饰演女儿国国王的朱琳说："拍《西游记》留下了什么遗憾吗？"朱琳回答："我没有遗憾，因为我完全沉浸在和唐僧的一段儿女情长中。"接着补充道："人有很多七情六欲，人生有很多诱惑，像女儿国国王那样，识大体明大义，把爱情作为一种追求，一种憧憬，应该是进入了一种境界，女儿国国王做到了，我希望我也做得到。"这就是爱情，因为懂得，所以尊重。

普希金的《假如生活欺骗了你》，这样说：

一切都是瞬息
一切都将会过去

而那过去了的
就会成为亲切的回忆

[11]

书信时代的教育

突然间想起，很长时间没有写信了。我们，都很长时间没有写信了，以后，也不大可能写信了。这样一想，就有点沦陷。我们的心灵，敏感的脆弱的心灵，有多久没有照料？很久很久了吧。

书信作为一种重要的交流方式，在不久的将来，会不会成为一种遥远的绝响，只在想象中茂盛或凋零？

太忙了，我们没法照顾自己的心绪。走得太久了，以至忘记了我们当初为什么出发。甚至，忘记慢下来，等一等自己的灵魂……

我们点头、握手、问好，但很多人并没有带上自己的灵魂，我们用躯壳完成程序化的交际。

人，活得太枯燥了，如长久没有浇水的草坪。

想到夏洛蒂·勃朗特和奥斯汀的时代，从古堡到庄园，马车的轱辘慢慢辗转，渐渐就把世界遗忘了，只有自己如同一幅画，缓缓地展开，世界成了很好的背景，远远的，如同一声叹息。人或者听见自己，或者安静下来，听风说话。

女人们掀起长长的裙角走路，纤细的脚，踩在寂静的小径上，缓慢，从容。远方的小木屋中，有新鲜的情人和神秘的香吻，屋角的后面，有山楂树和黑草莓，在阳光下寂静安宁。

或者，花整整一个上午，写一封不太长的信，用鹅毛笔，蘸着墨水，凌乱地写。然后，用烛油封好，交给马车夫。不太远，也许就隔着一条街，推开窗户，就能看见，甚至就在楼上，听得到呼吸，但还是要写。梁实秋和他的小情人楼上楼下，写了 20 年的情书。

信有一种魔力，在情人的指甲中，徐徐展开，温暖克制，岁月留香，人生静好……

最美的是晚上，在炉火边，打盹，等待马车夫忽然的脚步声，带来爱情的回应。让一个女人，过上云端的日子。

里尔克的《秋日》，是我最喜欢的诗。

> 谁此时没有房子，就不必建造，
> 谁此时孤独，就永远孤独，
> 就醒来，读书，写长长的信，
> 在林荫路上不停地
> 徘徊，落叶纷飞。

那个读书，写长长信的人，对我有着致命的诱惑；那个在林荫路上，徘徊的人，总让我想起“春日游，杏花吹满头”的陌上少年郎。

当年年少春衫薄。对信的迷恋，当然还有对心灵的迷恋。我们总是看到人的行动，人的作为，或者看到人的不行动，不作为。可人所有的行动和作为，都是由心灵掌控的。没有无缘无故的爱，也没有无缘无故的恨。

很多时候，我们不在乎行为，我们在乎立场。

屈原为什么纵身一跃，成就千古诤臣？如同司马迁所虚构的渔父，我们必须借助于他，才能看到屈原真实的内心世界：“吾闻之，新沐者必弹冠，新浴者必振衣，安能以身之察察，受物之汶汶者乎？宁赴湘流，葬身于鱼腹之中，安能以皓皓之白，而蒙世俗之尘埃乎？”

书信，给了我们一个重要的窗口，引导我们进入人的内在，甚至碰触到人隐秘的心灵暗流。

同样，犯下死罪的任安，病急乱投医，向司马迁求救。任安何其不幸，最终被腰斩。我们何其幸运，因为有了任安的信，才有了司马迁的《报任安书》。没有这封光耀千古的书信，我们何以把握司马迁那一颗千疮百孔的心灵，和一个乱世中孤独而又倔强的灵魂？

同样的是里尔克，声名显赫的他，一段时间，给一个初学写诗的年轻朋友回信，一共写了十封，这十封信成了文学史上经典中的经典。

譬如在第一封信中，里尔克告诉青年诗人，你为何要写作。他这样说："只有一个唯一的方法。请你走向内心。探索那叫你写的缘由，考察它的根是不是盘在你心的深处；你要坦白承认，万一你写不出来，是不是必得因此而死去。这是最重要的：在你夜深最寂静的时刻问问自己：我必须写吗？你要在自身内挖掘一个深的答复。若是这个答复表示同意，而你也能够以一种坚强、单纯的'我必须'来对答那个严肃的问题，那么，你就根据这个需要去建造你的生活吧！"

同样道理的，还有鲁迅的《两地书》。舍此，我们何以研究一个立体的鲁迅，舍此，我们的眼里只有一个没有人间烟火的鲁迅。他最大的特点就是冷，冷，冷！但在《两地书》中，鲁迅不再是一个被黑暗笼罩的斗士，而是一个温情脉脉的导师，或者是一个有一点笨拙的情人。

舍此，我们又如何面对朱安，这个一字不识的女人，生平所说过最深刻的话。在许广平给鲁迅生下周海婴后，朱安说："我好比一只蜗牛，从墙底一点一点往上爬，爬得虽慢，总有一天会爬到墙顶的。可是现在，我没有办法了，我没有力气爬了。我待他再好，也是无用！"

读信，实质上是读最真的灵魂。看另外的灵魂在乱世中如何挣扎，又如何卑微地活着。我们的生活，何尝不是如此？

想想看，那个时候，写信的美。

先从街上买回来信封、信纸、邮票。好容易找一个空闲，一点点地写，把自己感动得热泪盈眶。错了一个字，也要揉碎，再来，再来，再来。谁都知道，这样是要死的，但从不厌倦。然后，上街去。投入邮筒，把一颗心也捆绑着，一道邮寄走了。

此后，所有的事情，似乎就是等待。计算着没有脚的信，如何翻过一座座山，趟过一条条河，穿越一个个大街小巷。在一个阳光明媚的正午，还是在一个细雨蒙蒙的黄昏，那个人如何收到，如何拆开，文字怎样一行行、一个个跳到那个人的眼睛里，燃烧成一片沙漠般的红云……

然后，就是另一个人，上街买信封、信纸、邮票。然后，又一封心事，在邮路上辗转反侧……

我们是在等待中，认识一个人，探测一个心灵，把握一份情感，辨别一个不一样的灵魂。

我们是在长久的文字中，玄想一段爱情的萌生，或者是含羞的达达的马蹄声，把一个归人，或者是过客送过来，带走。

但，现在，这一切，都没了。我们有了电话，或者是短信。我们把天涯一下子变成了咫尺。

古龙说，天涯在哪里，天涯就在我们的心里。我们那么近，我们那么远。我们那么忙碌，我们那么荒芜。这是一个不需要缓慢的时代，一切都注重结果，高效，多快好省。

教育，更是如此。

我们总希望，一口吃个大胖子。一堂课解决所有的大难题。我们恨不得一次性连孩子们的终身大事都给办了。我们总是惶恐，总是气喘吁吁，总是像别里科夫一样担心出什么乱子，总是急吼吼的，好像这堂课没有把所有的都讲完，明天我们就会死去，末日就要到来。

我们需要快捷、简便，飞毛腿一样地拿下，恨不得把自己的脑袋嫁接在学生的身体之上，不管是千里之外，还是月亮之上。

我们再也不想照料一个人的心境，我们丧失了一种等待的耐心，忘记了教育是一个缓慢的过程。如同庄稼，一样需要施肥，需要阳光，需要雨水，甚至需要虫子的骚扰，风暴的凌辱，然后，才能灌浆，饱满，成熟，金黄一片。

［12］

专注做事最快乐

晚自习回家，一个人走在路上，百无聊赖。于是，拨通了皮鼓的电话。皮鼓是我最好的朋友，任何时候，想起他就会温暖，就想笑。照例，话筒里先传来皮鼓的笑声。互相嘲弄、打击了一会儿，不知不觉就到了楼下。最后，我问皮鼓："皮鼓，什么时候你感觉最快乐？"皮鼓沉吟了一会儿，他可能害怕我给他陷阱。最后，他狡猾地说："专注的时候，最快乐。"

专注意味着什么呢？专注意味着投入，投入意味着忘我。忘我就意味着快乐，多好啊。忘我了，当然忘记了名缰利锁，忘记了爱恨情仇。

王国维说，看待世界的方法只能有两种："以我观物"和"以物观物"。"以我观物"主客二元，主体的"我"的主观性是观看客体事物的出发点和评判者，在物上看到"我"，用的是"六经注我"式的方法；"以物观物"主客体界限消失，"我"亦物，物亦物，万物齐一，用的是"物化"的方法。忘我，意味着"以物观物"，物我两忘。

找到了《关于自我》的一篇旧文。

> 了解自我是一回事，呈现自我又是一回事。为了从外界得到预期的反映，每个人都有意识地进行自我形象的管理。至于管理的效果如何，恰恰反映了个人的智慧。不过，当自己在进行形象管理的同时，也给别人的窥视，提供了蛛丝马迹，所谓自知者明，知人者智。
>
> 古时，有两则笑话很有味道。
>
> 《笑府选》记载：有叫卖糕者，声甚哑，人问其故，曰："我饿耳。"问："既饿何不食糕？"曰："是馊的。"
>
> 《广笑府》记载：有厨子在家切肉，匿一块于怀中。妻见了骂曰："这是自家肉，何为如此？"答曰："我忘了。"

馊糕是真相，做好糕卖是假象，但是，因为别人不是以顾客的身份，而以局外人的身份来表示关心，卖糕人就忘记了假象的背景，而把真相和盘托出。馊糕自然也就卖不出了。

受雇于人的厨子，每天为东家切肉都要偷一块回家，在这里厨子是一种外在的角色，而家里的生活才是他真正的自我。然而，外在角色扮演久了，凡逢切肉，熟悉的场景一旦出现，厨子就淹没在外在角色中而丧失了真正的自我。

所以，这两则笑话涉及一个根本性的问题，人应该如何对待自我形象？由于不知不觉的角色串换而暴露真相固然不智，那么，一味地沉浸在假象之中，最后，连真相也要丧失了，岂不是自我的异化？

于是想起了二战中的一则逸事：盟军在法国的小镇，抓住了一个法国农民。凭直觉，盟军的审讯员怀疑那个人是德国间谍，在审讯的过程中，审讯员抓住每一个细节，详细地询问。但是，那个德国人回答得丝丝入扣，合情合理，土著法语、家庭成员、社交工作、当地的风俗状况，甚至本地的民歌……

审讯员忙活了大半天，终于失望了，于是，懒洋洋地用德语说了声："你自由了！"德国人的脸上突然闪现了一丝笑容，随即面如死灰。在最后的一刻，德国间谍功亏一篑，一个法国的农民，何以懂得德语？但是，作为一个德国人，在突然之间，听到令人振奋的德语，又如何能抵制自己的内心，不把高兴写在脸上？

中国的杨评事就利用这种心理纠正了一件冤案。

湖州有个商人叫赵三，和姓周的书生约好了去南都做生日。赵三的妻子不让他去，吵得热火朝天。到约定的日子，赵三早早上了船，因为时间还早，就在船舱里打起盹来。船夫张潮看中了他的钱财，把船摇到僻静处，把他杀了，沉尸江底。然后，张潮把船摇回来，假装熟睡。等周生来了，谎称赵三还没有来。

等了很久，仍不见赵三来。于是，周生就让张潮去赵家催请。张潮来到赵家，喊叫三娘子，问赵三为什么到现在还不出门。孙氏很惊讶，说赵三早就出门了，怎么会没有上船呢？于是，找了三天还没有找到。周生怕受累，写信给官府报案。官府就把孙氏抓起来，怀疑她谋害了亲夫。大理寺杨评事看了那封信后，断定那个喊叫三娘子的就是凶手。审问下来，张潮只得承认了。

杨评事何以一眼看穿？道理说穿了并不复杂。张潮到赵家找赵三，按照常情应该直接叫赵三，因为他找的是赵三，而且他应该认为赵三还在家，所以才会上赵家去找。但在叫门时，他没有喊赵三，却喊了三娘子，这表明他实际上已经知道赵三不在家。那么，他既说赵三没有来，又知道赵三不在家，这里面就有破绽了。

人虽然会装假，但真实和假装在心理上所形成的定式是不一样的。装假者必须要把原有的心理定式去掉，然后，以装假的情形做出反应。这谈何容易！原有的心理定式只是暂时被打入深层之中，成为某种潜在的定式而已。

人在遇见一些突发的情况时，往往从原有的心理定式出发做出即时反应。因为这种反应，是在下意识的状态中产生的，最为省事，而人都是怕麻烦的动物，所以，很少有不露馅的谎言，也很少有不暴露的伪装。

自我总要戴着面具，多累啊，为什么不放下它，赤裸裸地面对人生？专注于自己喜欢的事，也无风雨也无晴。